建安十三年

下

鋒雲 著

三分天下的轉折與變局

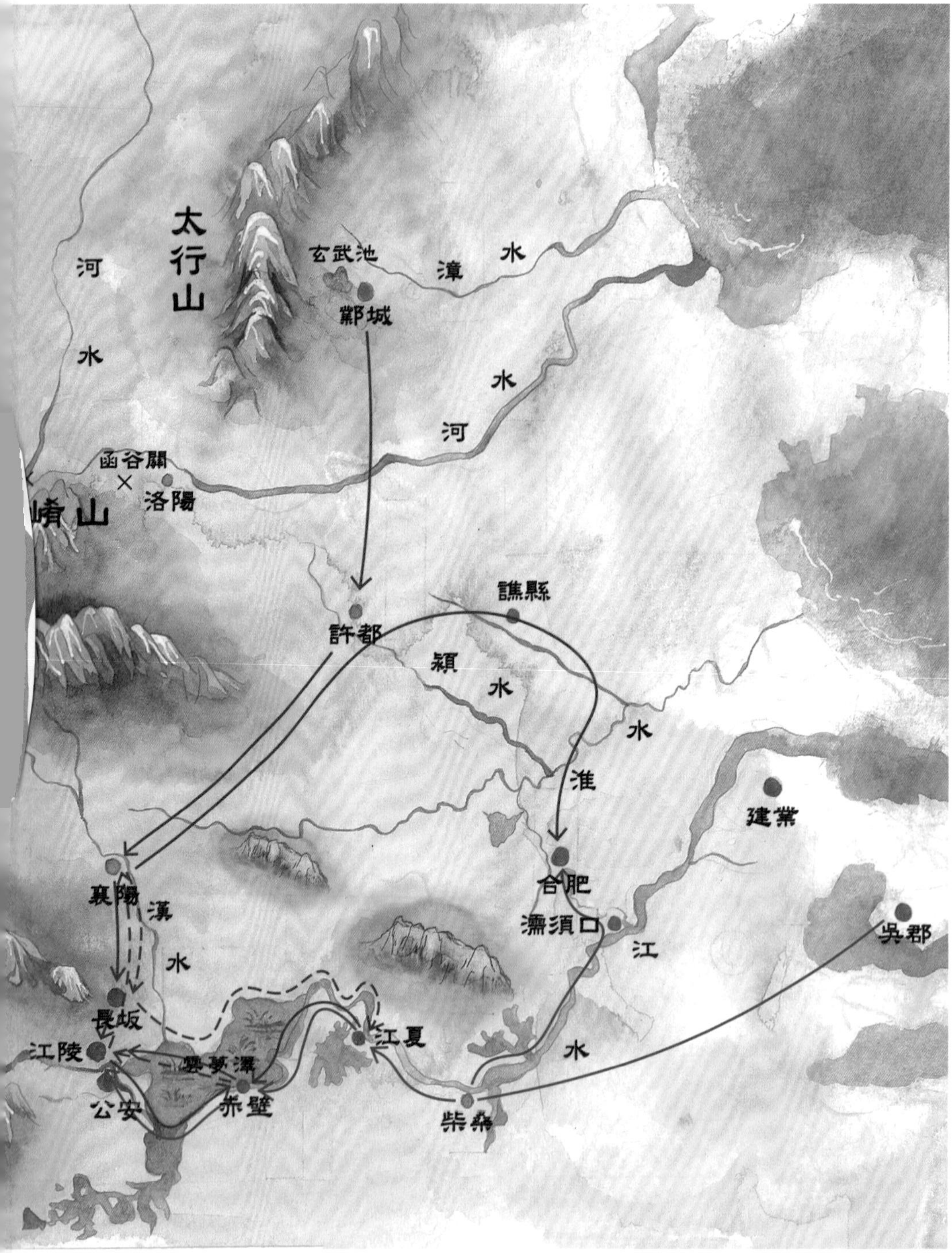
太行山
河
水
玄武池
漳
水
鄴城
水
河
函谷關
洛陽
崤山
許都
譙縣
潁
水
水
淮
建業
合肥
濡須口
江
吳郡
襄陽
漢
水
長坂
江陵
雲夢澤
赤壁
公安
江夏
柴桑
水

建安十三年形勢圖

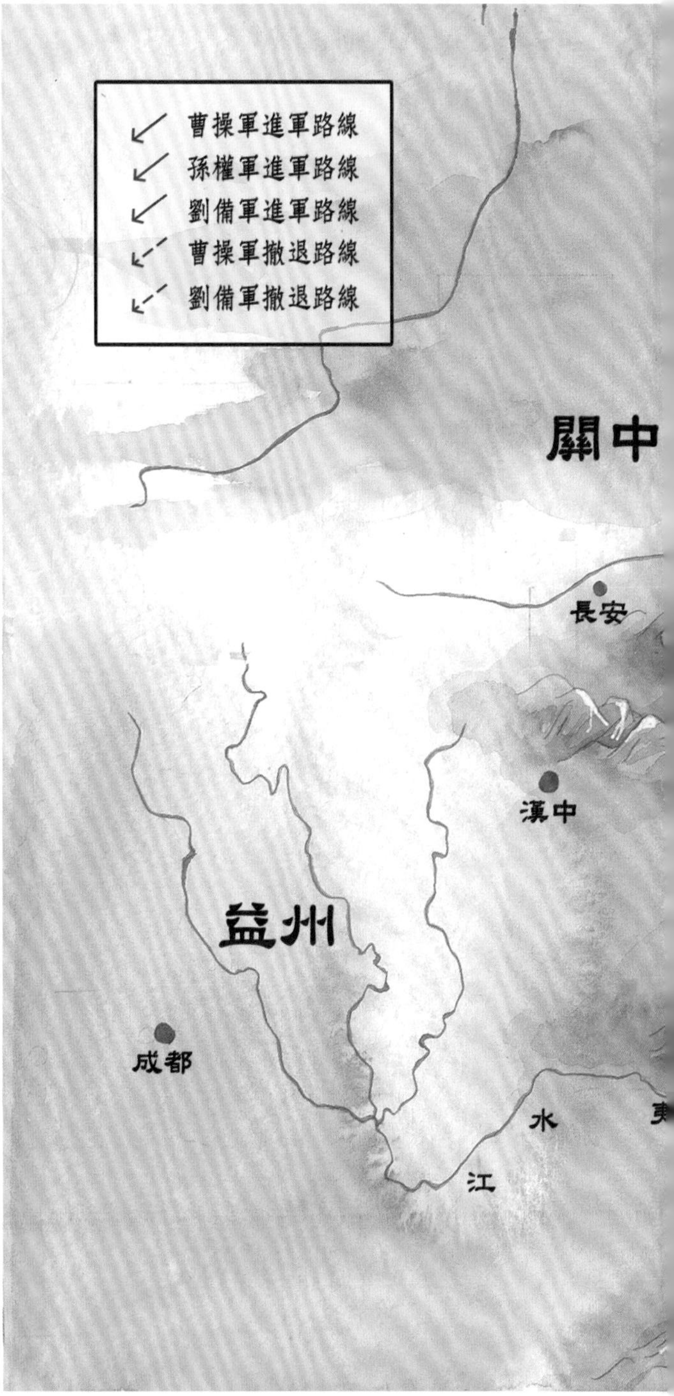
曹操軍進軍路線
孫權軍進軍路線
劉備軍進軍路線
曹操軍撤退路線
劉備軍撤退路線
關中
長安
漢中
益州
成都
水
江

鄴城

今河北省臨漳縣西；曹操的大本營；建安十三年正月，曹操在鄴城西挖玄武池操練水軍。

江夏

今湖北省武漢市境內；長江中游的軍事重鎮；建安十三年春，孫權第三次征伐江夏太守黃祖。

襄陽

今湖北省襄陽市；荊州首府，荊北重鎮；建安十三年夏，劉琦在諸葛亮建議下離開襄陽；八月，荊州牧劉表病亡；九月，劉琮投降曹操，劉備過襄陽南撤。

許都

今河南省許昌市東；漢獻帝的臨時都城，曹操的昌興之地；建安十三年正月，曹操奏免趙溫司徒一職；六月，曹操廢三公，自任丞相；八月，殺孔融。

關中

今陝西中部地區；秦漢京畿之地；建安十三年中，關中軍閥馬騰離開長安到朝廷任職。

長阪

今湖北省荊門市境內的百里長岡；襄陽與江陵的連接點；建安十三年九月，劉備在此因不願拋棄追隨者而遭遇慘敗，隨後在此與魯肅會面。

柴桑

今江西省九江市；荊州與江東的交界處；建安十三年九、十月間，孫權在此會見諸葛亮，並在與周瑜、魯肅等人研商後，下定了抗曹的決心。

赤壁

今湖北省赤壁市西北；利於水戰和火攻之地；建安十三年十二月，孫劉聯軍在此大敗曹軍。

江陵

今湖北省荊州市；荊州的地理中心；赤壁之戰後，周瑜奪取該地，一年後孫權將其借給劉備。

合肥

今安徽省合肥市；江淮重鎮；赤壁之戰前後，孫權對其進行圍攻，隨後雙方在此多次較量。

建業

今江蘇省南京市；東南形勝之地；赤壁之戰後，孫權將治所移至離此不遠的京口，兩年後建都於此。

益州

今四川、重慶全境及雲南、貴州部分地區；天府之國；建安十三年秋，益州牧劉璋派張松赴荊州謁見曹操，回來後張松勸其絕交曹操、通好劉備。

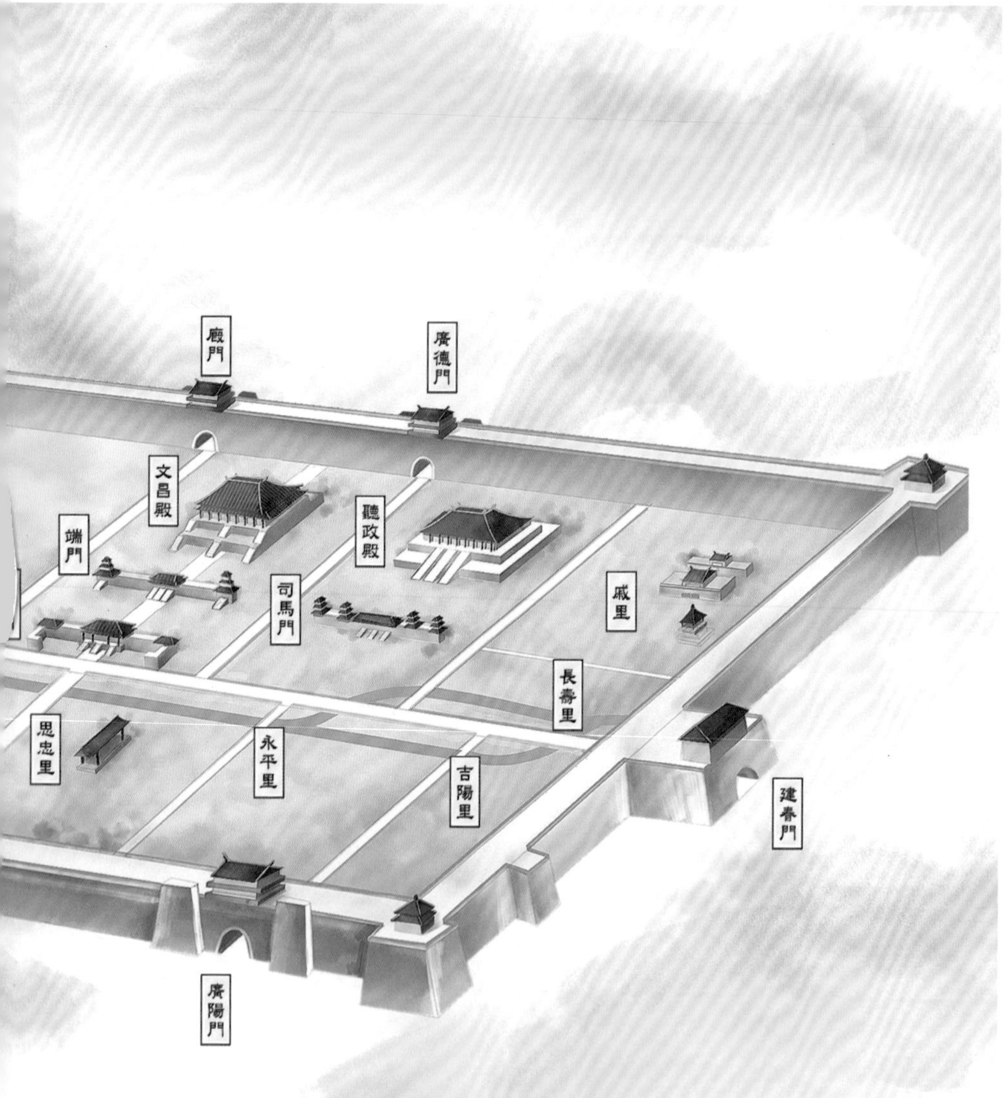
廏門
廣德門
文昌殿
端門
聽政殿
司馬門
戚里
長壽里
思忠里
永平里
吉陽里
建春門
廣陽門

鄴城復原圖

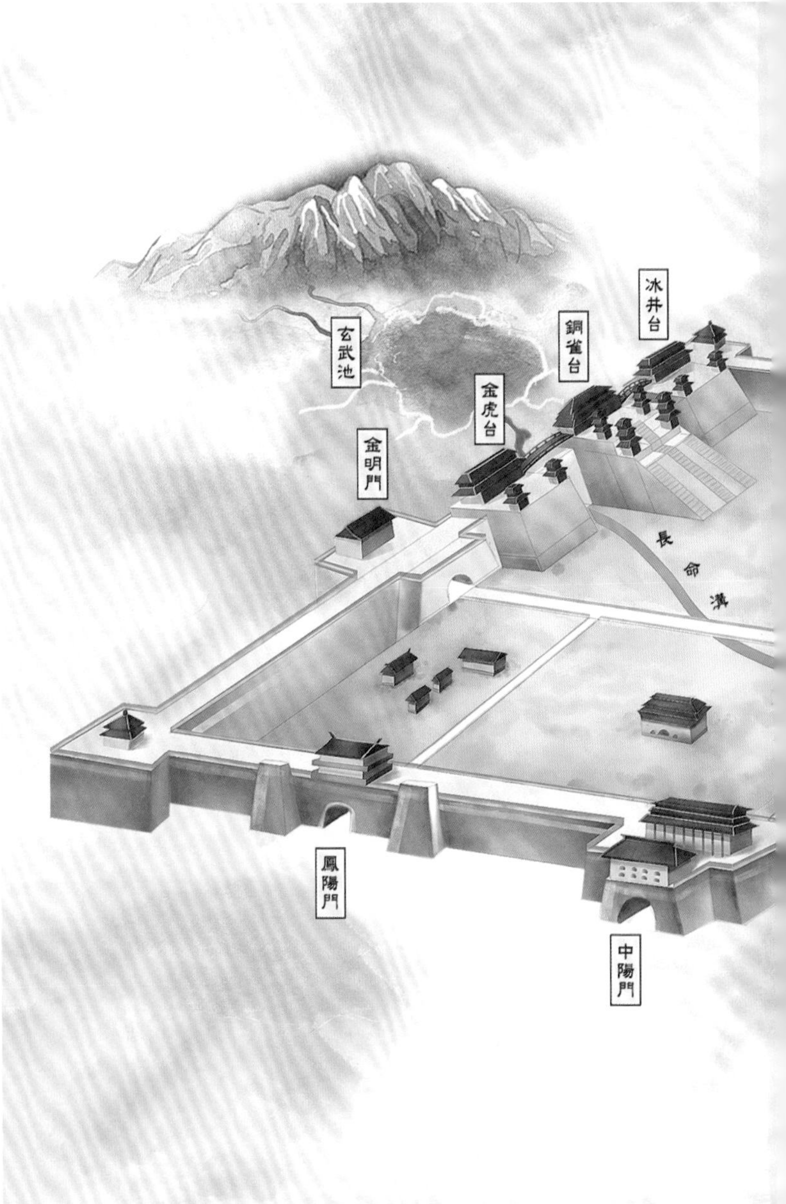
玄武池
金明門
金虎台
銅雀台
冰井台
長命溝
鳳陽門
中陽門

種種跡象表明，開挖玄武池只是曹操龐大造城計畫的其中一環。在曹操的規劃中，他要建的是一座史無前例的新城。

曹操清楚地知道，這座城必須要改變秦咸陽城、漢長安城在空間布局上的雜亂無章，必須要改變之前都城之中處處是宮城的「君貴民輕」格局，必須要改變限制商業活動的「面朝後市」格局。

這座城應盡可能方正，不能如前漢長安城和後漢洛陽城那般分散且不規則；

這座城要有明確的功能分區，宮室官署、里坊街市各安其所；

這座城要兼具軍事、商業、園林等多種功能，既利防衛，又利商貿，還利居住；

這座城中只需要一座宮城，沒必要如前漢的長安城那般，宮城占了全城的三分之二；

這座城要有對稱的中軸線，主要道路要正對城門，以方便人員、貨物進出；

這座城城牆四周要有角樓，以利於軍事防衛……

此時，曹操也許並不知道，正是他開創了城市中軸對稱布局的先河，首創了城市幹道與皇宮丁字交會的新格局。此後，鄴城不僅將成為曹魏、後趙、冉魏、前燕、東魏、北齊六朝的都城，而且會成為中國二世紀至六世紀長安等都城建設的典範，甚至對明清北京城的規劃都有很大影響。

目錄

第六章 長坂
於心不忍 017
以人為本 026
天降魯肅 033
隆中悖論 037
第七章 柴桑
同盟者說 054
迎降者說 066
抗曹者說 072
兩套劇本 085

第八章 赤壁

置酒漢濱 097
會獵於吳 107
內外有別 116
灰飛煙滅 120
大江東去 123
英雄之逆 135

第九章 江陵

江陵夷陵 143
江陵公安 151
江陵江夏 163

第十章 合肥

江淮重地 171
譙縣歸零 178
賊至乃發 187

第十一章 建業

石頭城 193
濡須塢 197
春水生 202

第十二章 益州

相反相成 211
放虎自衛 219

單刀赴會 231
刮目相看 235
意中迷煩 243
定軍山下 250

第十三章 鄴都

江湖未靜 263
以自藩衛 275
唯才是舉 281
心不能平 290
銅雀臺賦 295
終始之變 306
殆不可忍 317
畏天知命 325

後記
參考文獻
古籍類 338
譯著類 339

第六章　長坂

至暗的低谷，為何成了光輝的起點？

建安十三年（西元二〇八年）九月，劉備迎來了人生的至暗時刻：曹操南下、劉表病亡、劉琮投降，當所有這些事情疊加在一起，身處曹操和劉琮之間的劉備就成了肉夾饃中的那堆餡，何去何從不僅關乎發展，更關乎生存。

然而，在這樣一個關鍵時刻，那個之前讓劉備感到「**如魚得水**」的諸葛亮，卻像空氣一般在史書中消失了。

《三國志．蜀書．諸葛亮傳》中這樣描述危機中的諸葛亮：「**琮聞曹公來征，遣使請降。先主在樊聞之，率其眾南行，亮與徐庶並從，為曹公所追破，獲庶母。**」聽說劉琮投降後，身在樊城的劉備帶著部眾就往南撤，諸葛亮與徐庶一起跟著，結果他們被曹操追得潰不成軍，徐庶的母親也被曹軍俘獲了。

隨即，陳壽先生的筆鋒轉向到了孝子徐庶身上，而傳主諸葛亮的所作所為卻隻字未提，當諸葛亮再次出現時，劉備已經到達相對安全的夏口了。

如果說諸葛亮在本傳中消失實屬離奇的話，那他在其他史書中的表現則堪稱怪異了。

《三國志．蜀書．先主傳》中如此記載：「**過襄陽，諸葛亮說先主攻琮，荊州可有。先主曰：『吾不忍也。』**」劉備南撤路過襄陽時，諸葛亮向劉備提出了進攻劉琮、奪取荊州的建議，結果劉備的回答是「我不忍心呀」。再之後，諸葛亮在《先主傳》中也不見了蹤影。

《三國志》是這樣，《資治通鑑》也是這樣。在劉備從樊城到襄陽、從襄陽到當陽、從當陽到夏口的輾轉過程中，有人「**勸備攻琮，荊州可得**」，有人勸劉備「**宜速行保江陵**」，張飛在長坂「**據水斷橋，瞋目橫矛**」，趙雲於亂軍「**身抱備子禪**」，關羽率水軍「**乘船數百艘會江陵**」，就連劉琦都率眾萬餘人前來幫忙，而跟在劉備身邊的諸葛亮卻幾乎毫無作為，似乎只能看著劉備一路潰退，似乎只是這個悲慘世界的旁觀者，這一切真是讓人百思不得其解。

抱膝長嘯、自比管樂的諸葛亮，此時真的就這樣毫無作為嗎？承諾「**霸業可成，漢室可興**」的諸葛亮真的會這樣坐以待斃嗎？

於心不忍

一聽說曹操大軍南下，駐軍樊城的劉備就密切關注著南北兩方面的消息——北方的曹軍行進到哪裡了，漢水南岸的劉琮到底如何決策。這些對於夾在二者中間的他來說都是攸關生死的大事。

然而，在紛至沓來的資訊中，一邊倒的卻全是遠方曹軍的動向，近處的襄陽卻如死亡一般沉寂。數日之後，聞知曹軍即將抵達宛城，劉備有些著急了。要知道，宛城再往前就會進入荊州地界了，隨後沒幾日工夫就將兵臨樊城了。劉備心想賢侄啊！你這葫蘆裡到底賣的什麼藥啊？好歹我們也要商量一下啊，至少也應該告知我一下呀，你再怎麼樣也不能變成個悶葫蘆呀！

情急之下，劉備向襄陽派出使者詢問。沒多久，使者回來了，一同來到劉備身邊的還有劉琮的部屬——著名儒士宋忠。

原來，一得知曹軍即將大舉南下的消息，劉表的繼任者劉琮就把一干文武召到了跟前。也許是初生牛犢不怕虎，也許是少不更事未知難，剛剛品嘗到權力滋味的劉琮，還沒等群臣發表意見，就先拋出了自己的想法：「**今與諸君據全楚之地，守先君之業，以觀天下，何為不可乎？**」今天我與諸位據守荊楚之地，恪守先父之業，靜觀天下之變，什麼事情幹不成呢？

很明顯，劉琮想跟曹操掰掰手腕。

可是，劉琮話音剛落，身邊的東曹掾傅巽（音同訊）就立刻潑上了一瓢冷水：「**逆順有大體，強弱有定勢。**」凡事都要遵循規律和規則，荊州今後何去何從，首先要從「大體」和「定勢」上來進行分析和判斷。

隨後，傅巽從三個方面分析了荊州與中原在「體」和「勢」上的差距。

首先，講大體：「**以人臣而拒人主，逆也。**」以人臣的身分去抗拒人主，是典型的叛逆舉動，政治道義上無疑矮了一大截。

其次，講定勢：「**以新造之楚而禦國家，其勢弗當。**」以剛剛接手的荊州去抵禦朝廷大軍，雙方的力量強弱根本不在同一個層級上，軍事實力上差了不只一、兩點。

再次，作比較：「**以劉備而敵曹公，又弗當也。**」依靠劉備去對抗曹操，我們也都不是曹操的對手，借助外力根本就是癡人說夢。

最後，下結論：「**三者皆短，欲以抗王兵之鋒，必亡之道也。**」我們在三個方面都有欠缺，現在想對抗朝廷軍隊，無異於自取滅亡。

也許，傅巽覺得剛才的論述還不夠清晰明確；或許，傅巽覺得妄斷劉備「弗當」曹操這個結論有點武斷；亦或許，傅巽覺得劉琮可能還對劉備抱有希望。隨即，傅巽又追加了一個問題：「**將軍自料何與劉備？**」您自己覺得與劉備相比如何？

劉琮騙不了自己，只得如實回答：「**不若也。**」

有了劉琮這個意料之中的回答，傅巽就為接下來的論述打開了通道：

「**誠以劉備不足禦曹公乎，則雖保楚之地，不足以自存也。**」如果連劉備都不足以抵禦曹操，那麼就算傾盡荊楚之力也難以自存。

「誠以劉備足禦曹公乎，則備不為將軍下也。」如果劉備足以抵禦曹操，那麼劉備必定不會屈居將軍之下。

一句話，別說劉備不行，就算行，對你來說，也萬萬不行。

有了上述宏觀上的立論、中觀上的申論以及微觀上的推論，傅巽最終抛出了自己的建議：**「願將軍勿疑。」**您就別再有什麼猶疑了！

「疑」？劉琮之前猶疑過嗎？要知道，他一開始講的不僅僅是「據全楚之地，守先君之業」，還要「以觀天下，何為不可」呢，怎麼經過傅巽一番說辭變成「勿疑」了？

事實上，此時勸劉琮「勿疑」的遠不只傅巽一個，僅在現場為他撐腰的就有蒯越、韓嵩、王粲等人，整個荊州主張降曹的更大有人在。原本，劉琮的初衷是想讓這些人「勿疑」，沒想到現在卻只能跟著他們「勿疑」了。

當宋忠一五一十地將劉琮的投降決定通報給劉備時，毫無心理準備的劉備「**大驚駭**」，再怎麼說荊州也是一個「**南收零、桂，北據漢川，地方數千里，帶甲十餘萬**」的大州，再怎麼說劉表也在此苦心經營了近二十年，再怎麼說這麼多年也沒有讓曹操占得半點便宜，無論是當初的張繡還是後來的自己，無論是張繡獨自反曹的淯（音同育）水之戰，還是張繡、劉表聯手抗曹的安眾之戰，乃至自己伏擊夏侯惇的博望坡之戰，荊州方面都有效地抵禦和擊退了敵人，而這一次連敵人的影子還沒看到，怎麼就不戰而降了呢？真是枉費前人打下的江山與祖業啊！

不過，雖說劉琮想要怎麼做，還輪不到劉備多管閒事，但劉琮的這筆買賣卻著實把劉備給賣了，可以說劉備即將，甚至是已經處在了腹背受敵的險境。想到這裡，劉備就怒火中燒，衝著宋忠吼開了：「**卿諸人作事如此，不早相語，今禍至方告我，不亦太劇乎！**」你們這幫人怎麼能這樣辦事呢！？為什麼不早點告訴我！如今大難臨頭才來知會我，是不是做得太絕了點！

話音未落，劉備就拔出了佩刀，你宋忠來給我敲響喪鐘，信不信我先給你送終？然而，雖然利器在手，也已經指向了宋忠的胸口，劉備卻未動手。片刻之後，劉備恨恨地說：「**今斷卿頭，不足以解忿，亦恥大丈夫臨別復殺卿輩！**」如今就算砍掉你的頭，也不足以消解我心中的憤恨，再說了，在這種分道揚鑣的時候再來殺你們這些忘恩負義的傢伙，我自己都覺得羞恥！

就這樣，劉備給自己找了個臺階，利刃歸鞘，宋忠回襄。

放走了宋忠，冷靜下來的劉備開始真正面對眼前的問題了：身前是洶洶而來的曹軍，身後是惶惶而降的劉琮，自己又將何去何從？於是，劉備把部屬們聚到了一起，共商應對之策。

在眾人的建議中，有一種聲音不絕於耳：進攻劉琮，拿下荊州。既然劉琮可以背叛我們，我們為什麼不能攻打他呢？再說了，拿下荊州不就可以擺脫腹背受敵的窘境了嗎？拿下荊州不就可以與曹操旗鼓相當了嗎？

的確，劉備也想拿下荊州，可是，真能拿下嗎？拿下後又會出現什麼情況？思慮之中，劉備眼前浮現出了劉表臨終前與自己的那次談話。

眼見劉備進門走到自己的臥榻旁，病入膏肓的劉表吃力地抬起了頭。環顧四周之後，劉表說出了那句讓劉備頗感意外的話：「**我兒不才，而諸將並零落，我死之後，卿便攝荊州**。」我的兒子們都沒什麼本事，手下的將領們也一個個逝去，我死之後，就由你來代理荊州事務吧。

這是劉備頗為熟悉的一幕，十四年前，徐州牧陶謙在彌留之際也曾經說過「**非劉備不能安此州也**」這樣類似的話。隨後，在眾人的擁戴下，劉備半推半就，最終接過了徐州牧的印綬。如今，再次面臨接與不接的選擇，劉備不禁有些唏噓：自己戎馬半生，敢情就是來當見證者和收拾爛攤子的，一世英豪，敵不過時光荏苒，多少風流，總被雨打風吹去。

感慨的同時，劉備也在迅速地評估劉表這次托孤的真實性和自己接收的可行性。

單聽劉表這句話，情感無疑是熱切真摯的，但裡裡外外分析琢磨，其中卻頗多疑點。首先，「我兒不才」就有些言不由衷。劉表當時一共有三個兒子，長子劉琦、次子劉琮、三子劉修，撇開劉修不談，至少劉表對劉琦和劉琮還是比較滿意的；其次，「諸將並零落」也不完全符合實際情況，死掉的黃祖的確算是劉表的一把利器，但除此之外還有蒯越、文聘、蔡瑁、張允，這些人哪個都不比黃祖弱，也都沒有凋零枯萎；最後，「卿便攝荊州」也多少有些勉強，「攝」是代行、代理，那為誰而攝呢？莫非攝一段時間還要還回去？為什麼不是執掌的「掌」或者是兼領的「領」呢？就算直接用代行的「代」也比這個「攝」要更有合法性一些啊？

不僅劉表嘴上說的不可信，他的動作神情也讓人不放心，自己進門時，劉表是「顧」了一下才張口說話的。為什麼非要「顧」這一下呢？是怕其他人偷聽還是四周已經埋伏了殺手呢？

如果是前者，那就證明劉表這次托孤純屬個人行為，不僅沒有徵求手下們的意見，甚至還唯恐他們知道自己的決定，那這種私相授受般的委託又有多大效力呢？

如果是後者，那就證明劉表這次托孤是在試探自己，只要自己一鬆口同意，刀槍劍戟就會劈殺過來，那自己還能同意嗎？

這下好了，退一步說，就算這一切都是劉備自己的臆測，就算劉表是真心實意地要把荊州交到自己手上，在當前的內外形勢下，即便自己敢接手這個燙手山芋，又能接得住它嗎？要知道，劉表也是依靠荊襄大族才建立和穩固自己在荊州的統治的，如今這些大族們支持的是劉琮，而政治傾向也早已倒向了曹操那裡。要知道，北方曹操不僅在玄武池操練水軍，而且人馬已經在許都集結待命了，東方孫權不僅搬掉了黃祖，這個進攻荊州的最後一塊絆腳石，而且把行營都遷到了近在咫尺的柴桑，如今的荊州早已是山雨欲來風滿樓了。要知道，自己當初可是以拯救者的姿態出現在徐州的，更是在各方勢力一致擁戴下接掌徐州、抵禦袁術的，如今自己這個寄寓者既無法完全整合荊州各派勢力，又無把握驅逐外敵，一旦接手，那不是自己給自己找麻煩嗎？

想到這裡，劉備誠摯地安慰劉表說：「**諸子自賢，君其憂病。**」你的兒子個個都不錯，你就別憂心接班的事了，還是把心思放在治病上吧！

於是，一場關於荊州未來的談話就這樣結束了。

從劉表那裡回來後，聽說了這件事的人都為劉備感到可惜，放著這麼一個大機會不把握，過了這個村就沒這間店了。

不過，劉備自己卻很淡然：「**此人待我厚，今從其言，人必以我為薄，所不忍也。**」劉表一直厚待我，我今天要是照他說的辦了，明天就會有人說我這個人涼薄，所以我不忍心這麼辦。

如今，待自己「厚」的劉表不在了，繼任者待自己已經不能用「薄」，而是要用「絕」來形容了，這時自己打劉琮、奪荊州自然談不上涼薄了，但如今能打嗎，能奪嗎？

劉備的答案是否定的。如果說，當初劉表把荊州託付給自己時，自己的執掌之路充滿了來自內外部的不確定性的話，但至少當時還有些周旋的時間和博弈的空間，而現在，時間和空間都被壓縮的只剩下逃命了。

只聽劉備說道：「**劉荊州臨亡托我以孤遺，背信自濟，吾所不為，死何面目以見劉荊州乎！**」劉表臨終時把劉琮託付給了我，違背信義而讓自己受益這樣的事，我是絕對不會做的，如果真的做了，我還有什麼臉面去見地下的劉表呢！

劉琮可以不打，但襄陽總還是要過的，因為這是劉備從樊城南撤的必經之路。

當劉備帶著一眾人馬路過襄陽時，他一度停下馬，向城上呼喊劉琮。在劉備看來，就算分道揚鑣，也要打聲招呼，說聲再見吧。可是，在劉琮看來，這一切卻充滿了風險和未知，誰知道劉備是不是埋伏了弓箭手呢，誰知道劉備會不會乘機攻城呢？於是，城中的劉琮選擇了避而不見。

其實，劉琮的擔心也並非空穴來風。在劉備向城上喊話時，諸葛亮就向他提出過攻城的建議，只不過，劉備的回答只有四個字：「吾不忍也。」

劉備沒有選擇攻入襄陽城中，但他卻專門去到了郊外的劉表墓前。一番祭奠之後，劉備「**涕泣而去**」。

「所不忍也」、「吾所不為」、「吾不忍也」、「涕泣而去」，這一切既沒有打動劉琮，也沒有拿下襄陽，卻感動了荊州軍民。於是，在劉備這一番不作為的作為後，出現了「**琮左右及荊州人多歸先主**」的奇特景象。並且，跟著劉備往南走的隊伍越來越龐大，走到當陽時，竟然有「**眾十餘萬，輜重數千兩（輛）**」，看上去這根本不是在撤退，而是在搬家。

以人為本

既然是撤退，就要有撤退的方向，總不能如無頭蒼蠅一般亂撞。劉備軍隊的撤退方向很明確，那就是長江北岸的重鎮江陵。

江陵在劉表到來前原本是荊州的首府，劉表入荊後，為了進一步拉攏荊襄大族，才將治所遷到了大族聚居的襄陽。之後，江陵雖然在政治上失去了首府的地位，但鑒於它地處整個荊州的腹心位置，既能夠在東西方向控扼長江，又能夠向北為襄陽提供有力的支撐和保障，還能夠向南管控長江以南的武陵、長沙、桂陽、零陵四郡，因此依然是荊州的軍事重鎮，糧草軍械等大量軍用物資都被存放在這裡。劉備如果能夠占據江陵，不管是攻、是守、是撤，都會贏得寶貴的時間和空間。

對於江陵的重要性，劉備方面當然一清二楚，然而，面對如此一心追隨、贏糧景從的士眾，大軍卻只能以「**日行十餘里**」的龜速向南行進，照這個速度，怎麼可能搶占江陵？無奈之下，劉備決定由關羽帶領數百艘戰船從水路行進，雙方會師於江陵。

然而，就在劉備大軍不緊不慢地向江陵方向蠕行的時候，曹操大軍卻已經深入到了荊州境內。望著遠處輕裝而來的曹軍，劉琮部將王威向自己的主公提出了這樣一個建議：「**曹操聞將軍既降，劉備已走，必懈弛無備，輕行單進。若給威奇兵數千，徼之於險，操可獲也。獲操，即威震四海，非徒保守今日而已。**」曹操既然知道了將軍歸降、劉備逃走的消息，必然會放鬆戒備，也一定會帶著先頭部隊輕裝急進。如果讓我帶領數千奇兵，伏擊於險要之地，必然可以俘獲曹操。到了那時，您一定能夠威震天下，遠不是保住現在已有的這些而已。

應該說，王威的想法是頗為大膽的，其中也充滿了風險和不確定性，但至少就他對曹操的判斷來說，還是十分準確的。因為，依曹操的性格和行事方式，他是不會給對手任何反悔和喘息機會的，不然的話，郭嘉不會以「**用兵如神**」來誇讚他，他也不會在遠征烏桓時採納郭嘉拋棄輜重、「**兵貴神速**」的建議，後世更不會用「說曹操，曹操到」來形容他。由此看來，王威的建議雖然不乏風險，卻有很大的成功概率。

如果換作他人，王威的這一建議有可能被採納，可是落到劉琮身上，除了增加這位年輕主公的焦慮之外，似乎沒有起到任何實質作用。沒多久，曹操和他的人馬就暢通無阻地進入了襄陽城。

正如王威所推斷的，這次進入襄陽城的，的確是「輕行單進」的前鋒部隊。南下前，曹操曾問計於荀彧，荀彧的建議是「**顯出宛、葉而間行輕進，以掩其不意**」，也就是明裡要擺出進兵宛城、葉縣的架勢，暗中卻小路穿插、輕裝前進。

曹操採納了荀彧的建議，為了達到「掩其不意」的效果，這支「輕行單進」的部隊不僅人數少而且基本沒帶什麼重裝備，而聽說劉琮投降、劉備南撤的消息後，為了趕在劉備之前占領襄陽，這支隊伍更是一路狂奔。

可是，就算如此奔馳，曹操還是沒有在襄陽截住劉備，畢竟劉備從樊城到襄陽只需要跨過一條漢水，而曹操到襄陽卻需要跨過半個荊州。

按理說，一旦接受了劉琮的投降並成功接管襄陽，曹操就已經在名義上擁有荊州了。同時，鑒於前鋒部隊裝備輕便、人數不多、鞍馬勞頓，也該適時休整，等大隊人馬和大量輜重到來後，再進發也不遲。可是，一旦判定劉備的逃跑方向是江陵，曹操幾乎一刻沒停就踏上了追擊之路。

承擔這次追擊任務的是曹軍精銳中的精銳：虎豹騎。虎豹騎的成員均從其他部隊的中下級軍官中選拔，而統領者則一直由曹氏將領擔任，這支部隊有史可載的戰績包括：建安九年（西元二〇四年）南皮之戰，殺袁譚；建安十二年（西元二〇七年）北征烏桓，斬烏桓單于蹋頓。

如果說曹軍之前的行軍已經算是奔馳了的話，那這次虎豹騎的追擊幾乎算得上是飛馳了，帶著手下五千精騎，曹操一日一夜就追出去三百多里，硬是把劉備隊伍幾十天的路程給追了回來。

不久，劉備和他的手下們也嗅到了曹軍的動向。當劉備這支搬家隊伍走到距離江陵不遠的當陽時，面對如此神速的追兵和即將覆滅的命運，手下們不能不說話了：「**宜速行保江陵，今雖擁大眾，被甲者少，若曹公兵至，何以拒之？**」我們現在應該迅速去保衛江陵，現在我們人數雖多但身穿鎧甲能打仗的兵士卻不多，倘若曹軍趕到，我們如何抵抗？

部下們說的沒錯，照現在這種狀況，別說抵擋曹軍了，能不被趕到長江喂魚就算不錯了。部下們說的，劉備不是不明白，但他卻說出了這樣一段話：「**夫濟大事必以人為本，今人歸吾，吾何忍棄去！**」幹大事必須要以民眾為根本，現在這麼多百姓跟著我，我怎麼忍心棄他們而去！

是呀，如果說「濟大事」是劉備的奮鬥目標，那麼「以人為本」就是劉備的立身之本和成功之道。對同僚，劉備扶危濟困，「**救人之急**」；對親信，劉備「**寢則同床，恩若兄弟**」；對部下，劉備「**同席而坐，同簋而食**」；對民眾，劉備「**外禦寇難，內豐財施**」。一句話，劉備是憑著信義起家的，「**仁義之名**」也早已盡人皆知，如今讓他放棄立身之本，這就相當於要了他的命。

就這樣，劉備的人馬依舊如蝸牛般向江陵蠕動著。

劉備不拋棄百姓，曹操也沒有放棄劉備。劉備的蠕行大軍還沒有走出當陽，就在一個叫長坂坡的地方被曹軍追上了。結果可想而知，如狼似虎的曹軍鐵騎如趕羊一般，將劉備的十餘萬部眾圈到了一起，任憑宰割。這種情況下，即使劉備再對追隨者「何忍棄去」，他也必須割棄了，因為如果再不走，他也要變成曹軍圈中的一隻羊了。

這次「棄去」實在慘澹，跟隨劉備一起衝出包圍的，只有諸葛亮、張飛、趙雲、徐庶等數十人，就連劉備的妻兒也沒能僥倖逃出。可是，就在這逃出來的極少數人中，竟然還有人提出要投奔曹操。

這個人就是徐庶，在驅趕與奔逃中，他的母親被曹軍俘獲了。得知這一消息，孝順的徐庶變得心神不寧，一番踟躕之後，他對劉備說：「**本欲與將軍共圖王霸之業者，以此方寸之地也。今已失老母，方寸亂矣，無意於事，請從此別。**」

徐庶的告白形象而生動，從初衷上講徐庶我是想憑著自己的智謀，與將軍一起幹一番大事業的，可是如今一失去老母親，我那塊產生智謀的方寸之地就完全慌亂了，再讓我出主意、想辦法已經不可能了，所以我請求離開將軍這裡。

話都說到這個份上了，一向仁義的劉備能不仁義嗎？於是，徐庶走向了曹營。

後來，徐庶的這一舉動經過藝術加工，不僅留下了「方寸已亂」、「身在曹營心在漢」、「徐庶進曹營——一言不發」等成語、俗語、歇後語，而且也把徐庶塑造成了孝子的典範。不過，看看徐庶告別劉備時說話的邏輯性，還真沒感覺他方寸已亂。說他此後在曹營一言不發，也與史實不符。數年之後，在擁戴曹丕接受漢帝禪讓的勸進表中，赫然書寫著徐庶的名字。在曹魏，徐庶先後擔任了右中郎將、禦史中丞等高級官職，勸進能不算表態發言嗎？如此高官能裝聾作啞不做貢獻嗎？

撇開徐庶不談，其餘留在劉備身邊的人可謂盡職盡責，拼盡了全力。張飛帶了二十多名騎兵據守在一個小橋邊斷後。眼見曹軍追來，張飛命人拆斷橋樑，一個人橫握長矛、怒目而視，大聲對曹軍喊道：「**身是張益德也，可來共決死！**」這一喊，硬是嚇得曹軍士卒沒一個人敢衝過來。

這邊張飛為保劉備「**據水斷橋**」，那邊趙雲正在為救劉備的幼子劉禪，在亂軍中衝殺奔走。不過，此時的劉備得到的卻是完全相反的消息，有人向他報告：「**趙雲已北走。**」趙雲已經向北跑了，估計是去投奔曹操了。

聽到這一消息，劉備勃然大怒，拿起手戟就向那人擲去，一邊扔一邊說：「**子**

龍不棄我走也。」趙雲（字子龍）是不會丟下我獨自逃走的。

說話間，從亂軍衝出來的趙雲，懷揣著劉禪飛馳到了劉備的身邊。

天降魯肅

當陽，是劉備心急火燎要離開的地方，卻是另一個人火燎心急正趕來的地方。這個人就是魯肅。

一聽說劉表病故的消息，預感到將有大事情發生的魯肅，就向孫權提出了自己的計畫。

一上來，魯肅便從荊州地理位置的重要性談起：「**夫荊楚與國鄰接，水流順北，外帶江漢，內阻山陵，有金城之固，沃野萬里，士民殷富，若據而有之，此帝王之資也。**」荊州與我們相鄰，江河直通北方，外有長江漢水環繞，內有高山大丘憑恃，有固若金湯的城防，有幅員萬里的沃野，同時人才濟濟、百姓富足，倘若能夠占領荊州，帝王之業的根基就奠定了。

從地理到軍事，從經濟到人口，魯肅如數家珍地說了一通，核心意思就一個，荊州是我們必爭、必取、必保之地，在之前的「榻上策」中魯肅提出「**據而有之，**

然後建號帝王以圖天下，此高帝之業也」，如今他依舊持同樣的觀點，必須「據而有之」。

可是，又如何「據而有之」呢？

隨後魯肅對荊州內部形勢進行了分析：「**今表新亡，二子素不輯睦，軍中諸將，各有彼此。**」如今劉表剛剛去世，他的兩個兒子又素不和睦，軍中的將領也相應地分成了兩派。言外之意，如今的荊州早就不是鐵板一塊了。

緊接著，魯肅又專門提到了荊州的第三股勢力：「**加劉備天下梟雄，與操有隙，寄寓於表，表惡其能而不能用也。**」劉備作為天下梟雄，既和曹操有矛盾，又不受劉表待見。言外之意，劉備也是決定荊州走向的重要變數。

說完這些，魯肅對荊州的可能走向及江東的應對之策進行了闡述。

走向一：「**若備與彼協心，上下齊同，則宜撫安，與結盟好。**」如果劉備與劉表的兒子們像穿同一條褲子一樣，同心協力、上下一意，那我們就與他們搞好關係，結成同盟。

走向二：「**如有離違，宜別圖之，以濟大事。**」如果劉備與他們離心離德，那我們就另做打算，分化利用，以成就我們的大業。

魯肅說的都沒錯，但江東如何第一時間獲知他們是「協心」還是「離違」呢？就算知道了，又如何隨機應變，達成目的呢？

就在孫權思索之際，魯肅主動請纓了：「**肅請得奉命吊表二子，並慰勞其軍中用事者，及說備使撫表眾，同心一意，共治曹操，備必喜而從命。**」我請求您派我前去弔喪，同時以慰問之名與他們軍中的主要將領進行接觸，並且勸說劉備安撫劉表的部眾，推動他們同心同德，共同抗曹，我估計劉備一定會愉快地接受。

一方面提出問題，一方面又解決問題，魯肅的擔當作為，實屬難能可貴。不過，更難能可貴的是，他還以時不我待的精神去推動儘快解決問題：「**如其克諧，天下可定也。今不速往，恐為操所先。**」如果目的達成了，我們就有機會平定天下了；如果不趕快前往，恐怕就會被曹操搶先了。前半句描述正效果，後半句描述負效應，孫權能不心動嗎？

於是，魯肅踏上了前往荊襄的風塵路。

然而，計畫趕不上變化。動身沒多久，魯肅就發現他的計畫幾乎要全部落空了：劉琮領著諸將投降了，劉備帶著士眾南逃了，曹操帶著精騎殺來了，估計要不了多久戰火就燒到江東了。

怎麼辦？只能死馬權當活馬醫地去爭取劉備，這支唯一可以爭取的力量了。於是，魯肅懷揣著僅有的一絲希望來到了當陽長坂坡。

「**豫州今欲何至？**」如今劉備您打算到什麼地方去啊？一見面，魯肅就問出了那個最迫切要知道的問題。

「**與蒼梧太守吳巨有舊，欲往投之。**」我與蒼梧太守吳巨有些交情，準備去投奔他。此時，劉備當然不能說自己無路可走，但讓他說自己想投奔江東，這也是萬萬不行的，一則面子上過不去，二則江東的態度也並不明瞭，一旦自己的熱臉貼了別人的冷屁股，就不只是尷尬的問題了。保險起見，劉備拋出了吳巨這個假目標。

原本，劉備只是使了一個小伎倆，但對魯肅來說卻是個大麻煩，要是真讓劉備一溜煙跑到鳥不拉屎的蒼梧郡（今廣西梧州），江東就直接暴露在曹軍的兵鋒之下了，好歹也要有個緩衝，拉個墊背的呀！於是，魯肅連珠炮似地說話了。

首先，是誇孫權：「**孫討虜聰明仁惠，敬賢禮士，江表英豪，咸歸附之，已據有六郡，兵精糧多，足以立事。**」一句話，孫權要素質有素質，要人才有人才，要地盤有地盤，要資源有資源，具備想幹事、能幹事、幹成事的一切條件。

其次，是給建議：「**今為君計，莫若遣腹心使自結於東，崇連和之好，共濟世業。**」言下之意，我魯肅來了就代表了孫權的意思，你要有意思的話，也派人去江東表達一下你的意思，這樣接下來的事情就好辦了。

最後，作對比：「**而雲欲投吳巨，巨是凡人，偏在遠郡，行將為人所並，豈足托乎？**」意思是，吳巨那裡人也不行，地也不行，你去那裡不是才出泥潭又入火坑嗎？

眼見魯肅如此在意自己的選擇，劉備終於把心中的暗喜變成了臉上的「**大喜**」。隨即，劉備帶著僅有的數十人，向東南斜插到了漢水邊的一個渡口，在那裡與正好到此的關羽船隊會合，接著又遇到了江夏太守劉琦的萬餘人馬。於是，大家一起沿江向東，來到了與東吳搭界的夏口。

隆中悖論

上面這些就是劉表去世後，劉備從樊城到夏口的全部過程。

對劉備來說，這是一次慘痛的經歷。據《三國志．魏書．曹純傳》記載，當時跟隨曹操「**從征荊州，追劉備於長坂**」的曹純，就取得了「**獲其二女輜重，收其散卒**」的戰績，女兒沒了、輜重沒了、步卒沒了，難道不慘嗎？

回憶起這次慘敗，二十年後的蜀漢丞相諸葛亮在他的《出師表》中甚至用了「**傾**

覆」這個詞。同樣在《出師表》中，諸葛亮緊接著用「**受任於敗軍之際，奉命於危難之間**」來描述自己出使東吳、促成孫劉聯盟的作為。

可是，面對從樊城到夏口的傾覆之局，諸葛亮又做了些什麼呢？史書中，除了那句「**過襄陽，諸葛亮說先主攻琮，荊州可有**」，沒有關於諸葛亮在這一危急存亡關頭的任何記載。可是，就連這僅有的一點記載，也被司馬光在《資治通鑒》中給抹去了，只說在劉備「**呼部曲共議**」時，有人「**或勸備攻琮，荊州可得**」，並沒有點明此人是諸葛亮。

不過，記載付諸闕如並不代表孔明消失不見。實際上，只需上面那一句「諸葛亮說先主攻琮」，我們就可以合理推測：無論在劉表托孤時「**勸備宜從表言**」的人中，還是在當陽勸劉備「宜速行保江陵」的人中，大概率都有諸葛亮的身影，而路過襄陽時「勸備攻琮」的那個人更是非諸葛亮莫屬。

真是這樣嗎？為什麼？

是的，就是這樣。如果不信，讓我們再來回顧一下隆中草廬內的那次談話。

「**荊州北據漢、沔，利盡南海，東連吳會，西通巴、蜀，此用武之國，而其主不能守，此殆天所以資將軍，將軍豈有意乎？**」

「若跨有荊、益，保其岩阻，西和諸戎，南撫夷越，外結好孫權，內修政理；天下有變，則命一上將將荊州之軍以向宛、洛，……誠如是，則霸業可成，漢室可興矣。」

透過上面這兩段話不難看出，在諸葛亮天下三分的戰略設計中，荊州不僅是鼎足而立的必爭之地，而且是全盤布局的戰略基點。沒有荊州如何西取益州？沒有荊州如何東結孫權？沒有荊州如何北向宛洛？

荊州不是充分條件，而是必要條件，說白了是做事創業的啟動資本，是從一到一百中的那個「一」，連「一」都沒有還想什麼一百？因此，無論何時何地何種條件，只要有機會，就必須實現「從零到一」的突破。於是，在五次三番勸劉備取荊州的人中，不可能沒有諸葛亮。

可是，劉備為什麼始終沒有同意呢？

一種看法認為，三次取荊州的條件都不適宜。第一次劉表托孤，其是否出於誠心誠意都未可知，更不用提接掌荊州的現實難度了；第二次進攻襄陽，能否拿下姑且不說，即使能拿下，隨後能否穩住局面，擋住曹操的南下兵鋒也是個未知數；第三次速取江陵，似乎就完全看劉備願不願意承受道德壓力了。

沒錯，從現實條件看，三次取荊州的確都頗具挑戰，但也絕非毫無可能。

先看第三次。當時劉備已經到了緊靠著江陵的當陽縣，也就是說他已經走完了從襄陽到江陵的大部分路程，如果劉備以之後曹軍「一日一夜行三百餘里」的速度，哪怕是一日一夜一百里的速度，他也早就占據位置關鍵、物資充沛的江陵了。至於占領江陵後能不能守住它，這倒是次要問題了，因為一旦有了江陵，不僅如長坂坡那樣「傾覆」的危險消除了，而且無論是與曹操抗衡還是與孫權結盟，也都有本錢了。如此看來，諸葛亮此時從軍事外交的角度提出「宜速行保江陵」的正確建議，完全有可能。

再看第二次。從樊城南撤時順勢奪取襄陽，有可能嗎？當然有可能，不然也不會出現當劉備在城下「**駐馬呼琮**」而「**琮懼不能起**」的情況，更不會出現「琮左右及荊州人多歸先主」的局面。

那麼，占據襄陽後能夠實現諸葛亮所說的「**荊州可有**」這一目的嗎？從眾人多歸劉備這一情況看，乘勢實現對整個荊州的控制，問題也不大。

那麼，據有荊州後能夠擋住曹操嗎？從當時的情形看，完全有可能。

首先，從兵力上看，從事後周瑜的分析中知道，當時荊州人馬約七、八萬，加上劉備從樊城帶來的人馬和劉琦在夏口的人馬，少說也有十萬之眾，就算蒯越、蔡璫搞分裂甚至發動叛亂，打個對折，至少也有五萬人馬。而此時「直趨宛、葉」、「輕行單進」的曹軍有多少人呢？既然要出奇兵、打閃擊，先頭部隊最多不過三、五萬，加上後續的大部隊，按周瑜的判斷，最多「不過十五六萬」。如此看來，攻取襄陽後，劉備至少可以在漢水邊挫敗曹軍先頭部隊的進攻，大概率也能在此與曹操的後續部隊展開對峙。

其次，從地形上來看，漢水邊的襄陽和樊城，完全具備抵禦曹操的條件。當時，襄陽和樊城分據漢水南北兩岸，互為掎角之勢，絕對可以構築一個水陸結合的穩固防禦體系。事實上，在一千多年後的宋元更迭之際，南宋依託這一地區顯著的地利優勢，不僅扛住了蒙元鐵騎的多次進攻，甚至在西元一二六七年到西元一二七三年長達六年的時間裡，在此與蒙元的水陸大軍展開了激烈的對峙。按照以往的經驗，劉備不用扛六年，只需扛一到兩年，曹操就要回「多務」的北方去了。

再次，從兵種上來看，曹操自一開年就在玄武池大練水軍，主要的目標戰場在哪裡？說白了就是把重點放在了襄陽和樊城之間的那段漢水上面。試想，奪取長江北岸的江陵，需要練水軍嗎？步騎兵就可以解決問題了。而一旦解決了北面的襄陽和南面的江陵這兩個核心區域，長江下游的夏口和長江以南的諸郡還是問題嗎？為了解決這些邊緣地帶有必要興師動眾、大練水軍嗎？實際上，千年後的蒙元政權為了解決襄陽，也沒少在水軍上下功夫。為加強水上作戰能力，蒙元僅在進攻的第二年就在襄陽前線訓練了七萬水軍，建造了五千艘戰船。此時，「輕行單進」的曹操，帶或沒帶、帶了多少水軍都不得而知，能夠在漢水作戰的戰船恐怕更是寥寥無幾，此時要與劉表經營了十多年「**蒙衝鬥艦，乃以千數**」的荊州水軍抗衡，順利地渡過漢水、占領襄陽，一切似乎都沒那麼容易。

當然，當時的荊州水軍未必都在襄陽附近，但從關羽後來能夠「乘船數百艘會江陵」來看，部署在襄陽和樊城一帶的水軍和艦船至少也有數百艘。同時，從荊州水軍的防禦重點來說，為了應對曹操「**作玄武池以肄舟師**」這一重大軍事動向，只怕荊州水軍早早地就在漢水流域嚴陣以待了。如此看來，缺少水軍和艦船支撐的曹軍要想拿下襄陽還真沒那麼容易。

最後，從時間上來看，即使當時曹操已經進軍到了宛城，劉備占領襄陽後也是有較充裕的時間進行防禦的。從史料上看，當曹操知道劉備準備去占領江陵時，他「**乃釋輜重，輕軍到襄陽**」，到了襄陽後，他又「**將精兵五千急追之，一日一夜行三百餘里**」，這樣才在長坂坡追上了劉備。而反觀劉備，他的行軍速度是多快呢？

「日行十餘里」。如此計算，曹操緊趕慢趕抵達襄陽時，劉備已經離開三十天左右了，再加上曹操從宛城到襄陽的這段時間，劉備至少有一個月的時間穩定襄陽局勢，並完成戰役部署。

綜合上面一系列分析，劉備在襄陽對抗曹操還是有勝算的，而如《三國志》所說，諸葛亮勸劉備進攻劉琮，占有荊州，更是確鑿無疑了。

看完了第三次和第二次取荊州的機會，最後再來看第一次，情況就更明瞭了。曹操大軍壓境和劉琮束手歸降時都有時間和機會抗曹，僅僅占據江陵都有可能一搏，那接受劉表托孤、白得一個荊州，難道還沒能力控制荊州、抵禦曹操？因此，面對劉表托孤，如果從形勢和實力角度考慮，重點不在於劉備能不能，而在於劉表願不願意。換句話說，只要劉表有意向，諸葛亮就會毫不猶豫地勸劉備「從表言」。

如此看來，面對三次機會，以荊州為基點規劃「隆中對」的諸葛亮，沒理由不站出來力主取荊州。可是，為什麼只有陳壽並且只是在《三國志．蜀書．先主傳》中把諸葛亮主張進攻襄陽這件事記載了下來，甚至在諸葛亮本傳中都隻字不提呢？

可能的原因有二：其一，由於之後建立的蜀漢政權並沒有設立專門的史官編修國史，即使陳壽這樣生在蜀漢的史家，對這段蜀漢政權成立之前的歷史也不甚明瞭，於是只好含糊其辭，並不確指某人了。其二，由於上述建議多少都有違道德原則，為了維護相關人物的形象，引導更多人去惡揚善，史家只好如司馬光在《資治通鑒》中那樣隱去其名了。

史家可以為往者諱，但當事人劉備卻無可回避，面對三次可能的機會，他必須作出抉擇。那麼，劉備又為什麼要一再否決相關建議，看著「天所以資將軍」的荊州從身邊白白溜走呢？

實際上，劉備早就清晰地給出了答案：「濟大事必以人為本」。無論是面對托孤時的「所不忍也」，還是路過襄陽時的「吾不忍也」，甚至是滯留當陽時的「吾何忍棄去」，都表明了劉備把信義和民心放在首位的原則。

然而，這一原則卻不可避免地與現實產生了矛盾衝突，也暴露出了「隆中對」中的那個致命悖論。

按照諸葛亮在「隆中對」中的規劃，藉由「人謀」是完全可以幫助劉備實現「霸業可成，漢室可興」這一目標的，而所謂「人謀」，首先謀的就是荊州。至於劉備謀取荊州、成就霸業的優勢，諸葛亮歸納為「**帝室之胄，信義著於四海，總攬英雄，思賢如渴**」。上冊分析過，「帝室之胄」講的是出身，「信義著於四海」講的是德行，

「總攬英雄」講的是魅力，「思賢如渴」講的是態度。如果進一步予以概括的話，第一個講的是先天特徵，後三個講的則是後天能力，並且劉備之所以能夠「總攬英雄，思賢如渴」，最重要的就是「信義著於四海」。因此，可以說劉備的立身之本就是信義。

對於劉備所擁有的信義優勢，不僅諸葛亮明白，劉備自己更明白，不僅明白，他還要去堅守。因此，即使擁有三次取荊州的機會，他都未實施，因為他深深明白「存人失地，人地皆存；存地失人，人地皆失」這一道理。

對於劉備堅持「以人為本」、堅決不棄百姓的行為，東晉史學家習鑿齒評價道：**「先主雖顛沛險難而信義愈明，勢逼事危而言不失道。追景升之顧，則情感三軍；戀赴義之士，則甘與同敗。觀其所以結物情者，豈徒投醪撫寒、含蓼問疾而已哉！其終濟大業，不亦宜乎！」**

習鑿齒的四句話，完整地概括了劉備的處事原則和成功之道。

第一句話，從道義上進行定位：雖然處於顛沛流離、危險艱難的境地，卻更加講信義；儘管事態危急，但他說出的話卻不違背道德。

第二句話，從事例上進行論證：他追念劉表（字景升）舊恩，結果以情感動了三軍；他眷戀追隨他的民眾，結果使這些人都甘心與他共赴艱難。

第三句話，從根子上進行昇華：劉備之所以順民意、得民心，哪裡僅僅是送上濁酒、撫慰饑寒，口含辛辣的蓼草、詢問百姓的疾苦那麼簡單！

最後一句，從結果上進行回溯：他最後終於成就大業，不也是應該的嗎？

習鑿齒的這段評價，不僅被裴松之注引到了《三國志》中，而且被司馬光專門收入了《資治通鑑》中，其目的都不只在於記述劉備那段極狼狽的經歷，更在於凸顯劉備這種至光至輝的品性。

然而，如此一來，劉備做人是光輝了，而勸他把握機會的諸葛亮又該往哪裡擺呢？難不成讓他去當違背道德信義的罪人？如果諸葛亮之後一直是個只講「人謀」，不講「信義」的人那還好，但他卻偏偏成了「**長使英雄淚滿襟**」的道德完人。這下麻煩了，史家們不僅要對他上面三次似有似無的「餿主意」遮遮掩掩，並且對他此後建議劉備殺掉養子劉封、私底下打彭羕（音同樣）小報告這樣證據確鑿的事情也諱莫如深，彷彿只有如此才能維護他「**諸葛大名垂宇宙，宗臣遺像肅清高；三分割據紆籌策，萬古雲霄一羽毛**」的光輝形象。

可是，這一切能遮掩得住嗎？即使能遮掩住這些，能遮得住寫在「隆中對」中那更明顯的不義嗎？

前面說過，在諸葛亮看來，劉備具有幹事創業的四大優勢：出身、德行、魅力、態度，其中排在首位的就是「帝室之胄」的出身。正是因為漢室宗親的這一身分，才使劉備擁有了可以對抗曹操、興復漢室的合法性。

然而，說劉備具有身分上的合法性固然沒錯，但劉表、劉璋也同時擁有這種合法性，並且劉表、劉璋這種身分上的合法性，比劉備要可信、可靠的多。據載，劉表和劉璋都是漢景帝第五個兒子魯恭王劉餘之後，他們與作為漢景帝第六個兒子長沙王劉發後代的漢獻帝劉協，有確定的血緣關係，而劉備雖然也是漢景帝之子中山靖王劉勝的後代，但劉勝卻有一百二十多個兒子，代代繁衍之後，可能中山國所在的冀州一帶，整村的劉氏都是皇親國戚了，劉備家族的譜系已經交代不清。事實上，翻遍整個《三國志》，在諸葛亮之前還真沒有人認為，劉備的宗親身分是個值得一提的獨特優勢。

如此說來，劉備為了復興漢室，而去搶奪劉表治下的荊州和劉璋治下的益州就更說不過去了，同為「帝室之胄」，這不是同室操戈嗎？沒錯，劉表固然「不能守」，劉璋固然「**暗弱**」、「**不知存恤**」，但這就是取代他們的理由嗎？照此邏輯，為什麼非得你劉備取，曹操、孫權就不能取嗎？

這下麻煩了，說了半天，「隆中對」中至為關鍵的「跨有荊、益」倒成了不仁不義之舉了，那為什麼諸葛亮還要把它拋出來呢？

答案就兩個字：大義。

後來的蜀漢政權為什麼能成為了許多史書和演義小說中的正統？就是因為劉備在漢室宗親之中已經沒有其他競爭者了，只有劉備才具有復興漢室、信大義於天下的資格了。「**老瞞虐焰市朝空，宗室惟余大耳翁**」（宋．劉克莊），從這個角度講，只有劉表家族和劉璋家族黯然退場，乃至大漢天子淒然退位，劉備才能實現對道義資源的完全壟斷。諸葛亮讓劉備失信於二劉，卻取信於天下，這就是大義。

既然早在劉表在世時，諸葛亮就已經為劉備規劃了「跨有荊、益」的戰略路徑，那麼在劉表將亡和劉表死後，劉備為什麼不能取荊州呢？在「大義」的旗幟下，又有何不可呢？

如此看來，就只剩下當陽的那次道德拷問了。

從當時的形勢來看，占領江陵幾乎是劉備占據荊州最後的機會了，換句話說，也是實現「隆中對」的最後希望。諸葛亮雖然智謀過人，但他並不是全知全能的「神仙」，他並不能預見到隨後的赤壁之戰和幾年後劉備的「借荊州」，此時唯一的生機就是取江陵。還有，即便追隨劉備的十餘萬人被曹軍俘獲，也未見得曹操就要屠戮他們，十有八九他們會作為勞動力，被曹操遷往北方去屯田。因此，諸葛亮才提出「宜速行保江陵」。

然而，劉備卻不這樣認為。首先，劉備邁不過心中的那道道德門檻。同時，或許劉備也存有一些僥倖心理。畢竟這些人都是自己的追隨者，畢竟這些人員和輜重都是隨後保衛江陵的重要資源，畢竟大軍距離江陵僅有一步之遙，只要越過面前這道「長坂」，前面就是奔往江陵的一馬平川了。

「坂」，是山坡、斜坡的意思。所謂「長坂」，就是長長的山坡。據史家考證，那時的「長坂」就是現在湖北省荊門市市區西南，一直向南延伸到紀山鎮的百里長岡。從如今的紀山鎮到三國時的江陵古城，只有五六十里的距離，也就是說，只要越過長坂，劉備就勝利在望了：再扛幾天，就魚和熊掌兼顧了。

然而，就在大軍抵達這個百里長岡的北端，也就是「長坂坡」的時候，他們就被曹軍追上了，接下來就出現了「**先主棄妻子，與諸葛亮、張飛、趙雲等數十騎走，曹公大獲其人眾輜重**」的敗狀。

可是，面對如此危局，身在軍中的諸葛亮就沒有一點預見性嗎，知道江陵難保後就沒什麼備用方案嗎？

怎麼可能沒有！

你看，當劉備長坂大敗後，他為什麼要「**斜趨漢津**」，又為什麼「**適與羽船會**」，接著為什麼又「**遇表長子江夏太守琦眾萬餘人**」，不事先進行安排，能這麼巧嗎？

實際上，關於「**遣關羽乘船數百艘，使會江陵**」這件事，《三國志》中就有不同的記載。《先主傳》說，關羽是在當陽被派遣的；而《關羽傳》則說，早在劉備「**自樊將南渡江**」時，就「**別遣羽乘船數百艘會江陵**」了。按照諸葛亮之後出使江東時對孫權所說，關羽所率領的這支水軍都是精甲，數量接近一萬人。如果關羽在當陽乘船，那麼這數百艘船和上萬水軍是從哪裡冒出來的？如此分析，這些船和水軍只能是從樊城就跟著劉備走了，他們或者是劉備在樊城訓練的，或者是劉備渡江時從荊州水軍中分化出來的。至於關羽是何時統率這支水軍的，大概率是在樊城，也可能這支水軍一開始由其他將領率領，在大部隊出現險情時，才派遣關羽前去掌管。

然而，所有這些都不是關鍵，關鍵是這支原本要「會江陵」的水軍隔了這麼長的時間，怎麼依然出現在當陽？

如果要實現「會江陵」這一任務，劉備手下的這支水軍首先要沿漢水而下，然後要麼從夏口進入長江，隨後溯流而上抵達江陵；要麼他們在如今的沔陽一帶進入夏水，隨後同樣溯流而上抵達江陵。總之，這支水軍因為要走一個「>」形才能達到江陵，所以路程要比陸上的大部隊多出至少兩到三倍的路程，而既然要「會江陵」，這支水軍必然要比大部隊走得更快。可是，為什麼陸上的大軍都快到江陵了，水軍還在漢水遊弋呢？

對此，只有兩種可能，要麼這支水軍一直緩慢地與大部隊保持同步，要麼這支水軍又從遠方折返回了大部隊附近，總之，當劉備「斜趨漢津」時，他「適與羽船會」了。而從劉備隨後「遇表長子江夏太守琦眾萬餘人」來看，很可能這支水軍按照「會江陵」的指令早就與劉琦的軍隊相遇了，而當他們得到返回的命令後，劉琦的人馬也跟過來進行接應。而如果關羽是在當陽離開大部隊的，那他的任務就絕不是「會江陵」，而是去召回那支「會江陵」的水軍。

從派遣水軍「會江陵」，到「遣關羽」，再到「斜趨漢津」，這其中能沒有諸葛亮的謀劃嗎？

第七章 柴桑

你不齒的苟且，是我負責的堅守。

隨著魯肅把劉備引到夏口並把諸葛亮帶到柴桑，一切壓力都匯集到了孫權身上。

作為荊州的慘敗者，有求於人的諸葛亮原本應該是低姿態的，然而一見面他就把劉備描述成了一個大英雄。

作為孫權的貼心人，魯肅原本應該堅決地與孫權一起回擊迎降派，然而議事堂上他卻變成了一個小啞巴。

作為堅定的抗曹派，周瑜在公開場合的表現可謂自信從容，然而一到私下場合他卻提出了增兵的請求。

搞不懂，真是搞不懂。

而更令人搞不懂的是，當年接受託孤之重、「**率群僚立而輔之**」的老臣張昭，如今卻成了投降的急先鋒。

這究竟是怎麼回事？這又讓孫權如何決策？

同盟者說

正如魯肅在談話中所說，既然自己都被孫權大老遠派過來了，劉備如果有誠意，想要「崇連和之好，共濟世業」，那麼「莫若遣腹心自結於東」。

實際上，就算魯肅不說，劉備一方也有派出使者的必要：一方面，禮尚往來，為了表明抗曹態度、申明結盟意向，有必要派人當面向孫權講清；另一方面，知己知彼，為了探知孫權抗曹態度的堅定性、結盟意向的明確性，也有必要派人過去。

事實上，魯肅說得委婉，但意思是相當明確的，真正想要「連和」、「共濟」，還得劉備一方去「自結」，言外之意，我魯肅只是表達我方一個可能的意向，大家能不能走到一起，還得你劉備派人跟我老闆談。

這下問題就複雜了：說來說去，你魯肅就是想把我騙到夏口給你們當擋箭牌，孫權是否真的想合作那還要另外談呢！說得好聽點，你是為自己的觀點主張和雙方共同的事業而努力；說得不好聽，你這是在為了自己的想法而對縫，為了己方的安全拉個墊背的。

可是，即使沒有魯肅的這番忽悠，劉備也別無選擇，難道自己真要跑到蒼梧去投奔吳巨嗎？難道自己真能不借助外力單獨抵抗曹操嗎？說一千道一萬，也只能按魯肅的意見辦。不過，接下來的問題又來了：既然「莫若遣腹心」，那遣哪個腹心才能達成「自結於東」的使命呢？

應該說，當時劉備身邊能稱得上腹心的並不少，關羽、張飛、趙雲、諸葛亮、糜竺、簡雍等人都在其列，不過能夠擔得起出使重任的卻不多。關羽、張飛、趙雲都是武將出身，舞刀弄槍、領兵打仗是他們的強項，耍嘴皮子、進行外交談判就是短板弱項了，再說了，當時他們都還承擔著禦敵的重任，很顯然是不適合的。這樣看來，剩下的就只有諸葛亮、糜竺、簡雍了。

說起來，糜竺從政治素質、身分地位和形象氣度上都算是個合適的人選。作為徐州大族，糜家世代經商，到了糜竺當家的時候，不僅經濟規模達到了「**僮客萬人，貲產鉅億**」的程度，而且政治地位也大幅提升，商人糜竺甚至被徐州牧陶謙任命為州裡的別駕從事，隱然成了徐州的二號人物。可是，自從認定了劉備，糜竺就把這來之不易的一切就當作糞土了，他不僅「**迎先主於小沛**」，而且跟隨劉備「**轉軍廣陵海西**」，看到了劉備丟了夫人又折兵，他更是「**進妹於先主為夫人，奴客二千，金銀貨幣以助軍資**」。獻徐州、獻自己、獻妹妹、獻奴客、獻金銀，劉備身邊還有誰比得上糜竺的奉獻精神，這樣的人派出去絕對可靠。此外，在劉備投奔曹操時，糜竺還從朝廷那裡得到了偏將軍、領嬴郡太守的頭銜，這一身分不僅把江東一色的校尉級官員都比了下去，就算與討虜將軍、領會稽太守孫權比，也毫不遜色。同時，從形象上看，「**雍容敦雅**」的糜竺也十分符合外交要求。然而，糜竺卻有一個十分致命的短板——「**幹翮非所長**」。所謂「翮」是指鳥羽的莖狀部分，代指鳥的翅膀，而「幹翮」就是鳥的主翅膀。一個不善於理清主次的人，你讓他去談如此性命攸關的大事，放心嗎？

說起來，簡雍也算是個合適人選。涿郡人簡雍，不僅是劉備的同鄉，而且年輕時就與劉備相識相知，一路「**隨從周旋**」，政治上絕對忠誠可靠。同時，在劉備於幽州、青州、徐州、豫州、冀州、荊州的輾轉過程中，時不時地就會遇到與其他諸侯利益交換、討價還價的情況，其間簡雍「**常為談客，往來使命**」，對於合縱連橫的遊說工作不僅不陌生，甚至可以說駕輕就熟。然而，熟稔外交工作的簡雍也有不少缺點：其一，「**優游風議**」，言語上有些隨意，嘴上沒有顧忌的，說著說著就扯遠了、跑偏了；其二，「**性簡傲跌宕**」，性格上有些高傲秉直，不夠通達圓融；其三，「**威儀不肅**」，儀態上欠佳，讓人缺乏信任感。如此一來，簡雍執行以往那些簡單明瞭、直來直去的外交任務還行，遇到此次複雜艱巨、性命攸關的重大交涉，就顯得不恰當了。

如此說來，能去的人選就只剩下諸葛亮了。說起來，諸葛亮在資歷身分方面確實無法與麋竺、簡雍相比，但在其他方面他卻擁有麋、簡二人所不具備的優勢。

首先，向劉備提出「隆中對」、讓劉備有「如魚得水」之感的諸葛亮，在領會劉備意圖、貫徹大政方針方面，比麋、簡二人加起來還要強上數倍。

其次，當時孫權身邊有位心腹謀士名叫諸葛瑾，而他正是諸葛亮之兄，二人的兄弟關係在江東早已傳開，魯肅在長坂時就曾以「**我子瑜友也**」（諸葛瑾字子瑜）套近乎。憑藉這層關係，諸葛亮肯定比其他人更容易在江東打開局面。

再次，當時諸葛亮二十八歲，孫權二十七歲，相對於麋、簡兩個小老頭，同齡人之間也更容易交流，更能夠有效接收和回應孫權發出的一些資訊。

最後，「身長八尺」的諸葛亮在形象、氣質上也絕對是夠格的。

反覆比較，只有諸葛亮最合適。這一點，劉備心知，諸葛亮自然也肚明。於是，沒等主公張口，諸葛亮就主動提出了「**奉命求救於孫將軍**」的請求。對於這一請求，劉備當然不會拒絕。

任務請下來了，但如何完成任務，卻著實要費一番腦筋。正如魯肅所說，如今的孫權「據有六郡，兵精糧多，足以立事」，反觀劉備，現在既沒有地盤又缺兵少糧，有什麼本錢談結盟？實際上，諸葛亮要解決的難題還不只於此。除了要使出一番說辭讓孫權相信「連和」的價值，最關鍵的還是要說服孫權能夠抗曹，也就是魯肅所說的「共濟世業」。如果孫權像當年劉表糊弄袁紹那樣，雖滿口答應，卻「**許之而不至**」，只在一旁「**觀天下變**」，那劉備就更慘了。

可是，為什麼抗曹？抗曹的勝算有幾成？這些恐怕是更難回答的問題，據說江東方面已經一片降曹論調了，此時要想逆轉風向談何容易。帶著這些難題，諸葛亮上路了。

一來到柴桑，諸葛亮就受到了孫權的接見，江東方面的急切心情由此可見一斑。不過，見面後，孫權並未開腔表態，而是看著諸葛亮自說自話。很顯然，孫權還在觀望，還需要更多的資訊和勇氣來做決策。

面對這種情況，諸葛亮首先開口了：「**海內大亂，將軍起兵據有江東，劉豫州亦收眾漢南，與曹操並爭天下。**」如今天下紛爭，你占據了長江以東，劉備在漢水之南聚攏人馬，與中原的曹操形成了並爭天下的態勢。

諸葛亮的這句話看似平常，實則內含玄機。當時，孫權與劉備，的確一個江東、一個漢南，但兩人的境況卻天差地遠。劉備身處漢水之南沒錯，但荊州這塊地盤並不是他的，他只是在以前是劉表、現在是曹操的那塊地盤上，收羅了一些不願歸附曹操的人眾而已；孫權身處江東也不假，但江東六郡卻是他握在手裡實打實的地盤，地盤上的人力、物力、財力都由他支配。此外，二人都居於水邊不假，但漢水與長江也難以等量齊觀，長江可以作為天塹與曹軍一戰，漢水可以嗎？如此看來，諸葛亮口中的「據有江東」與「收眾漢南」，表面上似乎只是為了表述上的工整與對仗，實際上卻在不經意之間，巧妙地將劉備放到了與孫權同等重要的位置上，其心思不可謂不縝密。

不過，縝密的還不只於此。在諸葛亮的口中，劉備居南，孫權居東，從方位上來看，誰在與北方的曹操「並爭天下」？沒錯，當然是劉備。在這種語境下，曹、劉二人一南一北、針尖麥芒，而東面的孫權儼然成了偏居一隅的旁觀者。如此看來，劉備不僅絲毫不遜於孫權，反而要高出一頭來了。哈哈，這就是語言的玄妙。

當然，此時的孫權既不瞎也不傻，粉飾拔高的話說一句可以，繼續睜著眼睛說瞎話就不行了。於是，諸葛亮迅速從對態勢的描述，轉到了眼前那個不容回避的事實上：「**今操芟夷大難，略已平矣，遂破荊州，威震四海。英雄無所用武，故豫州遁逃至此。**」現在曹操不僅把北方的大事難事基本擺平了，而且把荊州也搞定了，可以說威震四海，如日中天。既然荊州已經落入曹操手中，原本「收眾漢南」、「並爭天下」的劉備就只能落跑了。

關於曹進劉逃這一事實，諸葛亮的描述總體上相當客觀，他不僅沒有貶低曹操的成功，甚至還用了「威震四海」來渲染這一成功所產生的影響；同樣，諸葛亮也沒有用「屯」、「臨」、「奔」、「走」、「進駐」、「沿江而下」這樣的字眼掩飾劉備的敗退，而是用了頗顯狼狽的「**遁逃**」一詞。這樣看來，諸葛亮還真是實在。

然而這實在的背後就沒有什麼嗎？有！怎麼可能沒有！實際上，諸葛亮不僅客觀地描述了劉備的失敗，還為這種失敗提供了一種合理解釋：「英雄無所用武」。就是說，曹操大軍湧來，劉琮望風而降，劉備這個英雄並沒有一展雄才的時間和空間，所以才跑到你的地盤邊上來了。這漫不經心的六個字，看似無關緊要，實則向孫權傳遞了兩個資訊：一則劉備的失敗更多源於外在的「無所」，而非內在的不行；二則劉備自身還是有實力的，只要有「所」用武，他依舊能展現出自己的英雄本色。

諸葛亮的這番描述和解釋的確相當巧妙，卻經不起過多推敲。要知道，劉備也不是一直沒有「所」，當初坐擁徐州這樣一個大「所」，也沒見他用武用出什麼名堂來；再說了，荊州就真的沒有用武之所嗎？江陵難道不能用武嗎？

對於自身解釋的脆弱性，諸葛亮自是了然於胸，因此，他並沒有給孫權進行推敲琢磨的一丁點兒時間，而是迅速將話題轉到了孫權身上：「**將軍量力而處之：若能以吳、越之眾與中國抗衡，不如早與之絕；若不能當，何不案兵束甲，北面而事之！**」

這裡，諸葛亮向孫權拋出了一道判斷加選擇題。需要判斷的是，力量上是否能與曹操掰手腕，也就是所謂的「量力」，答案是「能」或「不能」。需要選擇的是，意願上是否要與曹操掰手腕，也就是所謂的「處之」，選項有兩個：抗曹或降曹。

這樣一道題，看似簡單，實則充滿了風險。一道問答題即使答錯了還可能有些分，不至於掛零，但是是非題和選擇題就不行了，對了固然好，然而一旦錯了，連一分也得不著。因此，孫權可以作判斷，卻不想做選擇，或者說不想輕易做選擇。

這一點，諸葛亮當然再清楚不過，實際上他緊接著就說到了孫權的糾結點：「**今將軍外托服從之名，而內懷猶豫之計，事急而不斷，禍至無日矣！**」意思是將軍你現在看起來要選降曹，內心卻想選抗曹，猶豫來猶豫去，把時間耗沒了，也就沒得選了！

如果說，孫權對於諸葛亮前面所說的，還能夠靜聽默想、不動聲色的話，那麼聽了這最後一句，就著實按捺不住了：「**苟如君言，劉豫州何不遂事之乎？**」如果真像你說的，怎麼劉備不選降曹，非讓我去降曹？

眼見孫權已經入套，諸葛亮不慌不忙地開始收口：「**田橫，齊之壯士耳，猶守義不辱，況劉豫州王室之胄，英才蓋世，眾士慕仰，若水之歸海，若事之不濟，此乃天也，安能復為之下乎！**」秦末時齊國的壯士田橫尚且不向新王朝投降，最終堅守大義，自刎而死，如今更何況劉備這樣一個漢室宗親、蓋世英才、眾人偶像呢？就算大事幹不成，那也是天命，怎麼能輕言放棄呢？

諸葛亮這幾句話講得看似直白，實際上卻話中有話。既然劉備的出身、地位、威望、影響擺在那裡，所以他橫豎是不能投降的。反觀你孫權就不同了，你要出身沒出身，要地位沒地位，要威望沒威望，要影響沒影響，你屈居人下又怎麼了？你本來不就屈身於曹操了嗎？再說了，劉備即使失敗了、戰死了，那也是回天無力，雖敗猶榮，你孫權卻橫豎連一個壯士都不如！

這下子，孫權真被激惱了，猛地冒出了一句：「**吾不能舉全吳之地，十萬之眾，受制於人。吾計決矣！**」再怎麼樣，我也不能把全東吳的地盤和洋洋十萬人馬拱手奉送曹操，甘受他的擺布。我已經拿定主意了！

聽到這句豪言，諸葛亮那顆懸著的心，終於放下了。

要說孫權就是孫權，激動歸激動，被諸葛亮激將之後，他隨即問出了那個自己最關心的問題：「**非劉豫州莫可以當曹操者，然豫州新敗之後，安能抗此難乎？**」的確，除了劉備沒有誰能擋得住曹操，可是劉備剛剛經歷了一場慘敗，他還能扛得過這次劫難嗎？你不是讓我「量力而處之」嗎，我量的「力」中怎麼能少了你們這股勢力？

看到孫權已經做出了選擇，卻還要繼續作判斷，諸葛亮內心雖覺得無聊，但還是認真地向孫權聊起了劉備的寸長與曹操的尺短。

「**豫州軍雖敗於長坂，今戰士還者及關羽水軍精甲萬人，劉琦合江夏戰士亦不**

下萬人。」劉備敗是敗了，但還沒傷到元氣，收攏來的散兵游勇加上關羽的水軍合起來還有一萬精兵，而劉琦在江夏集結起的人馬也不少於一萬人，總之，抗曹的本錢還是有的。

按說，話說到這裡，諸葛亮已經回答了孫權的問題。不過，在諸葛亮看來，僅談這些還遠遠不夠。緊接著，諸葛亮又說出了曹軍的三個弱點。

其一，「**曹操之眾，遠來疲弊，聞追豫州，輕騎一日一夜行三百餘里，此所謂『強弩之末，勢不能穿魯縞』者也。故兵法忌之，曰『必蹶上將軍』**」目前曹軍的戰鬥力已經因為連續行軍而嚴重下降。

其二，「**且北方之人，不習水戰**」曹軍正在揚短避長。

其三，「**又荊州之民附操者，逼兵勢耳，非心服也**」曹操在荊州的統治並不穩固。

有了以上論據作為支撐，諸葛亮隨即拋出了自己的結論：「**今將軍誠能命猛將統兵數萬，與豫州協規同力，破操軍必矣。**」針對曹操的這三個缺陷，只要滿足猛將、重兵、聯盟這三個條件，就能夠大破曹軍。一切看起來是如此簡單易行！

除了破曹的充分條件，諸葛亮還順勢描繪了一下戰後的美麗新世界：「**操軍破，必北還，如此則荊、吳之勢強，鼎足之形成矣。**」曹軍失敗後，必然會退回北方，如此荊州與東吳的勢力就會強大起來，到那時三足鼎分的利益新格局就形成了。

所謂聽者無心，說者有意。諸葛亮的這番描述看似脫口而出，實際上卻是深思熟慮的結果，不經意之間就把戰後的利益分割問題談了出來。具體而言，諸葛亮是這樣約定的：打贏曹操後，東吳自然還是你孫權的；但荊州，要歸劉備。為什麼這樣講？因為如果荊州也歸了孫權，就不會有「荊、吳之勢」和「鼎足之形」了。用現代的法律術語來說，諸葛亮的這一行為屬於口頭要約，並且這一要約與書面約定具有同樣的效力。

既然把分成也聊了，那就只差孫權簽字畫押了。於是，諸葛亮最後說道：「**成敗之機，在於今日。**」別等了，趕快做決定吧！

或許孫權把注意力集中到了能否破曹上，或許孫權覺得現在沒必要與潛在的盟友談利益分割，總之，孫權並未對諸葛亮口中的「荊、吳之勢」和「鼎足之形」表現出特別的關注，而是用「**大悅**」表示了自己對二人整個聊天過程的滿意。隨後，孫權承諾，將按照諸葛亮的建議，派猛將領數萬精兵，與劉備合力抗曹。

雙方談到這裡，孫劉聯盟基本成形了。

可是，事情真的如此簡單嗎？孫權真的如此爽快嗎？

接下來的一封短信，回答了一切。

迎降者說

話說孫權剛剛用語言上的「吾計決矣」和神情上的「大悅」穩住了眼前的諸葛亮和遠方的劉備，更遠處的曹操就派人送來了一封書信。

說是一封書信，其實更像是一個短札，因為整封信十分簡短：「**近者奉辭伐罪，旌麾南指，劉琮束手。今治水軍八十萬眾，方與將軍會獵於吳。**」最近，我奉天子之命，討伐有罪的叛逆，軍旗指向南方，劉琮旋即歸降。現在，我統率水軍八十萬人，準備與將軍在吳地一道打打獵。

別看這封信只有寥寥三十個字，它絕不啻於三十萬兵馬，其中每個字都踩踏著孫權那顆彷徨的心。

首先，「奉辭伐罪」表明了曹操無可辯駁的正當性，誰阻擋曹軍前進的腳步，誰就是那個要「伐」的「罪」。

其次，「旌麾南指，劉琮束手」彰顯了曹操輝煌的戰績，偌大一個荊州都望風而降了，半個揚州都不到的東吳還是對手嗎？

第三，「治水軍八十萬眾」凸顯了曹操軍力的強大，具有絕對優勢的步騎軍姑且不提，僅僅適合於長江作戰的水軍我就有八十萬，這仗你打得了嗎？

最後，「會獵於吳」看似漫不經心，實則千鈞壓頂。先不提會獵地點是否侵犯了孫權的權益，僅會獵對象就夠讓人琢磨的了。首選的會獵物件肯定是劉備，一方面他是曹操的死敵，另一方面他又夾在荊州和東吳中間，不會獵他顯然是不可能的。可是，僅僅會獵他需要來到東吳嗎？這不擺明是威脅嗎！要麼我們一起會獵劉備，要麼我們在東吳交手，總之東吳我曹操是吃定了。

這不擺明要滅我孫權嗎！要滅我還要與我一起嗎？難道你捆我還讓我給你遞繩子，賣我還讓我幫你數錙銖？但我不遞繩子、不數錙銖，又能如何？

很顯然，這是一封相當有威懾力的信，並且曹操要的就是這種威懾力。兵法云：「**上兵伐謀，其次伐交，其次伐兵。**」曹操真正希望的是不戰而屈人之兵，讓孫權如公孫康那樣乖乖地將劉備的人頭送到自己面前。為此，他還曾專門召集手下的智囊團隊進行了集體討論，當時參加討論的大多數人都與曹操持同樣的觀點：「**論者以為孫權必殺備**」。

對於孫吳集團的兩種走向，曹操一方認為孫權殺劉備以自效的居多，而孫權一方此時的集體討論中基本也持同樣的觀點。當孫權將曹操的短札拿給臣僚們傳看時，手下人「**莫不響震失色**」。隨之，大家紛紛提出「迎降」的建議。而眾人迎曹操的理由，更不啻為曹操那封書信的擴充版。

群臣說：「**曹公，豺虎也，挾天子以征四方，動以朝廷為辭；今日拒之，事更不順。**」曹操本身就是豺狼虎豹一般的狠角色，如今又打著天子的旗號四處征伐，動不動就拿朝廷說事，如今我們與他對抗，更顯得名不正言不順。

你看，這不就是在為「奉辭伐罪」作注釋嗎？

群臣接著說：「**且將軍大勢可以拒操者，長江也。今操得荊州，奄有其地，劉表治水軍，蒙衝鬥艦乃以千數，操悉浮以沿江，兼有步兵，水陸俱下，此為長江之險已與我共之矣，而勢力眾寡又不可論。**」我們抗拒曹操的資本，說白了就只有長江。而如今，曹操不僅得到了荊州的地，而且還得到了荊州的水軍和數以千計的戰船，一旦曹操帶著這些戰船順江而下，再加上步兵，水上陸上同時推進，所謂的長江天險就不是我們獨有，而是雙方共有了。長江已經對半分了，並且雙方的實力差距又擺在那裡，你說這仗怎麼打？

你看，這不就是在詳細闡釋「旌麾南指，劉琮束手」和「今治水軍八十萬眾」嗎？

最後，群臣提出了建議：「**愚謂大計不如迎之。**」因此，依我們的愚見，最好是迎接曹操，歸順朝廷。

曹操南征既有政治上的正當性理由，也有軍事上的壓倒性優勢，不僅曹操如此自詡，而且東吳群臣也這樣認為，孫權那顆剛被諸葛亮激發出來的雄心，如今卻遭到了無情的踐踏。此刻，他猶如那冰冷江水中的一簇火焰，孤獨而絕望地看向那個曾經告訴自己應該「**竟長江所極，……然後建號帝王以圖天下**」的人，如今別說竟長江所極了，就算保住長江一隅都困難重重，如今你又有什麼意見？可是，隱身於群臣之中的魯肅，此時卻一言不發，任憑江水一次次、一波波向火焰湧去。

情勢至此，孫權只能起身離去。此刻，只有靜謐偏僻的茅廁才能讓自己的雄心免受侵蝕，只有隨心所欲的宣洩才能讓自己的怒火得以排解。然而，孫權剛剛走到殿外的廊下，就聽到了身後急匆匆的腳步聲，莫非迎降派又追過來了，難道就如此不依不饒嗎？

一轉身，孫權看到了邁步急趨的魯肅，這時孫權的心才略略舒緩了幾分，隨之他拉住了魯肅的手，帶著幾分欣慰和期待地說：「**卿欲何言？**」

一開口，魯肅就斬釘截鐵地作出論斷：「**向察眾人之議，專欲誤將軍，不足與圖大事。**」那些人的投降論調，都是在耽誤您的，根本不足以和他們商量什麼大事。

只用一句話，魯肅就成功地將江水與火焰隔離開來。

之前，魯肅之所以沉默不語，是因為朝堂上的他是絕對的少數，有些話也不方便公開說，而在廊下他沒有了任何對手，可以盡情地向決策者孫權說出自己的所思所想了。此刻，他不僅要全盤否定對手，而且要從孫權的角度否定對手，把他們完全推向孫權的對立面。

不過，僅僅作出論斷還不行，還要為這一論斷提供有力的支撐。於是，魯肅接著說：「**今肅可迎操耳，如將軍，不可也。**」如今我魯肅可以去迎接曹操，但你孫權卻不能這樣做。

這下孫權震驚了，瞪大了眼睛望著魯肅。「**何以言之？今肅迎操，操當以肅還付鄉黨，品其名位，猶不失下曹從事，乘犢車，從吏卒，交遊士林，累官故不失州郡也。**」為什麼這樣講呢？如今我去迎接曹操，曹操一定會把我交給家鄉的父老們去評議，然後確定我的名位，一番評議下來，我最起碼也能當個郡裡的功曹從事什麼的，出門有牛車坐，身邊有吏卒陪，一樣可以與士大夫們交往遊玩，慢慢熬也能做到州郡的長官。

隨著魯肅的描述，孫權緊張的神情漸漸放鬆下來，魯肅降曹後那恬淡的生活在他腦中一幀幀浮現出來。然而，就在孫權幾乎要沉浸其中時，魯肅的一句話猛然把他拎了出來：「**將軍迎操，欲安所歸？**」我降曹後再不濟也能過上小官吏的生活，而您降曹後又打算到哪裡去安身立命呢？

是呀！我想去哪呢？我又能去哪呢？曹操會把我弄到哪呢？這下孫權明白了，魯肅說的不光是他個人，而是群臣，群臣們早就為自己想好了退路，但唯獨沒有他孫權的退路。說白了，群臣只是換了個主子，而他孫權卻換掉了自己。

望著主公眼瞼的舒卷，魯肅最後說：「**願早定大計，莫用眾人之議也。**」您還是早點定下大政方針吧，不要再聽那些人囉嗦了！

聽了魯肅這番設身處地的思考和建議，孫權不由地感歎道：「**此諸人持議，甚失孤望；今卿廓開大計，正與孤同，此天以卿賜我也。**」這些人的說法，太讓我失望了！如今多虧你為我闡明了大計，這簡直是老天爺對我的恩賜啊！

眼見主公心中的火苗再次燃起，魯肅雖然略略有些心安，但依舊不敢掉以輕心。魯肅明白，就算孫權和自己一同據理力爭，恐怕也難以阻擋住群臣江水般湧來的聲浪，要想對付這幫傢伙，還需要從外面再拉一個強力人物過來。於是，魯肅向孫權建議，急召身在鄱（音同婆）陽的周瑜來柴桑。

找幫手，是孫權和魯肅的共識，但魯肅為什麼建議找周瑜，孫權為什麼會欣然同意，這是需要考察的問題。

既然是魯肅提出的建議，那首先要從魯肅與周瑜的交情說起。前面講過，魯肅是在周瑜的推薦下，見到孫權並得到賞識的，那麼，周瑜又是看中了魯肅哪一點而推薦他的呢？

說起來，一開始周瑜看重的並不是魯肅的才華，而是魯肅的財富。周瑜剛剛創業時，聽說臨淮郡東城（今安徽滁州市定遠縣）人魯肅「**家富於財，性好施與**」，就帶了數百人前去拜訪。這一趟，說好聽點叫拜訪，說不好聽一點那是討要，說白了，就是想向魯肅要點糧食。

當時，魯肅家裡正屯著兩大囷（音同軍，圓形的穀倉）的糧食，每囷足足三千斛米。知道周瑜的來意後，只見魯肅手指著其中一囷糧食，毫不猶豫地贈給了他。

這件事，不僅讓「指囷相贈」成了一段佳話，變成了一個成語，而且讓周瑜與魯肅成了一對鐵磁。建安三年（西元一九八年），魯肅隨周瑜一起投奔了東渡的孫策，不久聞知祖母在江北去世，魯肅離開江東，回家奔喪。

建安五年（西元二〇〇年），處理完家事的魯肅面臨著多種選擇——是南下江東輔佐一個他並不熟悉的新主人孫權，還是根據好友劉曄（音同葉）的勸說北上巢湖，投奔豪強鄭寶，魯肅似乎有些舉棋不定。孫權似乎太嫩，鄭寶似乎太弱，投奔誰似乎都有些前途未卜。

看到好友猶豫不決，周瑜來了一招釜底抽薪：直接把魯肅的母親接到了吳郡。看到這種情形，魯肅立刻趕到了江東，把自己的猶疑一股腦告訴了周瑜。

為了把魯肅留住，周瑜頗費了一番口舌。

首先，周瑜以東漢名將馬援的名言來打動魯肅：「**昔馬援答光武雲『當今之世，非但君擇臣，臣亦擇君』。**」意思是男怕選錯行，女怕嫁錯郎，選擇誰、投靠誰、輔佐誰很重要。

其次，周瑜說出了孫權廣納人才的迫切心情：「**今主人親賢貴士，納奇錄異。**」各種奇才異士都網羅到了身邊，你會沒機會嗎？

最後，周瑜把自己聽到的「**先哲祕論**」告訴了魯肅，他聽說「**承運代劉氏者，必興於東南**」，以此推斷，最終成就帝業，應天曆運的就是孫權，而現在正是「**攀龍附鳳馳騖之秋**」，千萬別錯過了好時候。

聽了周瑜這番話，魯肅心裡就有底了，相信好友的眼光錯不了。於是，這才有了魯肅與孫權那段把酒言歡的「榻上策」。

如今，到了江東生死存亡的關鍵時刻，自己這囷稻穀還不能讓主公踏實，只有搬來周瑜這囷更大的稻穀才能讓主公安心。

如此看來，魯肅建議召周瑜就順理成章了，那孫權為什麼也如此認可周瑜呢？一切還要從周瑜與孫權的兄長，孫策的關係說起。

話說，家住廬江舒縣的周瑜，不僅出身好，家中太尉就出了好幾個，兩千石以上的高官更多；而且人長得帥，「**壯有姿貌**」。

少年時，周瑜聽說壽春城中有一個喜歡結交朋友的同齡人孫策，於是便慕名而來。結果，二位少年不僅一見如故，惺惺相惜，甚至好到了形影不離、難捨難分的地步。為了解決分處兩地的問題，孫策甚至在周瑜的建議下，帶著母親從壽春搬到了舒縣。看到好友舉家前來，身為地主的周瑜更是慷慨備至，不僅把自己家在路南的大宅子讓了出來，自己住到了路北的小房子裡，而且與孫策一起「**升堂拜母**」，兩家「**有無通共**」，宛如一家。

之後，周瑜不僅追隨孫策一起東渡長江，橫掃吳會，而且分工協作，相互呼應。孫策平定江東時，周瑜謀劃著奪取丹楊；孫策準備進攻荊州時，周瑜作為側翼攻打皖縣。來到江東，孫策被人稱為「孫郎」，周瑜則被人稱為「周郎」；孫策迎娶了喬公的大女兒大喬，周瑜則迎娶了喬公的小女兒小喬。

如果說周瑜與舊主孫策是一對最佳拍檔的話，那他對新主孫權則很好地履行了守護之責。聽說孫策病亡的消息，周瑜帶著人馬前來奔喪，隨後又以中護軍的身分留在吳郡與張昭一起掌管軍政大事。周瑜的這一舉動，給了剛剛接班的孫權莫大的溫暖和安全感，使孫權的腰板一下子硬了起來。隨後的幾年，周瑜不僅幫助孫權掃平了吳郡周邊的山賊，擊退了黃祖大將鄧龍對柴桑的進攻，而且在討伐黃祖的戰役中擔任了前部大督這一重任。對於這樣一位既忠誠又自覺的將領，孫權能不信任嗎？

當然，孫權和魯肅看重的不僅是交情，更有立場。

建安七年（西元二〇二年）九月，曹操挾新破袁紹的餘威，要求孫權把長子孫登送到朝廷當人質。當時，孫權召集群臣開會研究，以張昭、秦松為首的幾位重臣個個猶豫不決，誰也不敢說出那個「不」字，孫權雖然有心對曹操說不，但面對莫衷一是、議論紛錯的群臣和隨時可能南下的兵鋒，心中猶豫的他也沒有當場拍板，而是單獨把周瑜帶到了自己母親跟前。於是，三個人又開了一個小型會議。

會上，周瑜首先拿當年雄踞南方的楚國與如今的江東，做了一個全面的類比：**「昔楚國初封於荊山之側，不滿百里之地，繼嗣賢能，廣土開境，立基於郢，遂據荊揚，至於南海，傳業延祚，九百餘年。」**當初楚國的地盤小得很，可是經過一代代的接續奮鬥，最終成長為一個地方數千里、傳承數百年的大國。

同樣地，**「今將軍承父兄餘資，兼六郡之眾，兵精糧多，將士用命，鑄山為銅，煮海為鹽，境內富饒，人不思亂，泛舟舉帆，朝發夕到，士風勁勇，所向無敵。」**相比之下，孫家藉由三代接力奮鬥，如今無論在地盤人馬、士風民心、資源實力等各方面都比楚國創立時要優越得多。言外之意，所有這一切都是如楚國那樣用來開創百年基業的，而不是要拱手送人的。

因此，說完這些，周瑜緊接著問道：**「有何逼迫，而欲送質？」**您到底受到了何種威壓，而準備把兒子送去做人質？

講完了可以說不的理由，周瑜又對不說不的結局進行了預測：**「質一入，不得不與曹氏相首尾，與相首尾，則命召不得不往，便見制於人也。極不過一侯印，僕從十餘人，車數乘，馬數匹，豈與南面稱孤同哉？」**人質送過去了，你還有自主權嗎，還不是尾巴一樣被曹操搖來擺去？送了兒子，再讓你送自己怎麼辦？哪天你要是入了朝，頂多不過是給你一套侯爵的印綬，外加十多個僕從、幾輛車子、幾匹駑馬，這與你在江東面南背北、稱孤道寡能同日而語嗎？說了那麼多，歸結為一句話，不值當的！

送人質不划算，那該怎麼辦？

接下來，周瑜建議：「**不如勿遣，徐觀其變。**」不如先不送，等等看。

等等看，看什麼？

其一，「**若曹氏能率義以正天下，將軍事之未晚。**」要是曹操真能高舉道義的大旗來征服天下，你那時再歸順也不算晚。

其二，「**若圖為暴亂，兵猶火也，不戢將自焚。**」要是曹操倒行逆施，玩火自焚，那時候你也就沒有歸順的必要了。

分析了以上兩種情況後，周瑜得出結論：「**將軍韜勇抗威，以待天命，何送質之有！**」無論未來是何種情況，現在以你的文韜武勇，都應該靜靜地等待天命的到來，送人質是哪門子做法。

周瑜的這番話，不僅激發了孫權，就連孫權的母親吳夫人都受到了鼓舞，只聽吳夫人說道：「**公瑾議是也。公瑾與伯符同年，小一月耳，我視之如子也，汝其兄事之。**」周瑜（字公瑾）說得對！他與孫策（字伯符）年齡就差一個月，我一直當作兒子看，權兒你也要像對待兄長一樣對待公瑾。

周瑜在小型會議上的這番表態，不僅贏得了孫權母子的認可，也讓江東第一次學會了說「不」，而經過這次衝擊，孫權身邊的臣僚也隱隱地開始分化，一部分人成了親曹派，如張昭、秦松；一部分人成了拒曹派，如周瑜。

說完了立場，還要說經驗和能力。

如果說立場決定的是方向的話，那資歷和能力要確保的就是沿著正確方向一路前行並抵達終點，換句話說，就是不僅要能拒絕曹操，而且還要能戰勝曹操。就這一點而言，周瑜無疑是最有發言權的。

當初進攻尋陽，打敗劉勳的是周瑜；進攻沙羨，火燒黃祖的也是周瑜；平定豫章、廬陵等江西二郡的還是周瑜；靠前指揮，最終討平黃祖的又是周瑜；長期駐守巴丘、宮亭、鄱陽等荊吳邊界，負責一線戰事的仍是周瑜。可以說，在抵抗來自長江上游的來犯之敵方面，群臣之中沒有人比周瑜更有對敵經驗。

如此看來，不找周瑜幫忙，還能找誰呢？

事實證明，來到柴桑的周瑜既沒有辜負好友的期盼，也沒有辜負主公的期待。一到柴桑，周瑜就在群臣面前表明了自己的立場：堅決抗曹！

首先，周瑜一針見血地揭下了曹操的政治面具：「**操雖託名漢相，其實漢賊也。**」換句話說，與其說「奉天子以令不臣」的曹操具有政治上的合法性，倒不如說他盜取並濫用了這種政治合法性。

隨後，周瑜從多個方面揭示了孫權的比較優勢：「**將軍以神武雄才，兼仗父兄之烈，割據江東，地方數千里，兵精足用，英雄樂業尚當橫行天下，為漢家除殘去穢。**」意思是說，不管是從個人才智、家族傳承、地盤面積、軍事實力、士氣民心，哪個角度看，孫權都具備橫行天下、除掉漢賊的能力和實力。換句話說，孫權完全具備舉起「為漢家除殘去穢」這面大旗的政治軍事條件。

接著，周瑜又補了一句：「**況操自送死，而可迎之耶？**」況且是曹操自己來送死，難道我們還要反過來向他投降嗎？

有政治分析，有實力權衡，周瑜的論述似乎已經比較到位了，但說來說去，也只是揭露了曹操的本來面目，同時給孫權壯了壯膽、打了打氣，由此就下結論說「操自送死」，似乎有些武斷了。

於是，周瑜繼續展開：「**請為將軍籌之：今使北土已安，操無內憂，能曠日持久，來爭疆場，又能與我校勝負於船楫間乎？**」我幫您謀劃分析一下：就算北方已經完全安定，就算曹操已經沒有了後顧之憂，就算曹操能在這裡與我們一直耗下去，那他就有本事與我們的水軍一較高下了嗎？

周瑜這句話的意思很明確，無論曹操已經擁有多少優勢，我們在水戰方面的優勢他是奪不去、超不過的，更別說，曹操並沒有那麼多優勢了。隨著這句自問自答的設問，周瑜轉入了對曹軍狀況的分析。其一，曹操後方不寧，「**今北土既未平安，加馬超、韓遂尚在關西，為操後患**」；其二，曹軍避長就短，「**舍鞍馬，仗舟楫，與吳越爭衡，本非中國所長**」；其三，曹軍時節不利，「**又今盛寒，馬無槁草**」；其四，曹軍水土不服，「**驅中國士眾遠涉江湖之間，不習水土，必生疾病**」。

如果說，周瑜之前的那句「託名漢相，其實漢賊」，從政治上打掉了曹操「奉辭伐罪」的政治利器，堵住了群臣「今日拒之，事更不順」的鑿鑿理由；那周瑜的此番論述，則無疑在軍事上削弱了曹操「水軍八十萬眾」的恐怖威懾，壓制了「長江之險已與我共之矣」的悲觀論調。

一口氣說完這些，周瑜斬釘截鐵地重申了自己的論斷：「**將軍禽操，宜在今日。**」不必多說，拿下曹操，就在當下。

緊接著，周瑜又來了一句：「**瑜請得精兵三萬人，進住夏口，保為將軍破之。**」給我三萬人馬，我一定在夏口一帶為將軍把曹操給滅了。

聽到周瑜如此先政治後軍事、知自己明對手的分析，看到周瑜如此勇擔當、敢作為，孫權的腰杆一下子硬了起來，胸中那積鬱已久的火焰猛然間噴薄而出：「**老賊欲廢漢自立久矣，徒忌二袁、呂布、劉表與孤耳。今數雄已滅，惟孤尚存，孤與老賊，勢不兩立。君言當擊，甚與孤合，此天以君授孤也。**」

曹操這個老傢伙早就想廢掉漢室自己當皇帝了，只不過他比較忌憚袁紹、袁術、呂布、劉表與我罷了。現在其他眼中釘都被他拔掉了，只有我還在，我與這老傢伙水火不容、勢不兩立。你口中說的要打，也正是我心中想的，你就是上天送給我的呀！

從對魯肅說「此天以卿賜我也」，到對周瑜說「此天以君授孤也」，孫權所要表達的意思基本相同，但從私下讚許到公開表態，孫權的底氣是不同的。一番彷徨之後，孫權之所以要說出這句話，就是要明確告訴眾人：老天不僅站在自己這一邊，而且還給自己派了幫手，自己是天命所歸，也希望大家都勇擔使命。

除了正向激勵，孫權還預告了懲罰措施。只見他拔出佩刀，猛地向面前的几案砍去。啪！隨著几案的一角應聲而落，孫權的宣示應聲而起：「**諸將吏敢復有言當迎操者，與此案同！**」誰要再敢提投降曹操，誰就像這個桌案一樣。

這下子，沒人再敢出聲了。

按理說，君臣意見統一了，這波瀾起伏的一天也該消停消停了。大政方針定下了，剩下的都是小事了，有什麼事就明天再說吧。可是，朝堂上義正辭嚴、義無反顧的周瑜，卻在深夜再次提出了覲見主公的請求。怎麼回事？莫非有什麼變化不成？

沒錯！事情的確有變化。

見到孫權後，周瑜先展開了對迎降派的批判：「**諸人徒見操書，言水步八十萬，而各恐懾，不復料其虛實，便開此議，甚無謂也。**」那幫人一見到曹操信中說的八十萬人馬就慌了神，也不琢磨琢磨這個數字有沒有灌水，人云亦云，以訛傳訛，真是沒勁。

隨後，周瑜又對敵情進行了補充分析：「**今以實校之，彼所將中國人，不過十五六萬，且軍已久疲，所得表眾，亦極七八萬耳，尚懷狐疑。**」仔細分析判斷，曹操從中原帶來的人馬不過十五六萬，並且已經疲憊不堪；曹操收編的劉表部眾就算把數量往多的方向估算，最多也就七八萬，並且這些人對曹操更是疑慮重重。

旋即，周瑜得出了結論：「**夫以疲病之卒，禦狐疑之眾，眾數雖多，甚未足畏。**」一幫疲病交加的士卒，裹挾著一群將信將疑的降眾，這幫有數量沒品質的人馬，根本不值得畏懼。

眼見孫權頷首認可，周瑜說出了最後一句話：「**得精兵五萬，自足制之，願將軍勿慮。**」只要給我五萬精兵，我足以搞定曹操，希望您別有什麼疑慮！

上面這番話有變化嗎？看起來不就是白天討論的補充和延伸嗎？怎麼就說事情起了變化呢？

沒錯，周瑜的這番話的確填補了白天談話中的一個關鍵漏項：之前只談到曹軍戰鬥力因為地理、時節、疫病等因素而減弱的問題，但並沒有提到曹軍的數量問題。這次談話的一大成果是把曹軍的底數給摸清了，讓孫權在力量對比上更加自信了。

當然，周瑜在向孫權陳述曹軍數量問題時，還是相當講技巧的。一上來，周瑜看似在批評迎降派被曹操宣稱的軍隊數量嚇破了膽，實際上卻撩到了孫權的痛處，群臣被嚇住了，難道孫權就不怕嗎？要不然，原本口口聲聲答應完諸葛亮的結盟，怎麼一接到曹操的短札就猶豫了呢？實際上，周瑜如果真想批判迎降派，直接在白天的朝堂上說就可以，當時甚至可以作為一個打擊迎降派的有力武器，犯不著像魯肅那樣當面不說背後說。這樣看來，周瑜這個小報告的真實目的還是在為孫權鼓勁打氣。

可是，周瑜鼓勁打氣的目的又是什麼呢？孫權不是早就表態「勢不兩立」了嗎？一切就在那句：「得精兵五萬」。

看到沒有，變化就在這裡：「精兵三萬」變成了「精兵五萬」！白天，周瑜並未否認曹軍有八十萬，表態說自己只要三萬人；晚上，敵人從八十萬變成了二十多萬，自己怎麼反而要增加人馬了？

這種變化只有一個解釋，從朝堂上下來，周瑜一方面擔心孫權仍心懷疑慮，另一方面也意識到自己說了大話，三萬人搞定數倍於己的敵人還真是夠嗆。於是，有了周瑜與孫權的第二次會面，一則補充彙報，二則申請兵力追加。

對於孫權聽完補充彙報的心情，史書上沒有記載，我們也無從得知，但他之後的表現絕對堪稱少年老成。只見，他走到周瑜跟前，撫摩著周瑜的脊背，一臉欣慰地說：「**公瑾，卿言至此，甚合孤心。子布、文表諸人，各顧妻子，挾持私慮，深失所望，獨卿與子敬與孤同耳，此天以卿二人贊孤也。**」你真是說到我的心坎裡去了！張昭（字子布）、秦松（字文表）這幫人，只想著自己的妻子兒女，考慮的都是自身的進退得失，真是太讓我失望了！只有你和魯肅與我的想法相同，真是上天派來幫助我的啊！

作為對周瑜小報告的回應，孫權也順著周瑜剛才的說話邏輯把張昭等人狠批了一通，順便又把周瑜和魯肅猛誇了兩下。

緊接著，孫權開始回答周瑜那個要命的申請了：「**五萬兵難卒合，已選三萬人。**」五萬人馬一時半會還聚集不起來，已經給你準備好了三萬人馬。

孫權明白，單純的拒絕是不行的，拒絕之外還要有寬慰，甚至還要有額外的承諾：「**船糧戰具俱辦，卿與子敬、程公便在前發，孤當續發人眾，多載資糧，為卿後援。**」別看只有三萬人，但戰船軍糧、武器裝備等各類戰爭物資都已經準備齊全，你和魯肅、程普先開赴前線，我接下來繼續增派人馬，備足物資，給你們當後援。

當然，面對這樣的重大任務，一般性的承諾還不夠，還要有終極承諾：「**卿能辦之者誠決，邂逅不如意，便還就孤，孤當與孟德決之。**」你能辦了曹操就辦，假如辦不了曹操，就回到我這裡，我來與曹操決一死戰。

孫權最後這句話，換一種說法就是，人馬我是不會給你增加了，但你也不用有什麼壓力，無論勝敗都由我來負責，你周瑜可以免責！

這下，周瑜無法再多說什麼了！不久，三萬大軍沿江而上。

兩套劇本

經過魯肅與周瑜的幾番爭取，抗曹派可以說大獲全勝，而迎降派從朝廷到曹操、從荊州到長江、從水軍到步騎，從政治到軍事，論證出來的那個迎降大計則變成魯肅口中「專欲誤將軍，不足與圖大事」的小算盤和周瑜口中「各恐懾，……甚無謂」的小心思，以及孫權口中「各顧妻子，挾持私慮」的小算計。最終，孫權一句「甚合孤心」和一句「深失所望」對抗曹派和迎降派定了性。可是，迎降派就真的像抗曹派說的那樣不堪嗎？他們真的就只惦記著自身的利益，而不管孫權的死活嗎？

未必！

當時，主張迎降的群臣以張昭、秦松為首。對於秦松，史書記載不多，只知道他是徐州廣陵人，在孫策占據江東後，與張昭、張紘一起被尊奉為上賓，又與張昭、張紘、陳端同為謀主，為孫策的武力征伐出謀劃策。

對於張昭，史書的記載就詳實多了。作為徐州彭城人，張昭少年時就「**博覽眾書**」，弱冠之年更是得到了「**州里才士**」陳琳等人的認可和稱讚，州郡也是三番五次地察舉他為孝廉、茂才，但都被他婉拒。隨著中原大亂，張昭避難到了江東，幾年後孫策也率軍東渡，於是，在孫策的延請下，張昭成了孫策身邊的長史兼撫軍中郎將，孫策不僅以「**師友之禮**」對待張昭，而且「**文武之事，一以委昭**」，儼然把張昭看成了自己的副手。後來，孫策不幸遇刺，臨終前，孫策甚至把弟弟孫權以及江東的未來都託付給了張昭。

要說張昭，的確也盡心盡力。孫策去世後，看到剛剛十九歲的孫權因為悲傷而哭泣不止，張昭對孫權說：現在是哭的時候嗎？如今違法作亂的人競相角逐，豺狼一般的壞人充塞道路，你如果一味地哀傷悲痛，遵禮守喪，那就像「**開門而揖盜**」一般。

好一個「開門揖盜」！一個簡單的比喻，形象地描繪了東吳當時面臨的形勢。的確，當時站在門外準備趁火打劫的強盜並不在少數，北方的曹操蠢蠢欲動，荊州的劉表和他手下的黃祖也在虎視眈眈。不僅門外群狼環伺，門內同樣危機四伏。廬江太守李術正在招降納叛，各郡的山越已經開始發難，甚至家族內部的同輩兄弟也有人想取而代之。無論是出門攘外還是關門安內，這個時候都不應該門洞大開，門裡門外一旦勾結起來，後果更是不堪設想。

聽了張昭這番話，孫權深受觸動。於是，張昭親自替他脫下喪服換上戎裝，把他扶上戰馬，陪同他外出巡視各部人馬。同時，張昭以長史名義，下令各地必須奉公職守，確保安穩。就此，人心才逐漸穩定下來。後來，每當孫權外出征伐，張昭都留下鎮守後方，「**領幕府事**」。

事後證明，張昭避免「開門揖盜」的做法既必要又及時。收到孫策暴亡的消息後，曹操立刻動了乘喪伐之的念頭。這時，孫策派去朝廷的張紘發揮了作用。聽說曹操有意南下，張紘對曹操說：「**乘人之喪，既非古義，若其不克，成仇棄好，不如因而厚之。**」趁人家辦喪事的時候去攻打人家，似乎不符合古人所稱的「禮不伐喪」之義。再說了，如果不成功，反而使好鄰居變成了大仇敵，我看不如趁機加以厚待。聽了張紘的這番勸諫，想想北面的強敵袁紹，看到東吳局勢沒多久就穩定了下來，曹操便以朝廷的名義，任命孫權為討虜將軍，領會稽太守。如此，算是承認了孫權在東吳的合法地位。這樣看來，門外不是沒有強盜，只不過門關得及時。

這樣一位輔佐孫策創基立業、輔佐孫權渡險克難的肱股之臣，會為了「各顧妻子」而「挾持私慮」嗎？篳路藍縷的創業之路都走過來了，險象環生的接班之時也安穩度過了，為什麼如今卻站在了「大計不如迎之」的立場上？

這一切還要從八年前的那次托孤說起。

建安五年（西元二〇〇年），即將與袁紹在黃河邊展開生死對決的曹操，對孫策揚言要渡江北上、襲擊許都的傳聞十分憂慮，如此一來，自己就將面臨腹背受敵的嚴重威脅。然而，曹操身邊的心腹謀士郭嘉對此卻很不以為然。不僅如此，他還專門對孫策的性格特點和命運歸宿進行了分析預測。

首先，郭嘉分析了孫策成功的原因：「**策新並江東，所誅皆英豪雄傑，能得人死力者也。**」孫策之所以能夠吞併江東，誅殺那麼多的英雄豪傑，主要是因為能夠讓人給他賣命。

隨後，郭嘉分析了孫策致命的弱點：「**然策輕而無備，雖有百萬之眾，無異於獨行中原也。**」孫策行動輕率而少防備，即使人再多，也和一個人獨來獨往沒什麼兩樣。

最後，郭嘉預測了孫策的命運：「**若刺客伏起，一人之敵耳。以吾觀之，必死於匹夫之手。**」如果有刺客伏擊他，一個人就夠了，孫策必死在一個平常人手裡。

的確，孫策和他的父親孫堅一樣，喜歡「**馳騁遊獵**」，獨來獨往。為此，手下虞翻還專門用春秋時豫且困住白龍、秦末時劉邦斬殺白蛇的神話典故勸說孫策要減少「**輕出微行**」，多多留意可能發生的危險。對此，孫策只是當時答應，之後依然我行我素。

終於，該來的事還是來了。暮春時節，孫策外出打獵，興致所至，他策馬揚鞭，遠遠地把隨獵者們甩在了身後。不知什麼時候，獨自狩獵的孫策突然發現，身邊竟然出現了三個陌生人。見此，孫策頗為警覺地問這三個人：「你們是什麼人？」三人回答：「我們是韓當的兵，在這裡射鹿。」孫策發覺不對，便說：「韓當的兵我都認識，沒見過你們幾個。」至此，三個人無法瞞下去了，於是舉起弓就要襲擊孫策。說時遲，那時快，沒等對方動手，孫策舉弓就射倒了一人。不過，另外兩人這時也射出了箭，一支箭直接射中了孫策的面頰。隨後，聞聲趕到的隨獵者把刺客們都給殺了。

事後調查，這三個人都是吳郡前太守許貢手下的奴客，因為孫策渡江後殺死了許貢，他們為了給許貢報仇，才謀劃了這次伏擊。雖然這次伏擊沒有讓孫策當場斃命，但孫策最終還是因為傷勢過重而一命嗚呼，喜歡狩獵的他最終成了他人的獵物。

離世前，孫策最放心不下，也是最重要的一件事情，就是交接。為了確保萬無一失，孫策的交接分三步進行。

第一步，孫策把張昭等人叫到跟前，對他們說：「**中國方亂，夫以吳、越之眾，三江之固，足以觀成敗。公等善相吾弟。**」現在中原大亂，我們依託江東的人馬和地利，足以坐觀天下成敗，今後你們要好好輔佐我弟弟。

第二步，孫策又把十九歲的弟弟孫權叫了過來，給他佩戴上印綬，然後對他說：「**舉江東之眾，決機於兩陳之間，與天下爭衡，卿不如我；舉賢任能，各盡其心，**

以保江東，我不如卿。」我們兄弟倆比較，論帶人打天下，你不如我；論用人保江東，我不如你。說完這句話，孫策又加了四個字「**慎勿北渡**」，千萬不要渡江北上，保住江東就好。

第三步，眾人離開後，孫策又把張昭叫到了跟前，單獨交代了幾句：「**若仲謀不任事者，君便自取之。正復不克捷，緩步西歸，亦無所慮。**」倘若孫權難以擔當重任，你就自己擔當好了；萬一事情不順利，也可以從容地渡江西歸，不要有什麼顧慮。

應該說，孫策交接的前兩步很容易理解，先找臣僚們談，在臣僚們領會了意圖、達成了共識之後，再找接班人談，一切都順理成章、有條不紊。可是，孫策交班的第三步就讓人匪夷所思了。既然已經把接力棒交到了弟弟孫權手中，為什麼還要賦予張昭拿回接力棒的權力？既然已經明確了「慎勿北渡」、「以保江東」，為什麼又要「緩步西歸」？在這自相矛盾的託付背後，到底隱藏著何種考慮？

實際上，孫策對自己身後的江東前途依然充滿擔憂，為此也做出了多方面的部署。首先，孫策透過接班人的選擇，改變了江東的戰略基調，從之前的「與天下爭衡」的進攻轉變為「足觀成敗」、「以保江東」、「慎勿北渡」的防守。

其次，為了實現「以保江東」的目的，孫策甚至設置了分責計畫，首選接班人是孫權，孫權不行就換張昭。

最後，孫策為江東預設了最壞的結局：「緩步西歸」。這個結局看起來很糟糕，但仍不至於亡族滅種，至少比自不量力引來殺身之禍強。

換句話說，孫策臨終前留下了一前一後、一明一暗的兩套劇本，相應地劇中人物也被設定了不同的角色。劇本一是力保江東，孫權是主角，張昭是配角；劇本二是「緩步西歸」，張昭變成了主角，孫權的角色由張昭安排。

從此後的劇情發展來看，無論是孫權還是張昭，他們都很賣力地扮演了劇本一中所設定的角色，整個江東呈現出了一種君臣相宜、上下一心的局面。然而，隨著曹軍的南下，劇本二中所描述的「正復不克捷」這一情景陡然出現在了江東君臣的面前，隨之君臣「**莫不響震失色**」。

既然無法克捷，那該怎麼辦？按照劇本二的設定，只能「緩步西歸」、歸順朝廷、回歸中原了，並且孫策也明確說了「亦無所慮」，那還有什麼需要猶豫的呢？於是，張昭率領群臣無所顧忌地提出「大計不如迎之」的建議。就這樣，張昭便成了孫權口中「甚失孤望」、「各顧妻子，挾持私慮」的投降派代表人物。

「操雖託名漢相，其實漢賊也」，這是周瑜主張抗曹時的言辭；「**曹公豺虎也，然託名漢相**」，這是張昭主張迎曹時的言論。你看，張昭並沒有如荊州那幫迎降者勸劉表、劉琮那樣，用「**曹公之明哲**」、「逆順有大體」這樣的語言來勸孫權「**上順天子，下歸曹公**」，豺狼虎豹的比喻與「漢賊」也是半斤八兩，要是真降了曹，這一比喻說不定就成了要被別人揭發的把柄。

如此看來，張昭絕非真心擁曹、一心迎降，更不是貪生怕死、自私自利。說到底，他只是愚忠和迂腐了些，時隔多年還忠實地執行著舊主公的老劇本。

第八章　赤壁

你認為的偶遇，其實是我刻意的等待。

赤壁之戰奠定了天下三分的基礎，這是古今史學家的共識。然而，史書中關於這場戰役的記載卻寥寥可數、付之闕如。《三國志．魏書．武帝紀》用了二十二個字，《三國志．吳書．吳主傳》用了三十八個字，《三國志．蜀書．先主傳》用了五十五個字，《三國志．吳書．周瑜傳》用了一百八十個字，四處合計二百九十五個字。

即使這樣，各紀傳之間還有諸多不一致之處。

比如：關於火燒戰船，《周瑜傳》記載是黃蓋獻計並實施的，而《吳主傳》卻說是曹操自己燒的，《先主傳》甚至說是孫劉聯軍先「**大破之**」，然後「**焚其舟船**」。

再比如：關於曹軍中的疫情，《武帝紀》和《周瑜傳》均記載發生於赤壁之戰前夕，而《吳主傳》卻在曹操「**燒其餘船引退**」之後才冒出「**士卒饑疫**」，《先主傳》甚至在孫劉聯軍「**追到南郡**」後面才加了句「**時又疾疫**」。

「**如何赤壁分三國，不向神州決兩雄**」（宋．胡寅），這是古人的困惑，更是今人的關切。

「**自古成功在機會，周郎赤壁豈難雙**」（宋．李綱），古人明白機會的重要，今人也想探知成功的奧祕。

來吧，一起探尋！

置酒漢濱

取得荊州後，曹操時而襄陽，時而江陵，一待就是兩個多月。這兩個月，曹操不是無所事事，而是有太多的事情要做。

首先，是劉琮的安置問題。

既然劉琮將整個荊州都奉獻給了自己，曹操自然不能薄待他。於是，曹操上表朝廷推薦劉琮為青州刺史，封列侯。青州與荊州地位等同，刺史雖在實權上不如州牧，但在不設州牧的地方，同樣是一州的最高長官。當然，所謂的青州刺史，很可能就是一個待遇。再說了，就算是實授，劉琮在當初曹操的起家地、如今猛將臧霸的軍事轄區，也不會折騰出任何水花。

不過，沒多久劉琮的官職就進行了調整。這一次，劉琮從青州刺史變成了諫議大夫、參同軍事。「諫議大夫」是專門給朝廷提建議的官員，所謂「參同」就是參與，「參同軍事」就是劉琮不僅可以以諫議大夫的身分在政治上提建議，而且可以在軍事上備顧問、出主意。

對劉琮的調整，不知道是源於曹操的擔心，還是源自劉琮的憂心。但不管怎麼說，在公開發布的委任令中，還是要給出一個冠冕堂皇的理由。首先，曹操用「**楚有江、漢山川之險**」、「**劉鎮南久用其民**」表明了荊州地位的重要和收服的難度；隨後，曹操先用「**心高志潔，智深慮廣，輕榮重義，薄利厚德**」誇獎了劉琮的高尚品德，又用「**蔑萬里之業，忽三軍之眾，篤中正之體，敦令名之譽**」盛讚了劉琮主動歸降的義舉，還用「**上耀先君之遺塵，下圖不朽之餘祚**」肯定了這次歸降對於劉琮個人及其家族的意義，最後甚至用了「**鮑永之棄并州，竇融之離五郡**」這些歷史成例對劉琮加以頌揚。

說完這些，曹操得出結論：「**雖封列侯一州之位，猶恨此寵未副其人。**」就算讓劉琮當了青州刺史同時封列侯，也是虧待他了。

既然已經虧待劉琮了，為什麼還要再調整他？對此，曹操這樣解釋：首先，劉琮自己「**有箋求還本州**」。意思是，劉琮自己寫信請求回到「本州」。至於這個本州嘛？既然不可能是他們家族曾經統治過的荊州，那就只能是他的祖籍兗州了。其次，「**監史雖尊，秩祿未優**」。州刺史雖然地位尊貴，但俸祿並不優厚，在這個崗位上也沒什麼意思。於是，曹操決定「**今聽所執**」，按照劉琮的意見對其崗位進行調整。

應該說，無論是與之前歸順曹操的諸侯們相比，還是與劉琮的手下們相比，曹操對劉琮的安排都相當一般。

當初，劉備來投時，曹操給他的是豫州牧和左將軍；張繡歸順時，曹操給他的是揚武將軍，後來不僅將其升遷為破羌將軍，甚至還把他的食邑增加到了兩千戶；就算一直猶豫彷徨、磨磨蹭蹭的馬騰，來到朝廷後也得到了九卿之一的衛尉。

這一次與劉琮一起被安排的還有他的幾十名部下，其中與劉琮同時被封為列侯的就有蒯越等十五位之多，其中韓嵩更是被拜為了九卿之一的大鴻臚卿，蒯越之後也成為九卿之一的光祿勳。反觀劉琮，被任命為諫議大夫就是史書關於他的最後記載了，之後他幹了什麼，活了多久，就是一個謎了。

說完對劉琮的安置，再來說說對其臣屬的安排。

據說，取得荊州之後，曹操給留守許都的荀彧寫了一封信，信中專門有這樣一句話：「**不喜得荊州，喜得蒯異度耳。**」

讓我高興的不是得到了荊州，而是得到了蒯越（字異度）。

怎麼回事？曹操不是對荊州心心念念、朝思暮想嗎，怎麼真正到手了反而比不上一個蒯越了？蒯越難道真的如此價值連城？

沒錯，回顧一下蒯越在荊州走向上的影響就可以知道，他的確價值非常。當初，如果沒有蒯越的協助，劉表未必能夠贏得大族的支持，進而消滅地方宗賊，在荊州站穩腳跟；同樣，如果沒有蒯越的勸說，劉琮未必能夠斷了抵抗的念想，老老實實地舉州而降。一句話，蒯越才是荊州真正的實力派。說得再誇張和直白一些，蒯越就是荊州，荊州就是蒯越。

如此看來，鑒於蒯越在荊州的重要影響，曹操對他的態度也就直接關係到了荊州的安穩。此時，曹操給蒯越戴高帽，就相當於給所有荊州的官僚士大夫戴了個高帽子，言下之意，我看中的不是荊州這塊地盤，而是這塊地盤上的人才。

曹操對蒯越的評價很高，對文聘的點評也不低。

在荊州的文臣武將中，文聘算是最後投降曹操的，直到曹軍渡過漢水、所有關於荊州的懸念都一一消失後，文聘才來到曹操前面。

面對這位遲到者，曹操忍不住發問：「你怎麼來得這麼遲呀？」

對此，文聘老實作答：「以前，我不能輔佐劉荊州來侍奉國家。後來，劉荊州雖然去世，我仍希望據守漢川，保全土地，活著不辜負孤弱的劉琮，死了無愧於地下的劉荊州。然而，最終計窮智竭，迫不得已，到了今天這個地步，實在是悲痛慚愧，無顏早見啊。」說著，文聘淚如雨下。

別看話不長，文聘的這番應答卻是一波三折：

自己沒能讓劉表早些侍奉國家、歸順朝廷，這是第一折；

劉表死後自己依然固守初衷，準備輔佐劉琮、負隅頑抗，這是第二折；

如果能實現初衷也還好說，結果卻竹籃打水一場空，這是第三折。

你看看，本身思想意識就有問題，結果兩頭都出問題，還有什麼臉面來相見？

說起來，文聘說的倒都是實情。作為荊州南陽郡宛縣人，文聘一直是劉表倚重的大將，長期駐紮在漢川負責抵禦北方的進攻。曹軍南下之後，決定舉州投降的劉琮也想拉著文聘一起歸順，但文聘卻回答：「文聘我無法保全荊州，只能原地待罪。」於是，出現了上面的一幕。

聽到文聘關於自己姍姍來遲的解釋，看到文聘「**欷歔流涕**」的神情，曹操也「**為之愴然**」，動情地說了一句：

「**卿真忠臣也**。」

你真是個忠臣呀！

這下就有些意思了，說文聘是忠臣當然沒錯，但文聘是誰的忠臣？答案很明顯，自然是劉荊州的忠臣。但是，劉表可是曹操的敵人啊，敵人手下的忠臣值得自己這麼愴然感慨嗎？

要說僅僅「為之愴然」也就罷了，結果曹操不僅誇讚文聘，而且「**厚禮待之**」，甚至還交給他兵馬，讓其與自己的心腹大將曹純一起率虎豹騎去追擊劉備。

之後，曹操又任命文聘為江夏太守，賜爵關內侯，「**委以邊事**」，把防禦東吳的前沿陣地一股腦都交給了他。

一個如此姍姍來遲的降將，結果卻被委以如此重任，曹操是怎麼想的？他就不怕文聘會造反嗎？

對此，曹操自然胸有成竹。文聘是忠臣，也的確是劉家的忠臣，但劉家去哪兒了？劉表早已作古，劉琮也已歸降，文聘對劉家的忠誠完全失去了服務對象，因此只能「**待罪而已**」。

那麼，誰又能讓文聘原本終結的職業生涯重獲新生呢？誰又能讓待罪的文聘贖罪立功呢？

毫無疑問，是他曹操。

就這樣，一句「卿真忠臣也」，立刻讓文聘原本毫無價值的愚忠，有了超越人身依附關係的職業價值，立刻讓文聘原本斷頭的職業道路有了一個新的出口。

蒯越、文聘這樣的實力派官員獲得了讚賞和重用，在荊州歸正過程中做過貢獻的其他官員，曹操同樣沒有忘記，韓嵩被拜為大鴻臚卿，傅巽被賜爵關內侯等等。相比之下，對那些被動歸附者的安排就要差多了，蔡瑁只擔任了個從事中郎，張允則沒有任何記載。

此外，曹操要招攬的還有不少寄居於荊州地面上的名士。桓階被征辟為丞相掾主簿，南遷武陵的和洽被征辟為丞相掾屬，同樣跑到長沙的裴潛成了參丞相軍事，一度被迫屈從劉表的韓暨被征辟為丞相士曹屬，「**居南方十餘年，躬耕守節**」的司馬芝被任命為菅（音同堅）縣縣長，就連諸葛亮的好友石韜、孟建也被網羅於其中。曹操甚至想重用「水鏡先生」司馬徽，不巧的是司馬徽這時候卻不幸病亡，沒有給曹操機會。

在這群被曹操任用的名士中，最值得一提的是梁鵠。二十多年前，梁鵠沒有滿足曹操成為洛陽令的願望，只給了他一個北部尉，如今梁鵠是漂泊的寄寓之士，而曹操卻成了煊赫的當朝丞相，自己只能當任人宰割的魚肉了。

於是，當梁鵠聽到曹操「**募求**」自己的消息後，誠惶誠恐的他連忙「**自縛詣門**」，當面向曹操請罪。

然而，曹操並沒有翻舊帳。他不僅對梁鵠待若上賓，而且還給他安排了一個軍假司馬的職務，並且讓梁鵠只享受待遇，無需實際任職。

曹操為什麼對梁鵠如此大度？一個原因是，他想以此收攬人心；另一個原因則是，他太喜歡梁鵠了。喜歡梁鵠什麼？答案是：書法。

據載，梁鵠自幼就喜歡寫字，並且很快就練得了一手好字。但是，梁鵠並不滿足。為了向一個叫師宜官的書法大家學習，梁鵠經常買酒往師宜官家跑。每每等師宜官喝醉了，梁鵠就迅速搜尋師宜官隨手寫過的字進行臨摹。

梁鵠為什麼要這樣偷學？因為師宜官是個敝帚自珍的人，寫完字後他往往再用刀把寫過的字從竹簡上削去。什麼時候他不削呢？自然是喝醉的時候。

就這樣，梁鵠為了偷師，搭進去不少酒錢。有一次，師宜官醒來，看見梁鵠正在臨摹自己的書法，並且到了真假難辨的地步，於是忍不住說道：「你太認真了，今後一定能超過我。」

當時，師宜官的名氣很大，「**好書**」的漢靈帝就認為書法界「**師宜官為最**」，超過師宜官豈不就是最上之最了。

在世人眼中梁鵠是否超過了師宜官，史書上沒有記載。但曹操「**以為勝宜官也**」，卻有明確記載。

曹操為什麼有此觀點？因為梁鵠最擅長寫大字，他的字骨氣凝重、筋力豐足、筆勢雄健，正如西晉書法家衛恆在《四書體勢》所說：「**鵠之用筆，盡其勢矣。**」一個氣勢磅礴的人，面對氣勢磅礴的字，如何會不喜歡呢？

給了梁鵠職務，卻不讓梁鵠任職，那梁鵠做什麼？自然是寫字了。據說，此後曹操經常把梁鵠的字懸於大帳之中，釘在牆壁之上，時時揣摩賞玩。而幾年後，基本完成鄴城建設的曹操更是讓梁鵠把書法特長應用到了更多、更大的地方。

取得了如此大的勝果，招攬了如此多的名士，免不了要慶祝一番。於是，曹操在漢水之濱舉行了一個大型宴會，舊臣新寵把酒言歡。

既然是宴會，就少不了祝酒詞，此時，以文才著稱的王粲舉起了酒爵。

首先，王粲對袁紹表面喜愛賢才實際卻不能任用賢才，因此造成人才流失的情況進行了描述：「**方今袁紹起河北，仗大眾，志兼天下，然好賢而不能用，故奇士去之。**」

隨後，王粲又對劉表外表儒雅從容，內心卻器量狹窄、不會用人，由此造成出現危難無人輔佐的局面進行了描述：「**劉表雍容荊楚，坐觀時變，自以為西伯可規。士之避亂荊州者，皆海內之俊傑也；表不知所任，故國危而無輔。**」

對於袁紹的情況，王粲只算道聽塗說，因此只能簡單描述，而對於劉表的情況，王粲置身其中，感受深切，因此多說了幾句。

當然，對於袁、劉的評價，無論多少，都是為了接下來歌頌曹操作鋪墊的。於是緊接著，一段頌揚之辭如滔滔漢江水一樣奔湧而出：「**明公定冀州之日，下車即繕其甲卒，收其豪傑而用之，以橫行天下；及平江、漢，引其賢俊而置之列位，使海內回心，望風而願治，文武並用，英雄畢力，此三王之舉也。**」

明公平定冀州當天，就整頓當地的軍隊武備，收羅當地的英豪俊傑，以此橫行天下；明公平定江漢之後，起用這裡的賢良俊傑，使海內都歸心於您，個個遠望您的風采而期待天下大治，文武都得到任用，英雄人人盡力，這是上古三王才有的作為啊！

王粲的這番話，雖有溢美，但也沒怎麼偏離基本事實，自然說得曹操心花怒放，豪情滿懷。此後，無論身居鄴城還是外出征伐，曹操總不忘把王粲帶在身邊，而王粲作為曹操豐功偉績的見證者，也愈發把自己往軍旅作家的路子上發展，留下了不少《從軍詩》。

會獵於吳

置酒漢濱，並不代表曹操忘記了遠方的敵人。一次，在與參丞相軍事裴潛聊天時，曹操就提出了這樣一個問題：「**卿前與劉備俱在荊州，卿以備才略何如？**」你以前和劉備都在荊州，你覺得劉備的才略如何？

面對新主公的提問，裴潛這樣回答：「**使居中國，能亂人而不能為治也。若乘間守險，足以為一方主。**」意思是說，假如劉備入主中原，那他只能讓天下變得混亂而不能趨於治理；倘若讓他抓住機會占據險要之地，那他足以成為一方之主。

裴潛這番一分為二的回答，讓曹操既欣慰又擔憂。欣慰的是，再怎麼樣，劉備也翻不了天；擔憂的是，稍不留神，劉備還是有可能再整出些名堂來的。

現實來看，劉備「居中國」的可能性當然微乎其微，但他「為一方主」的可能性並非沒有。有了這一判斷後，曹操要做的，就是盡速消滅劉備，絕不給其「乘間」的時間和「守險」的空間。那麼，接下來該怎麼做呢？

此時，曹操想到了一年前的類似情形。

建安十二年（西元二〇七年）九月，曹操在柳城大敗烏桓，逼得袁尚、袁熙這對兄弟帶著數千名騎兵投奔到了遼東太守公孫康那裡。見此情形，有人勸說曹操趁勢追擊，可是曹操卻胸有成竹地說：「我會讓公孫康送來袁尚、袁熙的人頭，不必再勞師動眾了。」就這樣，眾將懷著將信將疑的心情跟隨曹操踏上了歸途。

沒過多久，曹操大軍還沒有回到鄴城，就收到了袁尚、袁熙的人頭。這時，驚詫不已的眾將又開始提問了：「您都已經班師撤軍了，公孫康怎麼還殺死袁尚、袁熙，這是為什麼？」

面對眾將的疑惑，曹操面帶微笑地說：「公孫康一向畏懼袁氏兄弟，我如果率軍急攻，他們就會合力抵抗，我只有放緩節奏，他們才會自相殘殺，這是形勢使然。」

今夕何夕，如今的情形何其相似。此時的劉備和他的手下關羽、張飛恰如當年的袁尚、袁熙兄弟，此時的東吳猶如當年的遼東，此時的孫權猶如當年的公孫康，還用說接下來該怎麼辦嗎？

可是，就在眾人都認為遼東的情形也會在江東重新上演的時候，程昱卻提出了不同的看法。

先說對手：「**孫權新在位，未為海內所憚。**」孫權剛剛上位不久，還沒有讓天下人感到忌憚。言外之意，不僅我們有可能小瞧了孫權，而且孫權也有可能想證明自己。

再說形勢：「**曹公無敵於天下，初舉荊州，威震江表，權雖有謀，不能獨當也。**」如今曹公無敵於天下，剛剛一舉拿下荊州，威震了整個江南，孫權雖然有所謀劃，卻無法獨自抵擋。言下之意，既然孫權有心無力，想要對抗我們，只能尋找盟友。

接著說走向：「**劉備有英名，關羽、張飛皆萬人敵也，權必資之以禦我。**」劉備有英雄之名，關羽、張飛都是萬人之敵，孫權必然會資助他們以抵禦我們。

說完這些，程昱又補了一句：「**難解勢分，備資以成，又不可得而殺也。**」孫權一旦選擇與劉備聯手對付我們，我們自然就難以分出力量對付劉備了，相應地劉備也將在孫權的資助下恢復壯大了，再滅劉備就更不可能了。

綜上所述，程昱的觀點很明確：孫劉不僅會聯盟，而且這一聯盟不會因危機的解除而產生內訌。再說得直白些，劉備不是袁尚，孫權更不是公孫康，千萬不要被成功的經驗遮住了眼睛。

程昱的這番話並沒有改變曹操的決定，卻改變了曹操的做法。與迅速離開化外之地柳城不同，曹操並沒有早早地離開這片宛如世外桃源的荊州，而是從這裡向孫權發出了那封駭人的書信：「近者奉辭伐罪，旌麾南指，劉琮束手。今治水軍八十萬眾，方與將軍會獵於吳。」

很明顯這是一次赤裸裸的恐嚇，與其說這是一封勸降信，倒不如說這是一份宣戰書。也許曹操是想藉由這種極限施壓，使孫權徹底放棄抵抗的念頭，乖乖地把劉備的人頭獻上來。然而，就是這封短札，讓東吳方面挑出了三個致命缺陷。

其一，曹操為什麼以自己的名義寫這樣一封短札，按照張昭所說的「動以朝廷為辭」，藉著朝廷的名義豈不更好？考察以往，曹操慣用的方式是，朝廷唱黑臉，自己唱白臉，這邊天子一封申斥的詔書發出，那邊曹操一封緩頰的書信趕到。最經典的，就是曹操對於呂布的拉攏。

這次，雖然信中還有「奉辭伐罪」這個羊頭，但那已經是「旌麾南指」、進軍荊州時的事情了。如今大勢底定，羊頭招牌盡數撤下，曹操把狗肉直接端上桌了。可是，一旦披著的羊皮撤去，不就讓對手直指你的狼子野心了嗎？

其二，「治水軍八十萬眾」乍一聽是挺嚇人，但可能嗎？也許你說三十萬我還能信，如今你把牛皮吹破了，除了咧嘴笑你，我還怕你嗎？

其三，如果我把劉備擒住，人頭送你，你就能不再與我「會獵於吳」了嗎？要知道，有劉備我還有可能阻止你與我「會獵於吳」，沒了劉備，我就徹底被你獵於吳了。

政治上面具已摘，軍事上牛皮吹破，約定上毫不可靠，如此拙劣的書信哪裡能嚇倒東吳君臣，簡直是等著對手撻伐。就這樣，曹操等了許久，等來的不是劉備的人頭，而是孫劉結盟的消息。既然如此，那只能兌現諾言，兵戎相見，「會獵於吳」了。

實際上，早在九年前，曹操就動過征討江東的心思。建安四年（西元一九九年），由於廣陵太守陳登在討滅呂布時有功，曹操加拜他為伏波將軍，賦予他軍事指揮和行政管理的雙重權力。

「伏波」，顧名思義，就是降伏波濤的意思，自漢武帝於元鼎五年（西元前一一二年）設立這一軍職以來，伏波將軍只授予過兩個人。第一位是西漢的路博多，他在擔任伏波將軍後，率軍剿滅了南越國叛亂，漢朝為此增設了七個郡。第二位是東漢開國將領馬援，在伏波將軍任上他平定了交趾叛亂，留下了「馬革裹屍」這一典故。

對於這個百年一授的職位所要承擔的職責使命，「**博覽載籍**」的陳登了然於胸，很快他的作為就「**甚得江、淮間歡心**」，「**於是有吞滅江南之志**」，並且多次向曹操提出渡江建議。

此後，陳登兩次擊退了江東的進攻。第一次，陳登「**步騎鈔（抄）其後**」，打敗了十倍於己的來犯之敵，甚至令敵人「**不得還船**」。第二次，陳登點燃篝火，製造出援軍到來的假象，嚇得敵人「**望火驚潰**」，陳登隨即「**勒兵追奔，斬首萬級**」。

經過兩次成功禦敵，正當陳登厲兵秣馬準備反守為攻、主動出擊的時候，曹操把他變成了東郡太守，使其遠離長江，來到了黃河邊。當時，正值曹操與袁紹對決的關鍵時期，或許地處曹袁之間的東郡更需要陳登。然而這一離開，陳登就再也沒有回到長江邊。建安六年（西元二〇一年），三十九歲的陳登英年早逝。

曹操另一次有心伐吳是在建安五年（西元二〇〇年）孫策遇刺時。不過，這一次卻被一旁的侍御史張紘給勸阻了。張紘不僅從道義上告訴曹操「乘人之喪，既非古義」，而且從利害關係上提醒他「若其不克，成仇棄好」。最終，曹操接受了張紘的建議，不僅打消了「因喪伐吳」的念頭，而且「**表權為討虜將軍，領會稽太守**」。

兩次起意，兩次作罷，說到底還是曹操沒把伐吳列為優先選項，當時曹操的主要精力都放在了河北袁氏身上，連荊州劉表都顧不上。如今，袁氏已滅，劉氏已降，曹操的兵鋒自然指向了江東孫氏。

可是，就在曹操準備順江東下的時候，從來不輕易進言的賈詡卻站了出來。一上來，賈詡先頌揚了一下曹操的豐功偉績：「**明公昔破袁氏，今收漢南，威**

名遠著，軍勢既大。」之前明公您打敗了袁氏父子，如今您又收服了漢水以南地區，可以說，威名遠揚，實力強大。

緊接著，賈詡話鋒一轉，提出了自己的建議：「**若乘舊楚之饒，以饗吏士，撫安百姓，使安土樂業，則可不勞眾而江東稽服矣。**」如果利用荊州的豐腴富饒，賞賜官兵，安撫百姓，使他們安居樂業，就可以達到不必勞師動眾而使江東叩首降服的目的。

很明顯，賈詡是希望曹操暫時不要順江東下，但他又不能把話說得太直白，因而把話說得委婉曲折，甚至有些自相矛盾。前一句，明明講明公已經「威名遠著，軍勢既大」了，後一句怎麼又建議明公不出兵、「不勞眾」呢?

實際上，答案就在那句「乘舊楚之饒，以饗吏士，撫安百姓，使安土樂業」上面，這句話隱晦地告訴曹操，無論「吏士」還是「百姓」，曹操都沒有使他們真心歸服、安心樂業，在荊州不穩的情況下去進攻劉備和孫權，是存在一定風險的。相反，如果把主要精力放在爭取人心、「安土樂業」上，一旦荊州穩固，孫劉則不足為慮了。

對於賈詡這番猶抱琵琶半遮面的勸諫，曹操心領神會卻不認同。賈詡，你別忘了王粲在漢水邊的那句「及平江、漢，引其賢俊而置之列位，使海內回心，望風而願治，文武並用，英雄畢力，此三王之舉也」，如今荊州的「賢俊」都被我「置之列位」了，一幅「文武並用，英雄畢力」的景象，正是「乘舊楚之饒」大舉東征的時候，怎麼還說沒有「安士樂業」呢？

王粲說得沒錯，曹操的確收了許多「賢俊」的心，但是「賢俊」代表的是上層精英，他們與賈詡所說的「吏士」和「百姓」等中下層是有區別的，賢俊可以影響吏士和百姓，但無法完全決定吏士和百姓。曹操已經將賢俊「置之列位」了，但要讓吏士和百姓「安士樂業」還需要更多時間和精力。據《三國志．魏書．鄧艾傳》記載，曹操「破荊州」之後，當時只有十二歲的鄧艾就跟隨母親流徙到了汝南郡，在那裡以「**為農民養犢**」為生。戰爭的創傷尚未撫平，如此能說百姓「安士樂業」了嗎？

此外，王粲口中那些「望風而願治」的賢俊，也並不能代表「賢俊」這個整體。仔細觀察，被曹操「置之列位」的這些賢俊，幾乎都有一個共同的身分特徵：外來戶。山陽人王粲如此，汝南人和洽、孟建如此，河東人裴潛如此，河內人司馬芝還是如此，潁川人石韜更是如此。

勉強算作例外的，是南陽人韓暨、長沙人桓階和零陵人劉巴。不過南陽不僅地理位置特殊，而且幾乎從來就沒有被劉表統治過，嚴格來說，韓暨算不上荊州的本土賢俊。長沙人桓階幾乎自始至終都是劉表的反對者，甚至還是長沙叛亂的策劃者，先偏居後「**自匿**」的他當然也代表不了本土賢俊。如此看來，能撐起荊州本土賢俊大旗的就只剩下劉巴了。

然而，《三國志．蜀書．劉巴傳》在記載劉巴從零陵「**北詣曹公**」的前面，偏偏有這麼一句「**先主奔江南，荊、楚群士從之如雲**」。這句話是什麼意思？它再明白不過地表明一種情況，那就是：荊州本土的多數賢士追隨了劉備，只有劉巴這樣的少數人才投奔了曹操。更有意思的是，就是這個劉巴，六年後也會進入劉備的「甕」中。當然，這是後話，我們後面再講。

經過這樣一番分析，可以看出，無論是下層「百姓」，還是中層「吏士」，乃至上層「賢俊」，曹操在荊州的治理都難言安穩，在這種情況下出兵，還真是有風險。

可是，此時的曹操卻與統一河北後的袁紹類似。官渡之戰前，沮授認為「**南利在於急戰，北利在於緩搏**」，因此勸袁紹「**宜徐持久，曠以日月**」，不要貿然征伐。可是，沮授的這番勸說除了為後人貢獻了一個叫作「曠日持久」的成語之外，就是讓袁紹剝奪了他的三軍指揮權。

與此同時，田豐也勸袁紹不能「**決成敗於一戰**」，而應該在「**外結英雄，內修**

農戰」的基礎上「**簡其精銳，分為奇兵**」對敵人進行襲擾，以此達到「**使敵疲於奔命，民不得安業**」的效果。同樣，田豐的這番勸說除了為後人貢獻了一個叫作「疲於奔命」的成語之外，就是讓袁紹把他關入了鄴城大牢。

俗話說，「身懷利器，殺心自起」。當年的袁紹按捺不住畢其功於一役的衝動，如今的曹操同樣如此。雖然曹操沒有遷怒於勸自己收手的賈詡，但沒過多久，他就率領數十萬大軍順江而下了。

內外有別

這邊，曹操大軍一路順江而下；那邊，周瑜軍隊也一路溯江而上。

曹軍順流而下自然暢通無阻，吳軍逆流而上卻遇到了一個小插曲。也許是害怕曹軍的兵鋒，也許是為了與劉琦形成掎角之勢，總之，劉備此時已經從長江北岸的夏口來到了長江南岸的樊口。據說，當周瑜船隊靠近樊口時，草木皆兵的劉備卻疑心是曹操的水軍，把心一下子提到了嗓子眼，經過反覆確認後才把心又放回了肚子裡。

接著，滿心歡喜的劉備馬上派人前往慰問。結果，熱臉貼了冷屁股，周瑜的抱怨隨之而來：劉備自己為什麼不來？

好在劉備是個見多識廣、能屈能伸的人，對於冷言冷語、冷眼冷臉都不以為意，坐著一條孤舟就來到了周瑜的營寨。

一見面，劉備就把自己最關心的問題提了出來：「**戰卒有幾？**」老弟，你帶了多少人馬過來呀？

周瑜的回答多少讓他有些失望：「**三萬人。**」

聽到這句話，劉備內心的擔憂脫口說出：「**恨少。**」只怕是有點少。

然而，周瑜卻滿不在乎：「**此自足用，豫州但觀瑜破之。**」放心，這些絕對夠用，你就看好吧！此時，不管周瑜心中如何認為，但都要用滿滿的自信消除盟友心中的忐忑。

看到周瑜這位小兄弟如此自信，劉備不好再說什麼了。可是，劉備私底下卻打起了小主意。自己戎馬半生，雖然勝仗打得不多，敗仗卻打了不少，能堅持扛到現在，靠的就是腳底抹油、預留後路的功夫。據載，當初劉備在袁紹軍中時，因為事先覺察到了袁軍在官渡的敗相，因此祕密派遣趙雲「**募得數百人**」，作為自己的私人部曲。不久，劉備便說服袁紹派自己去南連劉表，隨後帶著自己的人馬跑到了汝南。

這次，劉備依然覺得沒有必勝的把握，於是故意磨磨蹭蹭、「**差池在後**」，同時又撥出兩千人馬由關羽、張飛單獨統領，不受周瑜節制，「**蓋為進退之計也**」，擺明做好了留一手的準備。呵呵，怪不得叫「劉備」！

上面這些情況最初記載於《江表傳》中，裴松之將其注引在了《三國志．蜀書．先主傳》中。不過，這一事件的真實性，卻令人生疑，東晉史學家孫盛就認為《江表傳》既然是一本以長江政權為記述物件的史書，關於周瑜和劉備的這段描述「**當是吳人欲專美之辭**」。應該說，孫盛的這一判斷是有一定道理的。《江表傳》的作者西晉人虞溥雖然是高平昌邑（今山東巨野南）人，但他的史料基礎卻很可能源自吳人，而吳人往自己人臉上貼金也並不為奇。

不過，上述事件雖然有較多虛假的成分，但其中也不乏真實的因素，比如：劉備很可能既把一部分軍隊交給周瑜調遣，同時又適當保留了一部分軍隊，並且這部分軍隊的確在周瑜軍隊的後面。

為什麼這麼講呢？因為當時的孫劉聯軍同時面臨兩個方向的威脅，一個是從江陵出發、順長江而下的曹軍，另一個是從襄陽出發、順漢水而下的曹軍。從戰場形勢來看，曹軍主力必定沿長江而來，因此周瑜率領聯軍主力越過夏口進行阻擊；同時，孫劉聯盟並不能排除對手沿漢水而下攻擊夏口的可能，因此有必要在夏口抵禦可能的進攻。如此這麼看來，這一分兵禦敵的做法在日後被吳人訛傳為劉備「差池在後」、「蓋為進退之計」，也就不足為奇了。

面對劉備，以施援者姿態出現的周瑜顯得高調而張揚，但在吳軍內部，身為統帥的他卻相當低調而謙恭。

出征前，孫權在任命周瑜為左都督的同時，還任命老將程普為右都督。孫權這樣做的目的，可能是想利用這種新老組合，配強班長、建好班子、搭好梯隊，打造一支敢擔當有作為、過得硬打勝仗的禦敵隊伍。不過，這一安排也或多或少存在一定的制衡考慮，同時也比較容易引發矛盾和齟齬。

果然，問題出現了。

作為孫堅時代就一路追隨的老將，程普在東吳的將領中年齡最大、資歷最老，甚至被人們尊稱為「程公」。

而周瑜，作為孫策渡江之後才加入孫氏陣營的小將，竟然取得了與程普平起平坐的地位，甚至後來居上成了全軍的統帥，自然會引來一些嫉妒和不滿。因此，程普經常以老賣老，找到機會就欺負甚至侮辱周瑜。

而面對程普的淩辱，年輕的周瑜卻放低身段，包容忍讓，始終不與他計較。

後來，不知何時，或許是在赤壁之戰前，或許是在赤壁之戰中，更或許是在赤壁之戰後，程普也逐漸醒悟過來，開始積極配合周瑜的工作，服從周瑜的調遣。不僅如此，對這位後起之秀心悅誠服的程普，還逢人就說：「**與周公瑾交，若飲醇醪，不覺自醉**。」與周瑜交往，就像喝到了濃郁的美酒一樣，不知不覺我也是醉了！估計，程普應該很喜歡喝酒，不然行伍出身的他不會想到用美酒去形容周瑜。

雖然，周瑜用個人魅力解決了孫權制度安排上的缺陷，但這一事件所造成的影響卻令人印象深刻。十一年後，當孫權準備任命呂蒙和孫皎分別擔任左右部大督時，呂蒙就向孫權回顧起了周、程不睦所造成的危害，並且用了「**幾敗國事**」這樣一個重詞。

灰飛煙滅

不久，順水而下的曹操大軍與逆水而上的孫劉聯軍相遇了。

沒什麼好說的，雙方直接開打。結果一開戰，曹軍就吃了虧。吃虧的原因，據說是因為瘟疫的蔓延，也可能是因為曹軍不習水戰，更可能是曹操過於輕敵，反正當頭挨了一記悶棍。

既然順江不順，那就只能隔江對峙了。於是，曹操在江北的烏林紮下營寨，與駐紮在赤壁的孫劉聯軍遙遙相望。

此時，天氣已經轉入隆冬，凜冽的寒風，搖晃的船板，再加上勢頭不減的瘟疫，無一不考驗著曹軍的體質和意志。對此，南下望過梅、北上走過泥的曹操並不在意，既然船板晃悠那就用鐵鎖把船連在一起，既然時節不利那就等待春天，反正主動權在我手裡。困難並沒有打倒曹操，反而激發了曹操。

只是，有一點曹操比較納悶：官渡之戰時，自己的手下紛紛向袁紹輸誠賣好；南下荊州時，多少文臣武將請降投誠。如今，自己勢如洪水，難道江東就沒有幾個陣前倒戈的？

有納悶的，就有解悶的。曹操正盤算著，東吳老將黃蓋的使者就到了。

黃蓋的降書可謂情也真、意也切。什麼「**受孫氏厚恩**」，什麼「**天下事有大勢**」，什麼「**眾寡不敵**」、「**知其不可**」，一句話，自己請降雖然有些不道德，但也是順應時勢，所以，「**今日歸命，是其實計**」，這是我實實在在的想法。

不僅如此，黃蓋還積極表態：「**交鋒之日，蓋為前部，當因事變化，效命在近。**」真正打起來的時候，我給您當急先鋒，當場表現給您看。您就瞧好吧！

對於黃蓋的這番表白，曹操自然將信將疑。於是，他把送信的使者叫來盤問。如果說黃蓋的信是一個劇本，那麼這名使者無疑是一名好演員，他不僅把劇本演得嚴絲合縫，而且還進行了不少現場發揮。結果，他不僅為曹操解了悶，而且讓曹操深信不疑。遺憾的是，史書中並沒有留下這位使者的姓名。

接下來的事情，就長話短說了。

建安十三年十二月的一天傍晚，東南風驟起，黃蓋帶上十艘蒙衝戰船，船上裝滿了乾荻和枯柴，裡面澆上油，外面裹上帷幕，上面插上旌旗，船尾繫上快船，直奔江北而去。

事先得到消息的曹軍，樂觀其成。隨著黃蓋的倒戈，河山一統的日子更近了，平安回家的日子也不遠了。快點吧，黃蓋。

於是，在曹軍毫不防備的情況下，十條火龍衝了過來。頃刻間，「**火烈風猛，船往如箭，燒盡北船延及岸上營落**」。接下來，隨著周瑜的進攻，「**北軍大壞**」，曹操只有逃跑的份了。

很明顯，黃蓋和周瑜定下的計謀成功了。

之前，當黃蓋看到曹軍做出鐵鎖連船的愚蠢之舉時，他就提出建議：「**今寇眾我寡，難與持久。然觀操軍船艦首尾相接，可燒而走也。**」現在敵強我弱，我們跟他們耗不起時間，不如一把火燒了他們。

結果，一切順利。唯一的小意外，出在黃蓋自己身上。

據說，黃蓋剛剛放完火，就不小心被流矢擊中，墮入水中。當他被救起時，竟然面目全非，連自己人都認不出來了。吳軍只知道他是自己人，沒人認出他是黃蓋，所以看到船艙的廁所裡有個空位置，索性就把他扔在了那裡。

此時的黃蓋，除了扯破嗓子大喊韓當的名字，剩下的就是孤獨和落寞了。那勝利的煙火原本由他燃起，如今卻無緣一睹，換誰不落寞？

好在這一聲聲呼喊發揮了作用，韓當趕來了！

流著淚的韓當，幫黃蓋揭開了衣甲，立即安排救治，這才保住了性命。

後來，雖然沒有看成煙火，雖然沒有指揮作戰，但因為放火之功，黃蓋還是被晉升為武鋒中郎將。

大江東去

赤壁之戰很乾脆，乾脆到一把大火就搞定了。

赤壁之戰很拖沓，拖沓到幾百年甚至幾千年後還讓人喋喋不休。

六百多年後，一個叫杜牧的詩人來到了江邊的戰場故地。不知是因為幸運還是因為有心，他撿到了一支深埋在泥沙中的斷戟，把它磨洗乾淨，竟然還能認出是三國赤壁之戰的遺物。於是，便有了這樣一番懷古之憂思：

折戟沉沙鐵未銷，自將磨洗認前朝。
東風不與周郎便，銅雀春深鎖二喬。

顯然，杜牧把周瑜的勝利歸功到了東風上面，言下之意，如果沒有那場有利於火勢蔓延的東風，勝利的很可能就不是孫劉，而是曹操了。

但實際情況真的是這樣嗎？

首先，曹操對此並不會認同。

日後，在給孫權的書信中，曹操多次提到了自己赤壁失利的原因。在建安十七年（西元二一二年）正月給孫權的書信中，曹操說：「**昔赤壁之役，遭離疫氣，燒船自還，以避惡地，非周瑜水軍所能抑挫也。**」在另一次具體時間不詳的書信中，曹操說：「**赤壁之役，值有疾病，孤燒船自退，橫使周瑜虛獲此名。**」很顯然，曹操認為自己失敗的最主要原因是疫病。因為傳染病造成了非戰鬥減員，所以自己才要燒船主動撤退。

那麼，真實情況是這樣嗎？

應該說，不管這場疫病具體發生在何時，它都是造成曹操失利的一個重要原因。建安十四年（西元二〇九年）七月，曹操在一篇後世名為《存恤吏士家室令》的教令中說：「**自頃已來，軍數征行，或遇疫氣，吏士死亡不歸，家室怨曠，百姓流離，而仁者豈樂之哉？不得已也。**」這是中國歷史上第一個對軍烈屬進行優撫的公開命令。教令中，曹操總結了「吏士死亡不歸」的兩點原因，一個是軍事征戰，另一個則是「疫氣」。當時，離赤壁之戰只有半年多的時間，想必赤壁的那次疫情無論給曹操還是給曹軍將士都帶來了痛徹心扉、揮之不去的記憶，不然曹操不會獨獨把它與「軍數征行」相提並論。

實際上，不僅曹操把疫情作為失利的主要因素，陳壽在《三國志》中也反覆提及。

《三國志．魏書．武帝紀》說：「**公至赤壁，與備戰，不利。於是大疫，吏士多死者，乃引軍還。**」

《三國志．吳書．吳主傳》說：「**瑜、普為左右督，各領萬人，與備俱進，遇於赤壁，大破曹公軍。公燒其餘船引退，士卒饑疫，死者大半。**」

《三國志．蜀書．先主傳》說：「**先主與吳軍水陸並進，追到南郡，時又疾疫，北軍多死，曹公引歸。**」

《三國志．吳書．周瑜傳》說：「**時曹公軍眾已有疾病，初一交戰，公軍敗退，引次江北。**」

總之，曹軍「多死」甚至「死者大半」的主要原因就是「大疫」。戰前，來自北方的曹操並沒有料到疫病會有如此影響，而對於長期生活在長江邊上的周瑜來說，對疫病、對於戰局的影響卻早有預測。周瑜在勸說孫權抗曹時，就專門提到曹操「驅中國士眾遠涉江湖之間，不習水土，必生疾病」。

而據《三國志．魏書．蔣濟傳》記載，當曹操在赤壁之戰後得知孫權圍攻合肥的消息後，派將軍張喜獨自率領一千騎兵前去救援時，這支隊伍半路上卻「**頗復疾疫**」。由此可見，當時曹軍將士染病的比例相當高。

綜上所述，發生在長江邊的這次疫情，即使不是導致曹操失敗的致命因素，至少也是無法忽視的重要因素。

說完曹操認為的主要敗因，我們再來看孫劉兩家歸納的諸多因素。

赤壁戰前，諸葛亮和周瑜為了說服孫權抗曹，都提出了必然戰勝曹操的一些理由，下面略作分析，看看他們在實際戰爭中的作用如何。

戰前，諸葛亮歸納了曹軍的三點劣勢：

其一，「遠來疲弊」。這一點，曹軍在追擊劉備、速戰江陵時的確存在，但經過幾個月的休整，到赤壁之戰時這一問題已不存在。

其二，「不習水戰」。這一點，的確是曹軍的致命劣勢，但曹操在收編了劉表的水軍之後，在一定程度上彌補了這一短板。

其三，人心不服，「荊州之民附操者，逼兵勢耳，非心服也」。這一點，曹操只能靠一定時間的政策安撫和有效治理來解決，很顯然無論在時間上還是在政策上，曹操都沒有做到。相反，曾在荊州待了七年、臨危依舊「以人為本」的劉備，在這方面比曹操做的要好得多，「琮左右及荊州人多歸先主」自不必說，那些因為沒有跟著劉備走而「逼兵勢」依附了曹操的荊州人，也未必會為曹操盡力。

在分析曹軍劣勢的同時，諸葛亮也指出了擊敗曹操的必要條件：孫劉「協規同力」。從實際情況來看，雙方基本上做到了這一點。

說完諸葛亮的歸納，再來回溯一下周瑜的戰前分析。

相較於諸葛亮，周瑜的分析視野更為廣闊：

第一，曹操政治虛偽，「雖託名漢相，其實漢賊也」。這一點，周瑜看得很準，如果說之前曹操一直掌握「奉天子以令不臣」的政治優勢的話，那自從曹操晉位丞相之後，這一政治優勢已經發生了微妙的變化。

第二，江東實力雄厚，「地方數千里，兵精足用，英雄樂業」。這一點，雖有些誇張，不過一旦孫權下定了抗曹的決心，的確出現了「兵精足用」、眾志成城的景象。

第三，曹操後方不寧，「今北土既未平安，加馬超、韓遂尚在關西，為操後患」。這一點，從長時段看肯定是存在的，但僅就赤壁之戰前後來看，鑒於馬騰已經帶著全家老小到了鄴城，至少馬超是不敢輕舉妄動的，而只要馬超不動，韓遂也會有所忌憚。因此，這一因素可以忽略不計。

第四，曹軍避長就短，「舍鞍馬，仗舟楫，與吳越爭衡，本非中國所長」。這一點諸葛亮也提到了，的確是曹軍的一個短板。

第五，曹軍時節不利，「又今盛寒，馬無槁草」。南方濕冷的寒冬，加上馬匹草料供應的短缺，相對而言，的確在一定程度上影響了曹軍戰鬥力的發揮。

第六，曹軍水土不服，「驅中國士眾遠涉江湖之間，不習水土，必生疾病」。這一點，前面已經專門分析過，其對曹軍造成的影響相當大。

第七，曹軍內部不穩，「所得表眾，亦極七八萬耳，尚懷狐疑」。這一點，也對曹軍的戰力發揮特別是在初戰受挫後的荊州軍士氣造成了不小的影響。

同時，周瑜還對曹軍的數量進行了估算，曹操自帶「不過十五六萬」，收降劉表人馬「亦極七八萬耳」，如此曹軍總規模在二十萬至二十五萬人，遠多於孫劉聯軍，但鑒於曹軍以上種種不利因素，所以「眾數雖多，甚未足畏」。

以上就是孫劉方面關於赤壁之戰的全部分析。但是除了這些，還有別的因素嗎？當然有！我們還沒有分析杜牧提到的那場東風呢！

關於赤壁之戰的那場大火和東風，後世的史學家乃至氣象學家都作了不少分析和解釋。其中，一個較流行的觀點就認為，所謂的東風實際上是一場湖陸風。

那麼，何謂「湖陸風」？

所謂「湖陸風」，就是在與大湖相鄰地區，由於白天太陽照射和夜間冷卻的溫差問題，會出現這樣一種現象：白天風從湖面往陸地方向吹，晚上風往湖面方向吹，這兩種風相應地被稱為「出湖風」和「進湖風」。並且湖面越大、晴天越多，湖陸風現象就越明顯。

當時，曹軍駐紮的烏林，背後就是一個面積很大的湖澤：雲夢澤。對於周瑜、黃蓋這些久居湖澤的人來說，他們對湖陸風自然相當熟悉，只需要等待幾個連續的晴天，白天出湖的西北風就會轉成夜晚入湖的東南風，那時一場大火就可以抵消掉曹軍的數量優勢。

當然，在冬季少雨的時節，晴天總是不難等的。於是，歷史迎來了那場如期而至的東南風，以及那場準備已久的火攻。

可是，這就是關於火燒赤壁的全部嗎？假如沒有那場東風，是不是真如杜牧所說，就要「銅雀春深鎖二喬」了呢？

未必！

不知道大家注意到了沒有，早在勸說孫權抗曹之時，周瑜就斬釘截鐵地作出了這樣一個斷論：「將軍禽操，宜在今日。」緊接著，周瑜甚至提出了擒曹的大致方案：「瑜請得精兵三萬人，進住夏口，保為將軍破之。」

「精兵三萬人」無須再討論了，如果精兵能夠要更多，周瑜自然更樂意，只是條件不允許而已。那麼，周瑜隨之為什麼專門提到要「進住夏口」呢？巴丘不行嗎？柴桑不行嗎？江東不行嗎？

從地理位置上看，夏口是長江、漢水、夏水的交匯處，屯駐夏口無疑可以阻擋沿長江或夏水東進的江陵曹軍，也可以抵禦可能沿漢水南下的襄陽曹軍。同時，東吳的盟友劉備也在夏口附近，加之吳軍此前也在江夏地區有過四次擊破黃祖的經驗，因此，進駐夏口就成了必然的選擇。

可是，為什麼孫劉聯軍後來又沿江而上，到了赤壁呢？

導致周瑜採取這一軍事行動的，很可能是曹軍的動向。獲知敵人僅從江陵沿長江東進，而非多路並進的消息後，周瑜主動溯江而上、擴大戰略縱深，不失為上策。然而，夏口至江陵有上千里水路，周瑜為什麼與曹操偏偏相遇於赤壁呢？這僅僅是一種巧合嗎？

如果我們回溯一下九年前的那場沙羨之戰的話，也許就會對這場赤壁之戰有更深的認識了。

建安四年（西元一九九年）十二月，東吳軍隊在孫策的指揮下發起了對黃祖的第一次進攻，當時參戰的有周瑜、呂范、程普、孫權、韓當、黃蓋等骨幹將領，所採取的主要戰術有兩個，一是「**越渡重塹**」，也就是主動進攻；二是「**火放上風**」，也就是在上風處放火。整場戰役在黎明時分發起，於清晨結束。

對比赤壁之戰，同樣是十二月，參戰人員除了孫策和孫權不在，周瑜、呂范、程普、黃蓋、韓當等當年參加過沙羨之戰的骨幹將領都悉數在場。此外，所採取的戰術也出奇地一致：一是主動出戰，黃蓋「**先取輕利艦十舫**」，「**往船如箭**」，「**瑜等率輕銳尋繼其後，雷鼓大進**」；二是蓄意縱火，「**蓋放諸船，同時發火。時風盛猛，悉延燒岸上營落**」。

如此看來，周瑜、黃蓋的破敵之術相當大程度上來自於當年的那場沙羨之戰，他們只不過是在之前經驗的基礎上，相中時機加上了「詐降」這個計策而已。

基於上面的這番比較，我們甚至可以大膽猜測，不僅是火攻這一戰術，就連實施戰術的地點，都有可能是周瑜、黃蓋謀劃已久的選擇。吳軍第一次放火的沙羨位於雲夢澤的東南角，而距離沙羨二百餘里的赤壁則位於雲夢澤的正南方，相比之下，赤壁無疑更容易發生湖陸風，也更容易實施火攻。

如此看來，不僅東風不是當時天公作美，就連火攻也不是吳軍的臨場發揮了，而此前部分史學家所說的赤壁之戰是一場遭遇戰的說法，就更不用討論了。

這裡，我們甚至可以大膽推斷：當時即使沒有有利於孫劉聯軍的東南風，周瑜恐怕也會利用自己的水軍優勢，迂迴到上風處實施火攻。因為，早在沙羨之戰時，他們就曾經「火放上風」。

說完上面這些，關於赤壁之戰的各種戰場因素就分析得差不多了。可是，這就完了嗎，就沒有其他要分析的了嗎？

有，當然有。

從戰術運用上講，曹操失誤頗多。首先，曹軍似乎不應該僅僅順水而下，採取水陸並進，特別是兩岸並進無疑更有利於曹軍揚長避短，發揮人多勢眾的軍力優勢。其次，初戰失利後，曹操沒有及時調整兵力布局，反而更加執著於畢其功於一役，這無疑也是一步錯棋。更為不可思議的是，曹操還把戰船連到了一起。古往今來，在水戰中使用火攻的戰例並不多，曹操卻為之創造了最大的實施機會。

除了戰場本身，戰場外的影響因素也不少。

從思想狀態上講，曹操當時無疑犯了驕躁的毛病。原本攻取荊州的戰略日標被曹操輕易升級為一統江表，在對江東集團缺乏瞭解和嚴重藐視的情況下，做出了一系列錯誤決策。驕傲使曹操調高了戰略目標，驕傲也使他降低了戰術水準，東南風一刮就只有往西北退了。

從戰略時機上講，曹操的更優選擇是要麼一鼓作氣殺至江夏消滅劉備，要麼從長計議穩固荊州徐圖江東，選擇這樣一個不長不短的時間，既給對手以喘息之機又沒穩住新占領的地盤，顯然不是一個恰當的決策。

從戰略部署上講，曹操如果真下定決心要一舉剷除劉備並拿下江東，似乎不應該從江陵單一方向發動進攻，而應該從荊州、揚州甚至豫州等多個方向發動進攻，如此才能發揮出自身在兵力數量上的優勢，令對手在數千里長江沿線防無可防、防不勝防。然而，如同當年袁紹孤注一擲那般，曹操也或有意或無意地把寶壓在了一次戰役上面。

據《三國志．魏書．郭嘉傳》記載，曹操在赤壁失利後，曾經歎息道：「**郭奉孝在，不使孤至此。**」意思是說，如果郭嘉還活著，我也絕不會到這種地步。另據《傅子》記載，除了上面那一聲歎息，曹操甚至還發出了這樣的感慨：「**哀哉奉孝！痛哉奉孝！惜哉奉孝！**」是呀，少了這個比自己更清脫、更清醒、更清晰的另一半，曹操的判斷力和自持力的確打了折扣，甚至有些跑偏走樣了。

相對於曹操人才隊伍的減員，此時的孫劉聯盟卻是另一番景象。

隨著中原陷入戰亂，許多人渡過長江，來到了荊襄和江東。無論對歷史來說，還是對曹操來說，他們都是一群新人。

赤壁之戰那年，

曹操五十四歲、荀攸五十二歲、荀彧四十六歲、曹仁四十一歲、張遼四十歲；

劉備四十八歲、諸葛亮二十八歲、關羽約四十七歲、張飛約四十五歲；

孫權二十七歲、周瑜三十四歲、魯肅三十七歲、張昭五十三歲、程普約五十四歲。

曹操陣營是一個老生代為主、中生代為輔的軍事集團；

孫劉聯盟則是一個新生代為主、中生代為輔的軍事集團。

誰更有生機與活力？不言自明。

當然，這支新勢力的優勢不僅在於年齡，還在於認知。他們更瞭解曹操而曹操並不瞭解他們，他們更瞭解江漢而曹操並不瞭解。僅僅基於年齡和認知，這幫初生牛犢就足以同曹操掰一掰手腕，更何況他們還懂得抱團取暖、聯合對敵。

大江東去，浪淘盡，千古風流人物。在黃河邊，曹操曾經淘盡了不少風流人物；到了長江邊，曹操卻成了被後浪拍在赤壁磯上的前浪。

英雄之逆

舉凡中國歷史上的著名戰役，往往離不開一個「逆」字：

一個「逆」是弱者逆襲，以少勝多。兵力較少的一方不管是巧戰、力戰、激戰、死戰，最終都打敗了兵力較多、實力較強的一方。

另一個「逆」是形勢逆轉，強弱易勢。弱者逆襲成功，強者就此衰亡甚至身首異處，歷史發生戲劇性轉折。牧野之戰、巨鹿之戰、濮陽之戰、官渡之戰、夷陵之戰、淝水之戰，不僅無情地擊垮了強者的洶洶氣勢，而且冷酷地結束了強者的蒸蒸氣運。

等待戰役失敗者的結局似乎只有一個：滅亡，他們要麼崩於內亂，要麼潰於外患，抑或死於病魔。商紂王自焚於鹿臺之上、秦朝滅亡於章邯（音同寒）倒戈，王莽被殺於亂軍之中，袁紹、劉備病死於戰敗的創痛。一句話，他們都沒有從失敗的陰影中走出來。

然而，曹操卻成了唯一的例外。

據說，曹操率軍從華容道撤退時，狀況極為狼狽：道路泥濘不說，大風還刮個不停，一旦腳陷在泥地裡、人被風刮倒，就只能當為大軍鋪路的「肉石」了。結果正如《山陽公載記》所描述的：「**羸兵為人馬所蹈藉，陷泥中，死者甚眾。**」

然而，一旦走出泥淖，曹操卻「**大喜**」，彷彿打了勝仗一般。

這下，諸將迷惑了，忍不住一問究竟。

只見，曹操自得地說：「**劉備，吾儔也。但得計少晚；向使早放火，吾徒無類矣。**」劉備，算是個能與我比肩的人物。但是，這傢伙計謀卻少了些，動作也慢了點。如果他早早地在我們撤離的道路上放上一把火，那我們真的就一個也活不成了！

看來，赤壁那把火還沒有把曹操燒透，逃跑的路上還惦記著再被燒一回。反過來看，在潰不成軍、性命堪憂的逃亡路上，還不忘勘察環境、換位思考、調侃對手，曹操的心也真的是夠大的。

實際上，一場赤壁之戰，既成就了孫權、劉備的逆襲，也成就了曹操的逆商，強者依然強，弱者依舊弱，一大兩小的格局並未逆轉，孫劉並沒有逆天。

為什麼會這樣？

因為曹操一直從失敗中走來。

縱觀整個三國，失敗次數最多的算是劉備，其次就算是曹操了。在滎陽，他被董卓打敗過；在濮陽，他被呂布打敗過；在南陽，他被張繡打敗過；在徐州，他被劉備矇騙過……總之，曹操的成功離不開失敗，他也毫不畏懼失敗。

因為曹操有著穩固的大後方。

同樣在建安十三年，曹操消除了來自烏桓、遼東、關中等方面的隱患，夯實了鄴城作為大本營的基礎，完成了從司空到丞相的政治進階……如果此前沒有這些鋪墊，也許曹操會焦慮沮喪，甚至有可能如袁紹般「**自軍敗後發病，……，憂死**」，如今，北方在手，大權在握，一場失利能動搖這一切嗎？

因為曹操還有許許多多夢想。

此時，獨樹一幟的鄴城還在如火如荼的建設中，各地的人口還在源源不斷地向鄴城遷移，即將建設（也可能是即將建成）的高臺還等待「**舉筆便成**」的王粲、「**博學有才章**」的邯鄲（音同單）淳等文學名士去對酒當歌，一場失利就能讓這一切都半途而廢嗎？

曹操不是紙糊的。赤壁戰後，曹操很快做到了止損，放棄了荊州一些地盤的他，既沒有在孫劉的進攻下一潰千里，也沒有經歷內部的分崩離析，既沒有抱憾不已，更沒有一病不起。相反，他不久就組織起了新的進攻：濡須口征孫權，渭水邊戰馬超，陽平關擊張魯，定軍山禦劉備，曹操似乎完全沒有赤壁慘敗的包袱。得不到南方就守護住北方，當不成天子就當王公，總之不能讓自己委屈死。戰後的他，不僅走出了戰敗的陰影，而且華麗轉身，完成了封王建國的歷史偉業。

實際上，一度占據荊州的曹操也並非一無所獲。拋開留在手中的襄樊等地盤不說，還記得那個「**徙汝南**」、「為農民養犢」的十二歲少年鄧艾嗎？經過多年的歷練，五十五年後的他成了蜀漢政權的終結者。

赤壁戰後，失敗的曹操雄心不改。而勝利的孫權，此時也同樣接受著鞭策。曹操赤壁退走後，魯肅沒有隨周瑜參加追擊，而是先行返回江東。聞知魯肅歸來的消息，孫權不僅率領諸將隆重地進行迎接，而且還親自扶魯肅下馬。

隨後，當魯肅正式入閣拜見孫權時，孫權一邊回禮，一邊問：「**子敬，孤持鞍下馬相迎，足以顯卿未？**」子敬啊，我親自為你扶鞍、請你下馬，這足以使你感到榮耀了吧？

很明顯，這是孫權給魯肅的殊遇。按理說，魯肅應該連連拜謝才是。然而，魯肅卻快步走到孫權跟前，然後出人意料地答了兩個字：「**未也。**」這下，眾人「**無不愕然**」，主公給你面子你還不快快接著，怎麼能讓它掉到地上呢？這不是給臉不要臉嗎？

此時，只見魯肅不急不緩地坐定，然後徐徐地揮動著手中的馬鞭，不無遐想地說：「**願至尊威德加乎四海，總括九州，克成帝業，更以安車軟輪征肅，始當顯耳。**」

我衷心期望您的威嚴和美德可以施加給四海之內的百姓，最終您能夠一統天下，成就帝業，到那時，您再用裝有軟輪的安車來徵召我，那才是真正的榮耀啊！明白了，你要的是帝王給的榮耀，如今我這個侯還需要努力啊！

孫權聽後，「撫掌歡笑」。

敗者不服氣，勝者不滿足，接下來還有好戲。

第九章　江陵

辛辛苦苦爭來，為何又隨隨便便借走？

從建安十三年末到建安十四年末，孫吳軍隊用了整整一年的時間，才從曹軍手中奪取了荊州的地理中心江陵，從而將曹操的勢力完全趕出了長江。

然而，僅僅過了不到一年，孫權卻將辛苦得來的江陵拱手「借」給了劉備，眼睜睜看著劉備在荊州做大做強。

按照魯肅的說法，孫吳之所以要將江陵「**宜以借備**」，主要基於兩點考慮：其一，孫吳「**初臨荊州，恩信未洽**」，因此要借給劉備「**使撫安之**」；其二，鑒於「**曹公威力實重**」，因此要藉由借給劉備地盤「**多操之敵，而自為樹黨**」。對此，魯肅稱之為「**計之上也**」。

可是，以上這兩點真的成立嗎？「借荊州」真的就是上策嗎？

要知道，一旦把地盤借出去，「臨荊州」的就是劉備，恩信再洽也會記在劉備頭上，對孫權有什麼好處？

要知道，在「多操之敵」的同時，孫吳無形中也多了一個潛在的競爭者。

要知道，把江陵借出去的同時，也就等於把赤壁之戰的最大成果，甚至絕大部分成果都給了劉備，孫權又留下了什麼？

要知道，無論是張紘的「**荊、揚可一**」，還是魯肅的「竟長江所極」，乃至甘寧的「漸規巴、蜀」，荊州特別是江陵，都是必不可少的一環，怎麼能說不要就不要了呢？

江陵夷陵

赤壁之戰打贏了，保衛江東的目標實現了，但周瑜並沒有停下戰爭的腳步。很快，周瑜和程普所率領的勝利之師就進入了荊州南郡，隔著長江與北岸的曹仁展開對峙，這一次周瑜要拿下的是江陵。

為什麼要拿下江陵？因為那裡是整個荊州的區位中心，因為那裡是整個荊州的物資庫，因為只有拿下江陵才能把曹操的勢力真正趕出長江，才有可能實現張紘當初所說的「荊、揚可一」和魯肅之前所說的「據而有之，竟長江所極」。

可是，如何拿下江陵呢？要知道，曹操可是派了曹仁、徐晃兩員大將坐鎮，江陵城又如此堅固，同時吳軍在兵力上也不占優勢，並且，如今要打的也不是吳軍擅長的水戰。總之，一切看起來都沒那麼容易實現。望著對岸的江陵，周瑜一時間甚至有些踟躕起來。

躊躇之際，熟悉荊益情況的甘寧提出了建議：先取夷陵。

夷陵？

沒錯，就是它。

聽了甘寧的建議，周瑜不由得眼前一亮。處於荊益交界、藏於崇山峻嶺、居於長江上游的夷陵，表面看這裡與江陵八竿子打不著，但一旦占領夷陵，憑藉高屋建瓴的地理優勢，順勢而下，無論步軍還是水軍都能給江陵造成不小的威脅。並且，這裡極有可能是曹軍的防守盲區。於是沒多久，甘寧就率領著幾百名士卒悄悄地向夷陵進發了。

來到夷陵，一切與之前預料的完全一致，除了劉表當年部署的幾百名弱兵，看不見曹軍的半點影子。幾乎沒怎麼動武，甘寧就順利地進入了夷陵城。

同樣一如預期，曹仁一聽說夷陵被占，立刻著急了。不過，著急歸著急，曹仁並沒有慌神，依仗著兵力上的優勢，他迅速派出五六千人馬如鐵桶般圍住了夷陵。你有小聰明，我有大塊頭，我倒要看看誰幹得過誰？

當時，甘寧帶來的人馬和新收編的降卒，加在一起也就千把人，要抵禦數倍於己的敵軍真有點吃不消。數日之後，敵人在城外架起了高樓，箭矢如雨點般向城中傾瀉，手下的兵士們個個嚇得膽戰心驚、惶惶不安，只有甘寧依舊「**談笑自若**」。

不過，談笑歸談笑，表面輕鬆的甘寧內心裡還是有些躊躇，一支軍心動搖的弱旅真能擋住人多勢眾的對手嗎？心中給出答案後，甘寧派人突圍而出，星夜趕往周瑜的大營求援。

接到甘寧的報告，原本躊躇的周瑜如今更加躊躇起來，手裡的人馬打江陵都有些捉襟見肘，再去救援甘寧，要是曹仁打過來怎麼辦？可是，對自己的屬下總不能見死不救吧？兩難之際，手下諸將眾口一詞地認為「**兵少不足分**」，言外之意，反正甘寧是個剛入夥不久的外來戶，多他一個不多，少他一個也不少。這下，甘寧真有些危險了。

看到這種情勢，橫野中郎將呂蒙向主帥周瑜提出了自己的解決之道：「**留淩公績，蒙與君行，解圍釋急，勢亦不久，蒙保公績能十日守也。**」留下淩統（字公績）駐守大營，呂蒙陪著周瑜一起前去解圍，估計整個過程勢必用不了多長時間，淩統守住十天是沒有問題的。

很明顯，這是一種用時間換空間的計策，保持戰略優勢的前提條件是，夷陵方面要在十天內解決戰鬥，同時江陵方面在十天內不能被敵人解決。

同時，呂蒙在人員分工上也下了一番工夫。

之所以讓淩統留守大營，是因為淩統與甘寧有殺父之仇，當年淩統的父親淩操據傳就是被甘寧一箭射死的，如果讓淩統一起去解圍，不僅解不了圍，援兵說不定都被敵人給圍了。可是，讓淩統留守就不同了，他就是對甘寧有再大的仇恨，但他總要對自己負責，也要對全域負責，拼死也要扛下去。

之所以請周瑜親自率軍前往，是因為只有主帥親自出馬救援才會有力度，軍中各方才會全力支持、呼應、保障，否則就有可能功虧一簣。

之所以自己要表態參加解圍，實際上是主動擔起了攻堅的任務，言外之意，周瑜只需要坐鎮，披堅執銳、破敵奪旗這樣的體力活自己來幹就行。

如此看來，呂蒙不僅胸中有大局、心中有同僚，而且身上有本事、肩上有責任。

說起來，呂蒙的大局觀還不僅僅體現在救甘寧這件事上。此前不久，益州將領襲肅率領部下前來歸附。在這支降軍的編遣問題上，周瑜準備上表請示孫權，將襲肅的人馬編入呂蒙的軍隊。聽說此事後，呂蒙極力稱讚襲肅的膽識和忠義，認為他「**有膽用，且慕化遠來**」，因此，「**於義宜益不宜奪也**」。從道義的角度講，應該增加襲肅的兵力配備，而不是削弱他的兵權。呂蒙的這一建議得到了孫權的認可，襲肅依舊統領自己的原班人馬。

如果說在對待襲肅的問題上，呂蒙只需要談出自己的思考，表明自己的態度，那在對待甘寧的問題上，呂蒙考慮得簡直太周到了，除了時間還有空間，除了軍事還有人事，除了道義，還有情義。

對，你沒看錯，還有情義，呂蒙與甘寧不打不成的兄弟情義。

說來話長。據說，甘寧向來性情粗猛，動不動就要殺要剮。有一次，甘寧後廚裡的一個小幫工，一不小心犯了點過錯，因為害怕，就跑到了呂蒙家裡避難。深知甘寧好殺的呂蒙，不僅收留了這名小幫工，而且把他藏了起來，完全不給甘寧動刀的機會。

既然你不送回來，那我就找上門去。於是，甘寧抄起傢伙就直奔呂蒙家。不過，甘寧手裡拿的傢伙不是刀槍，而是禮物。來到呂蒙家，也不是直接要人，而是要升堂拜謁一下呂蒙的母親。多說一句，這個呂媽媽似乎很受歡迎，甘寧這次拜了，之後魯肅也要來拜。

這下，呂蒙放鬆警惕了，既然是一個母親的兄弟，就不好再藏著掖著了。

於是，在甘寧做出不殺小幫工的承諾後，這名小幫工重新回到了甘寧手中。

在呂蒙家酒足飯飽之後，甘寧帶著小幫工踏上了歸途。

不過，憑著那張舊船票，小幫工並沒有登上甘寧的客船。神箭手甘寧先是把他綁在了岸邊的一棵桑樹上，然後彎弓搭箭，一箭結果了此人的性命。

這下，呂蒙不幹了。原來你這小子是來騙我的！原本如此情真意切的升堂拜母，竟被你小子變成了升堂騙母，當著我媽面前也敢說瞎話！

隨即，呂蒙聚集人馬，準備上船擒拿甘寧。

看到呂蒙如此興師動眾，甘寧也來興致了。一邊讓人拋錨緊纜，把船停好，一邊脫下衣服，自顧自地躺下，索性不走了。

這下，不僅呂蒙緊張了，呂媽媽也著急了。剛認了個乾兒子，親兒子就要火拼乾兒子，原本是「一加一」的好事，怎麼就變成「一減一」的壞事了，這還得了？

於是，呂媽媽光著腳就跑了出來，對自己的親兒子曉之以理：「主上待你如同骨肉兄弟，把大事託付給你，你怎麼能因為個人的恩怨而想攻殺甘寧呢？甘寧要是死了，就算主上不怪罪你，你作為臣子這樣做也是枉法。」

聽了這番話，向來孝順的呂蒙，幡然醒悟。

於是，呂蒙親自來到甘寧的船上，笑著招呼道：「興霸，我媽等你回家吃飯，快上岸吧！」（**老母待卿食，急上！**）

聽到這聲家常話，甘寧也不淡定了，一邊流著淚一邊對呂蒙說：「我對不住你呀！」

於是，二人又一起回去拜見呂媽媽，歡宴了一整天。

看來，那句話沒錯：世上只有媽媽好，有媽的孩子像塊寶。

插播完呂蒙與甘寧的情義，接著說這次的救援行動。有了周瑜的親自出馬，這場解圍之戰打得相當順利，交戰當天，曹軍就被殲滅了一半多，剩下的連夜遁逃。然而，這小一半曹軍在逃跑的路上也沒有好到哪裡去。路上，他們碰到的不僅是阻斷的道路，還有阻攔的吳軍，驚慌之中，曹軍丟盔棄馬，好生窘迫。反觀周瑜軍隊則收穫頗豐，僅吳軍最緊缺的戰馬就繳獲了三百匹。這些戰馬隨即被裝上戰船，沿江就送到了江陵前線，以敵之馬攻敵之營，好生快意。

毫無疑問，這又是呂蒙的傑作。早在援軍趕往夷陵的路上，呂蒙就建議周瑜分出三百人砍伐樹木，設置障礙，這樣就可以在敵人逃跑時獲取他們的戰馬和重型武器裝備。後來果不其然，三百吳軍牽回了三百匹戰馬，早知道戰事如此順利，多分出幾百人去阻敵就更好了。

這次「**大破仁兵於夷陵**」，不僅為甘寧解了圍，而且使吳軍「**將士形勢自倍**」，展現出了宜將剩勇追窮寇的勁頭。借著這股幹勁，周瑜率軍北渡長江，在江陵城下與曹仁約定展開大戰。

大戰當日，周瑜親臨陣前，跨馬督戰，擺出了一副捨我其誰的雄姿。可是沒過多久，一支流箭飛來，嗖……啪！正中周瑜右肋。鑒於周瑜傷勢嚴重，大軍便撤了回去。

眼看周瑜臥床不起，曹仁來勁了，帶著人馬前來挑釁。沒辦法，周瑜硬挺著到軍營裡走了一圈，依舊一派雄姿英發的模樣。結果，曹仁迅即退入了城中。

唉，你想裝時人家不讓你裝；你不想裝時人家又非讓你裝，你看這鬧騰的！

後來，經過雙方一年多的攻守，曹軍傷亡慘重，士氣大減。建安十四年（西元二〇九年）年底，曹仁最終棄城而走。此後，曹軍的防線退回到了襄陽、樊城一線，而吳軍則在荊州這一段的長江流域站穩了腳跟。取得江陵後，孫權任命周瑜兼任南郡太守，屯駐江陵；程普兼任江夏太守，將郡府設在沙羨；呂范兼任彭澤太守，呂蒙兼任尋陽縣縣令。

江陵公安

如果說赤壁之戰是孫劉聯盟的生存之戰，那麼江陵之戰則是孫劉聯盟的發展之戰，而一旦打完這兩場仗，那接下來的事情就是荊州這塊蛋糕如何切分的問題了。

應該說，劉備軍隊雖然在赤壁之戰和江陵之戰中都不是主力，但多多少少也發揮了一定作用。撇開赤壁之戰時的協同配合和戰後對曹軍的追擊不說，就算在江陵之戰中，劉備人馬也有智力和人力貢獻。

看到雙方在長江北岸僵持不下，劉備找到周瑜說：「曹仁駐守江陵，城中兵精糧多，足以構成危害。不如讓張飛帶一千人跟著你繼續從正面打，你分給我兩千人從夏水截斷曹仁的後路，曹仁一旦聽說我繞到了他的背後，必定會主動放棄江陵。」

很顯然，這是一個足以對曹仁構成威懾的建議。對此，周瑜欣然同意。緊接著，關羽率領的人馬就切斷了曹仁北撤的道路。後來，要不是汝南太守李通奮力「**率眾擊之**」，甚至親自下馬拔出關羽設置的鹿角等障礙，一路直入對手的包圍圈，拼了命地迎援曹仁，駐守江陵的曹軍全軍覆沒也未可知。劉備釜底抽薪的這一招，雖然沒有殲滅曹仁，卻迫使他放棄了江陵；雖然沒有擋住李通的救援，但讓李通四十二歲的生命永遠地留在了南郡。

在幫助周瑜攻打江陵的同時，劉備也在為自己拓展在荊州的地盤。他先是上表朝廷由劉琦擔任荊州刺史，緊接著就率領軍隊向南奪取荊州南部的四個郡，不僅荊州的武陵太守金旋、長沙太守韓玄、桂陽太守趙范、零陵太守劉度等人望風而降，就連身處淮南的廬江營帥雷緒也率領部屬及他們的家屬五萬餘人歸降了劉備。為加強對荊南地區的治理，劉備任命諸葛亮為軍師中郎將，負責督察零陵、桂陽、長沙三郡，「**調其賦稅以充軍實**」。同時，偏將軍趙雲兼任桂陽太守，確保荊南四郡的安穩。

劉備在荊南地區的拓地很成功，但在長江沿線卻依舊沒有一寸土地，這一尷尬情況自然與他在江陵之戰中的貢獻嚴重不相稱。於是，吳軍奪取江陵後，已成為南郡太守的周瑜把長江南岸一塊叫油江口的狹小區域分給了劉備。油江口小是小了點，但大小都是塊地盤，並且位置也不錯，它北指漢（水）沔（水）、南控沅（水）湘（水）、東聯吳會、西通巴蜀，是一個絕佳的進取之地。對此，劉備安之若素，不僅沿江築起營寨，而且在地名上也下了功夫。

油江口因地處油江與長江匯流處而得名，對於這樣一個毫無政治意義的名字，劉備自然不滿意。作為朝廷冊封的左將軍，劉備被人稱為「左公」，為了表明自己長期經營的決心，於是他就取「左公安營紮寨」之意，將油江口所在的孱陵縣改名為公安，自己戎馬半生也該有個安穩的地方了。就這樣，劉備在此建立了自己的大本營。

公安是個好地方，但與近在咫尺的江陵比起來，那就相形見絀了。江陵位於公安西北方向的長江北岸，地處整個荊州的地理中心，因「**地臨江**」、「**近州無高山，所有皆陵阜**」而得名，早在戰國時期（西元前二七八年）就因秦將白起拔郢（音同影）而置縣，不僅較公安更具有地理優勢，而且經濟人口資源也更為豐富。更要命的是，江陵不僅阻礙了劉備向北、向西發展的空間，而且居高臨下隨時可能對公安造成威脅。很顯然，之所以能把這個地方劃給劉備，周瑜是仔細盤算過的。

想要保有江南四郡，首先要確保公安的安全；想要確保公安的安全，首先要解除來自江陵的威脅；想要解除江陵的威脅，最好的辦法是要把江陵攥在自己手中。

那麼，怎麼才能把江陵弄到手？一個字：求！

為此，劉備不惜放低身段親自到孫權的駐地京口，「**求都督荊州**」。

求？憑什麼求？

實際上，早在前往京口之前甚至在取得公安之前，劉備就已經在為「求」荊州做準備了。

在吳軍取得江陵後，劉備就不失時機地向朝廷上了一份奏疏：表薦孫權「**行車騎將軍，領徐州牧**」。

咦？吳軍不是在荊州攻城掠地嗎？要推薦孫權擔任州牧，也應該是荊州牧呀，怎麼會是徐州牧呢？這個「行車騎將軍」又是什麼目的？

先來看為什麼要推薦孫權「行車騎將軍」。車騎將軍，從字面意義上理解，就是戰車部隊的統帥。在漢朝，車騎將軍是地位僅次於大將軍及驃騎將軍的高級官稱，它不僅在衛將軍及前、後、左、右將軍之上，而且位於上卿之列，甚至等同於三公的地位。不僅如此，車騎將軍承擔著重要的政治職責，有漢一代，車騎將軍主要掌管的就是征伐不臣，掃除背叛。因此，在漢末的紛紜亂世，不少人以「車騎將軍」來標榜自己、號令天下。袁紹討伐董卓時「領車騎將軍」，朱儁討伐董卓時「行車騎將軍」，李傕控制朝廷時擔任「車騎將軍」，曹操迎天子到許都後任司空「行車騎將軍」，董承開府時「拜車騎將軍」。此時「車騎將軍」儼然已經成為政治或軍事盟主的代名詞，劉備表薦孫權「行車騎將軍」，隱含的政治含義就是，擁戴孫權成為所有反曹力量的盟主。

為何推薦孫權「行車騎將軍」搞清楚了，那為什麼又推薦孫權「領徐州牧」呢？

因為不久前荊州刺史劉琦病故，隨之，「群下推先主為荊州牧」。既然劉備已經被擁戴為荊州牧，劉備就只能表薦孫權為徐州牧了。再說了，就孫權的軍事動向來看，他的戰略重心和主攻方向恐怕也是徐州，如今我投你所好不好嗎？

別看只是一份小小的奏疏，但它所產生的作用卻是驚人的。

首先，孫權無法拒絕。正如程昱在赤壁之戰前所分析的，「新在位，未為海內所憚」的孫權最大的短板不在於地盤而在於名分。一場赤壁之戰，雖然是周瑜打的，但決心是孫權下的，孫權的知名度因此有所提升，但身分問題並沒有解決。如今孫權依舊是討虜將軍、領會稽太守，將軍是雜號將軍，名義上管理的地盤也只是一個郡，這與他的實際地位已經嚴重不符。恰在這時，一個信義天下的英雄、一個久居高位的左將軍，極力推薦你、主動擁戴你，你能拒絕嗎？

其次，孫權必須回饋。所謂，禮尚往來，投桃報李。劉備都已經做到這個份上了，孫權能不有所表示嗎？再說了，無論你承認與否，劉備都已經被推為荊州牧了，你能對這個盟友說，你不合法，你要讓給我嗎？退一萬步講，就算劉備不合法，孫權自己就更有合法性嗎？畢竟，劉表臨終前曾經有意讓劉備「攝荊州」，畢竟劉備是漢室宗親和朝廷任命過的左將軍，畢竟那些之前投降曹操的荊州軍如今「多叛來投備」。

就這樣，孫權在接受了劉備「行車騎將軍，領徐州牧」的推薦後，相應地，「**以備領荊州牧**」，並且讓「**周瑜分南岸地以給備**」。

可是，僅僅把南岸那個小小的油江口給劉備就行了嗎，人家如今可是「領荊州牧」啊，從身分上講，他是具有整個荊州的管理權的，是可以在荊州的任何地方設立治所、實施治理的嗎？這一點，當然早就在劉備的盤算之中。於是，剛「領荊州牧」不久，劉備就來到了京口。孫權，你可是承擔討伐不臣重任的「行車騎將軍」啊，你也是承認了我對荊州的管理權啊，如今你是不是要拿出盟主的氣度來，讓我真正實施對荊州的治理嗎？

對於劉備的上門請求，孫權還真有些為難，畢竟大家是盟友，畢竟拿人家的手短，可是，如果真讓自己把辛辛苦苦得來的江陵交出去，心中多少有些不甘。這該怎麼辦呢？

關鍵時刻，周瑜的秘密上疏擺到了孫權案頭。聽說劉備竟然得寸進尺地要把勝利果實全數「求」去，周瑜自然不會答應。奏疏中，周瑜不僅認為不能把江陵交給劉備，而且建議把劉備扣留在江東。周瑜告訴孫權，劉備有「**梟雄之姿**」，關羽、張飛是「**雄虎之將**」，都不是屈居人下、任人調遣的人。既然這樣，不如把劉備留在東吳，以宮室、美女、玩好「**娛其耳目**」，同時把關羽、張飛二人也分隔開，讓他們聽從調遣，由此大事可定。反之，如果把土地送給他們，讓他們三個人都在疆場上，「**恐蛟龍得雲雨，終非池中物也**」，早晚有一天，他們就會像蛟龍得到雲雨一般，借勢騰飛，不再是池中之物了。

周瑜的擔心不無道理，甚至很有必要。但相比之下，保持同盟關係似乎更為重要。再說，就當時的形勢而言，即使沒有孫權的雲雨之澤，劉備這條蛟龍也能夠行雲布雨，哪是公安這個小小池塘能夠容得下的。

關鍵時刻魯肅也冒了出來，相對於劉備的「求」和周瑜的「留」，魯肅提出了第三個解決方案：借！也就是，暫時把江陵借給劉備，日後再讓劉備還回來。對此，魯肅闡述的理由如下：

其一，曹操「威力實重」，對荊州的威脅不小；

其二，我方「初臨荊州，恩信未洽」，立足未穩；

其三，劉備對荊州穩定有獨特價值，「宜以借備，使撫安之」；

其四，從戰略上講，仍應該拉攏劉備以打擊曹操，「多操之敵，而自為樹黨」。

對於魯肅的上述意見，孫權不僅認可，而且加上了一條「**恐備難卒制**」。一時半會還真難控制劉備。

一方面劉備難控制，一方面江陵又不想給，那該怎麼辦呢？

思來想去，孫權使出了出人意料的一招：「**進妹固好**」。當時，劉備身邊的甘夫人剛剛病故，借著這個空當，孫權將妹妹嫁給了劉備，以此鞏固雙方的聯盟關係。要江陵不行，給你美人行不行？

不行！

表面上，劉備這匹老馬似乎吃了嫩草，但實際上他吃的卻是黃連。

建安十五年（西元二一〇年），孫權二十九歲，距離孫堅去世十九年，也就是說孫權的這位妹妹應該在十九歲到二十九歲之間，按照《禮記》「**女子十有五年許嫁**」的規定，孫妹妹基本可以歸入大齡剩女的行列了。據載，這位孫妹妹「**才捷剛猛，有諸兄之風**」，一個女子風格竟然像男人，並且很剛猛，看來也只能「進」給劉備這個年屆五旬的英雄了。

這位孫妹妹雖然變成了孫夫人，但剛猛的風格依然不改，所帶去的百餘侍婢「**皆親執刀侍立**」，弄得劉備每次進門都「**衷心常凜凜**」，生怕哪天就出不來了。後來，諸葛亮用這樣一句話來描述劉備當時的處境：「**主公之在公安也，北畏曹公之強，東憚孫權之逼，近則懼孫夫人生變於肘腋之下；當斯之時，進退狼跋。**」

沒錯，表面看劉備這個小老頭抱了一個比自己小二三十歲的嬌妻，實際上卻是抱了一個隨時可能被點燃的猛火雷，而引信就握在孫權手中。成語「變生肘腋」即由此而來。

公安的劉備心中「凜凜」，江陵的周瑜同樣心緒不寧。本來南面的劉備已經夠不讓人省心的了，此時北邊的曹操也派人過來了。

此人姓蔣，名幹，字子翼。據載，蔣幹不僅是個儀表堂堂的名士，而且口才了得，號稱論遍江淮無敵手（**有儀容，以才辯見稱，獨步江、淮之間，莫與為對**）。同時，蔣幹的故鄉九江郡與周瑜的故鄉廬江郡相鄰，並且蔣幹還是周瑜少年時的同窗好友。此次，曹操之所以派出這樣一個才貌雙全的江淮名流，目的只有一個：勸降周瑜。

聽說兒時好友來訪，周瑜迎出大帳。一看到蔣幹身穿青色布衣、頭戴葛布頭巾的庶人模樣，周瑜就明白了個大概，於是，開門見山地對蔣幹說：「子翼用心良苦呀，跨江涉湖來為曹操當說客來了啊？」

蔣幹佯作不知，頗為氣惱地回答：「我們倆本來就是同鄉，相隔久遠，聽到你建功立業，專程來敘敘舊，看看你現在的風采，怎麼就成了說客了，你難道懷疑我不成？」

周瑜笑道：「我雖然沒有古時夔、曠兩位樂師那樣的本事，能夠聽出弦外之音，但對於曲中的意思還是明白的。」

話說到這裡，誰也沒有必要點破了。好友來了，總不能不招待，於是周瑜擺下盛宴為蔣幹接風。公務纏身，周瑜也不能總陪著，於是就以有緊事要辦為由，把蔣幹一個人留在了館驛之中。

三天後，周瑜又把蔣幹請到了營中。這次，周瑜不僅讓蔣幹參觀了倉庫中的軍械輜重，宴飲時還請侍者展示了一大堆服飾珍玩，並借機向蔣幹表明心跡：「大丈夫處世，能夠遇到欣賞自己的主人，名義上君臣相待，實際上情同手足，言聽計從（**言行計從**），福禍共擔，就算是蘇秦、張儀再生，酈食其復出，我也能拍著他們的背讓他們自愧弗如，又豈是你這樣不經事的書生能說服的？」聽到這些，能言善辯的蔣幹只能笑笑，始終不發一言。

雖然無功而返，但蔣幹回到曹操那裡，還是連連稱讚周瑜氣度寬宏，「**雅量高致**」，並且告訴曹操，周瑜遠非言辭所能打動和爭取的。

在《三國演義》中，蔣幹中計是赤壁之戰的經典橋段。小說中蔣幹盜取周瑜偽造的降書，不僅使曹操殺了精通水戰的蔡瑁、張允，而且把曹操塑造成了後知後覺者的典型，把蔣幹塑造成了不知不覺者的典型，再加上諸葛亮那個先知先覺者，從而使三國的人物譜系更加飽滿。而在歷史中，蔣幹不僅並非不知不覺者，相反，從對周瑜的稱讚來看，蔣幹倒還有幾分文人的雅量。

這邊剛一斷了曹操的癡心，那邊周瑜就謀劃著如何絕了劉備的妄想了。不管曹操的勸降多麼不現實，好歹他也是來找我談，你劉備倒好，直接去找我老闆談了，太不尊重我的感受了吧？不久，周瑜親自趕到了京口，向孫權提出了一套全新的方案：取蜀。

首先，周瑜分析了取蜀的有利條件：「**今曹操新折衄，方憂在腹心，未能與將軍連兵相事也。**」曹操新敗，先要穩定內部，不可能再與我們長期作戰。

隨後，周瑜敘述了取蜀的具體安排：「**乞與奮威俱進取蜀，得蜀而並張魯，因留奮威固守其地，好與馬超結援。**」我與奮威將軍孫瑜一起進攻蜀地，取得蜀地後緊接著吞併張魯，隨後留下奮威將軍進行固守，並力爭與馬超結成同盟。

最後，周瑜又把視線拉回了荊州：「**瑜還與將軍據襄陽以蹙操，北方可圖也。**」到那時，我回軍與將軍一起攻占襄陽，進逼曹操，這樣就完全有可能進取北方了。

仔細看，周瑜的這套「取蜀策」簡直就是「隆中對」的翻版。「俱進取蜀」的目的無疑是「跨有荊、益」，「因留奮威固守其地，好與馬超結援」對應著「隆中對」中的「保其岩阻，西和諸戎」，「據襄陽以蹙操」對應著「隆中對」中的「命一上將將荊州之軍以向宛、洛」，而「北方可圖」則意味著「霸業可成」。

很顯然，周瑜在取得長江中游的江陵之後，已經在認真謀劃如何進軍長江上游了。可是，這與劉備「求都督荊州」以及魯肅「**勸權借之**」又有什麼關係呢？

實際上，周瑜之所以此時提出「取蜀策」，目的之一就是要阻止劉備「都督荊州」。魯肅不是擔心曹操「威力實重」嗎，如果我們把荊州和益州乃至關中加在一起，還怕曹操的威力嗎？主公不是擔心「恐備難卒制」嗎，如果我們把襄陽都握在手中，被我們層層包裹的劉備還怕難制嗎？一句話，想保住存量，必須做大增量。

事實上，周瑜話雖不多，但思考相當周密。

從時機上看，周瑜敏銳地把握了曹操新敗這一時間窗口，也就是說，在取蜀的這段時間內，曹操是不會對東吳構成嚴重威脅的。

從目標上看，周瑜始終沒有偏離重點。取蜀是為了聯合西方勢力從側翼對曹操構成威脅，但真正的重點還是以襄陽為據點來逐鹿中原。

從部署上看，周瑜不僅規劃了一個取蜀、守蜀、據襄的完整軍事閉環，而且對於具體的人員安排都有周到的考慮。表面看，孫瑜同行是為了增加取蜀力量，實際上卻是為了消除孫權疑慮。

赤壁之戰前，孫權同時任命周瑜和程普分別擔任左、右都督。孫權這樣做的目的，可能是想利用這種新老組合建好班底，同時這一安排也或多或少存在一定的制衡考慮。如今，自己主動提出讓孫瑜同行，並且承諾成功取蜀後自己迅速回軍，孫權還能有什麼不放心的呢？

取蜀，既可以擴大地盤，又可以保有江陵，還可以圈住劉備，甚至可以進取北方，面對如此一舉多得的計畫，孫權有什麼理由拒絕呢？

江陵江夏

得到孫權的首肯之後，周瑜就迅速踏上了返回江陵的快船。一旦回到江陵，大軍將立即開拔，到那時，拔掉的將不僅是劉璋的地盤，還有劉備的妄想。

然而，歷史並沒有給周瑜機會。當船隻行進到巴丘（今湖南岳陽）之時，三十六歲的周瑜走到了生命最後的時刻。

彌留之際，周瑜用書信向主公孫權一訴衷腸。首先，周瑜表達了自己的遺憾：

「人生有死，修命短矣，成不足惜，但恨微志未展，不復奉教命耳。」隨後，周瑜表達了自己的憂慮：「方今曹公在北，疆埸未靜，劉備寄寓，有似養虎，天下之事未知終始，此朝士旰食之秋，至尊垂慮之日也。」最後，周瑜向孫權推薦魯肅接替自己：「魯肅忠烈，臨事不苟，可以代瑜。人之將死，其言也善。倘或客采，瑜死不休矣。」

看得出，周瑜是憂慮和不捨的，畢竟東吳的宏圖霸業才剛剛開始，畢竟荊州前有豺狼後又猛虎。同樣看得出，周瑜是大度和釋然的，雖然魯肅主張借荊州，但接替自己的除了魯肅還能有誰？畢竟魯肅也是為了東吳考慮。

周瑜去世後，孫權任命魯肅為奮武校尉，掌管了周瑜以前的部隊；同時，讓程普領南郡太守，接管了周瑜以前的地盤。孫權的這一安排，隱約暴露出了他的矛盾心態，周瑜的人馬是不可能聽程普調遣的，江陵這塊地盤也是不能交到主張出借的魯肅手中的，要想管好人、守住門，只能一分為二地折中處理。

然而，孫權的這一安排並沒有持續多久。就在建安十五年當年，孫權就將江陵所在的南郡交到了劉備手中，而程普則重新做回了江夏太守。與此同時，孫權從長沙郡中分出了漢昌郡，魯肅成了漢昌太守。

表面看，在這場曠日持久、予取予求的博弈中，劉備一方是最大的贏家，從最初的「**英雄無用武之地**」到駐軍南岸經營公安，再到求得江陵都督荊州，的確是賺得盆滿缽滿。反觀孫權一方，赤壁抗曹吳軍是主力，奪取江陵吳軍還是主力，但千辛萬苦、打來打去，荊州還是被劉備「借」了去，這樣看來，孫權不只搭進去了一個大齡妹妹，而且為他人做了嫁衣裳。

可是，孫權就真的這樣傻嗎？

當然不是！實際上，「借荊州」是在孫權一方反覆權衡後作出的決定。

首先，周瑜去世後，江陵對於孫吳的價值已經大大降低。按照周瑜的規劃，江陵既是西取巴蜀的基地，也是北占襄陽的跳板，同時還可以把劉備這隻「蛟龍」壓制在南岸這個「池中」，因此相當重要。然而，隨著周瑜的病逝，江陵不僅在北上、西進、南壓等方面的作用大打折扣，甚至自身的安危都成了問題。此時，曹軍駐守襄陽的是以「**膽烈**」著稱並且「**無堅不陷**」的折衝將軍樂進，而江陵背後的公安則是劉備和他手下關羽、張飛等「**萬人之敵**」，少了「**萬人之英**」周瑜的「**文武籌略**」，江陵顯得十分孱弱。

其次，赤壁之戰後，整個長江防線都需要重新評估。打贏赤壁之戰後，孫吳採取了兩面進攻的策略，一方面周瑜率軍沿江而上奪取江陵，另一方面孫權率軍順江而下攻擊合肥，這一做法的目的都是要把曹操的勢力趕出長江，實現禦敵於江北的目的。

然而，隨著曹操於建安十四年（西元二〇九年）七月「**自渦入淮，出肥水，軍合肥**」，以及周瑜在建安十五年的意外早逝，東吳不僅很難禦敵於江表，甚至連兩線作戰的部署也變得不切實際了。此時，按魯肅的建議把自身「恩信未洽」的江陵交到劉備手中，不僅僅是「多操之敵」的問題，而且可以避免自身兩線作戰的困局。並且，按照魯肅的說法，江陵也只是「借」而不是送，日後一旦騰出手來，完全有理由再來索回。

最後，在整場博弈中，孫吳絕非一無所獲。你看，奪得江陵後，程普不就「**拜裨將軍，領江夏太守，治沙羡，食四縣**」了嗎，如今借出江陵，孫權「**復以程普領江夏太守**」，這就表明，至少江夏的部分地盤已經從原江夏太守劉琦治下到了孫權手中，並且這一行為得到了劉備的認可。

聯繫前後發生的相關事件，孫吳取得江夏的過程應該是這樣的。在吳軍從夏口逆流而上抵禦曹軍的過程中，吳軍開始在江夏郡的長江南岸地區進行重點布防；赤壁之戰後，為了擴大戰果、奪取江陵，吳軍進一步深入並完全占據了江夏郡的長江南岸地區；當劉備表奏劉琦為荊州刺史並借此名義占據荊南四郡時，孫權則乘勢任命程普為江夏太守，孫劉雙方實際上進行了一次交易；此後，荊州刺史劉琦雖不再兼任江夏太守，但仍駐防夏口，掌握江夏郡的江北地區。

此外，從之後孫權派遣孫瑜進駐夏口，準備西進取蜀，但從劉備「不聽軍過」這一情況來看，江夏郡的江北地區在劉琦去世後似乎仍掌握在劉備一方。

事實上，將長江北岸的荊州地區交給劉備防守，符合孫吳增加緩衝、收縮戰線的總體策略。而在主動讓出江北的同時，孫吳則加強了長江南岸的防禦，否則孫吳完全沒必要從豫章郡中分出一個番陽郡、從長沙郡中分出一個漢昌郡來。

此後，孫吳方面於建安二十年（西元二一五年）透過與劉備講和，完全取得了江夏郡，孫吳隨後對之進行了重點經營。在長江北岸，孫吳於漢水與長江交匯處的魯山上修築了城壘，使其成為抵禦曹操的前沿。到了黃初二年（西元二二一年），從關羽手中奪回江陵的孫權，更是將都城放在了魯山城對岸的鄂縣（今湖北鄂州），並且改「鄂」為「武昌」，寓「以武而昌」之意。同時，孫權「以武昌、下雉、尋陽、陽新、柴桑、沙羡六縣為武昌郡」。由此，武昌登上了歷史的舞臺。

綜上所述，實際上這是一次各取所需、雙方受益的交易。透過「借荊州」，孫權在給出餡餅的同時也甩出了包袱，強化了江淮卻沒有弱化江夏。由此，鼎足三分的格局雛形漸現。

據載，當孫權大方出借江陵、「**以土地業備**」的消息傳到北方，正在作書的曹操，「**落筆於地**」。曹操明白，自己短期內在荊州是無機可乘了。

後來，劉備從投奔過來的龐統那裡獲取了更多關於東吳方面的資訊。作為周瑜身邊的功曹，龐統對當時的來龍去脈都甚為熟悉，因而當劉備詢問起這件往事時，便一五一十地告訴了劉備。

一旦傳聞和猜測得到確證，劉備不由得後怕起來：那時候情況危急，因為有求於人，所以不得不去，沒想到差點落到周瑜手中！「**天下智謀之士，所見略同耳**」，那時孔明先生力勸我不要去，我卻一意孤行，擔憂的就是這種情況。不過，我認為孫權主要是防範北面的曹操，需要依賴我為強援，故而決意前往。現在看來，這真是一次冒險之旅，「**非萬全之計也**」。

好一個「所見略同」！看來，對於當時的形勢，劉備、孫權、周瑜、魯肅、諸葛亮等英雄們都有著相似的認識。最終，不管是主觀原因，還是客觀因素，大家還是達成了暫時的妥協與平衡。

同樣，英雄們所見略同的還不只於此。他們共同所見的，還有一個地方：益州。

第十章 合肥

曾經默默無聞，卻為何忽然舉足輕重？

在《三國志．吳書．吳主傳》中有這樣一段話，記述了江東方面在赤壁以外的軍事行動：「**權自率眾圍合肥，使張昭攻九江之當塗。昭兵不利，權攻城逾月不能下。**」意思是，除了周瑜、程普、魯肅等一干將領在長江上游的荊州境內抵禦曹軍主力之外，孫權和張昭也在長江下游的揚州境內發動了攻擊。

乍一看，孫權和張昭出兵的主要目的是分擔周瑜在主戰場的壓力，大多數史學家也持這一看法。但稍稍深入一些，事情就有些不同了。

首先，這一行動與孫權之前的謀劃不盡相同。戰前，孫權曾對即將出征的周瑜說：「卿能辦之者誠快，邂逅不如意，便還就孤，孤當與孟德決之。」按照這一說法，孫權應該繼續坐鎮柴桑，持續充當周瑜的堅強後盾，以防備戰事失利可能出現的危局。

可是，周瑜當時的行動方向是溯江而上，而孫權與張昭的行動方向卻是順江而下，兩股力量不是越走越近，而是越走越遠了。要知道，那時合肥與當塗同屬於揚州的九江郡，而那時的九江郡並非現在的江西省九江市一帶，當塗也並非現在安徽馬鞍山市的當塗縣，它們真正的地理位置是在如今的安徽省北部。漢末時九江屬於揚州最北邊的一個郡，西北與豫州交界、東北與徐州相鄰，如今它同樣處於蘇豫皖三省的交界處。要知道，柴桑到合肥僅僅直線距離就有三百多公里，這一距離不僅比柴桑到赤壁的距離要遠，距離江陵更是千里之遙，如果其中一個方向出現危險，另一個方向上的部隊連救援的時間都沒有。

赤壁之戰發生在建安十三年十二月，孫權進攻合肥也發生在這一年的十二月。巧合的是這一年是閏年，並且剛好閏十二月。可是就算赤壁之戰發生在前一個十二月，圍攻合肥發生在後一個十二月，也就是說，這兩場戰事不是同時發生而是依次發生的話，孫權的這一舉動也令人詫異，畢竟二者相去千里。

那麼，孫權和張昭為什麼要在長江下游、靠近淮河的區域發動攻擊呢？並且，為什麼孫權對合肥還要圍城百餘日、「攻城逾月」呢？僅僅是側翼配合，有這個必要嗎？合肥真值得孫權如此用力嗎？

僅僅孫權重視合肥也就罷了，同樣值得注意的是，赤壁之戰後曹操竟然也到了合肥一帶，並且一待就接近一年，而就在這一時段，曹軍喪失了荊州重鎮江陵。那麼，合肥到底有什麼重大價值，值得曹操舍江陵而趨之呢？

江淮重地

對於孫權在建安十三年十二月對合肥的那次圍攻，《三國志・魏書・劉馥傳》

如此記載：「**孫權率十萬眾攻圍合肥城百餘日。**」

「率十萬眾」基本不可能，因為當時東吳方面的總兵力都到不了十萬，其中至少有三萬人在進攻江陵，怎麼可能突然冒出那麼多人？不過，雖然沒有十萬人馬，兩、三萬人總還是有的，說不定還可能有四五萬人。赤壁之戰前，周瑜曾經向孫權請求五萬人馬，這證明東吳方面短期內能調往前線的至少有五萬人，加上防守吳郡、會稽等江東各地的人馬，估計至少也有六七萬。赤壁之戰後，孫權對後方江東無任何顧慮，要真想傾巢而出，調動四五萬人馬也不是不可能。一句話，雖然「率十萬眾」有些灌水，但此次圍攻合肥的吳軍仍不少。另外，「攻圍合肥城百餘日」這句話應該假不了。

人馬不少、時間不短，都表明了一點：孫權對這次圍城相當上心，絕不是虛張聲勢。而孫權在圍城中的表現，進一步印證了這一點，看到久攻未克，孫權甚至「**率輕騎將往突敵**」，領著輕騎兵就準備親自上陣了。

後來，攔下孫權這一衝動做法的是隨同征討的長史張紘。為此，張紘擺事實、講道理、作比較，頗費了一番口舌。

首先，熟稔經典的張紘搬出了一個大道理：「**夫兵者凶器，戰者危事也。**」兵器就是兇器，戰事就是危事。《孫子兵法》的第一句就是「**兵者，國之大事，死生之地，存亡之道，不可不察也**」，張紘之所以先通俗地把這句話說出來，就是想告訴孫權，你現在違背的是最基本的軍事準則。

隨後，張紘講明孫權這一行為的嚴重影響：「**今麾下恃盛壯之氣，忽強暴之虜，三軍之眾，莫不寒心。**」如今將軍您仗著年輕氣盛，輕視強大而暴虐的敵人，搞得三軍將士都膽戰心寒，人人都為您捏著一把汗。言下之意，你的行為關乎的不只你自己，還有全軍，你要對這一切負責。

緊接著，張紘對孫權親自出馬的預期成果進行了預測和評級：「**雖斬將搴旗，威震敵場，此乃偏將之任，非主將之宜也。**」就算你斬將奪旗、威震疆場，也只不過幹了一個偏將該幹的事情，根本不是主將應該幹的事情。言外之意，主將有主將該幹的事。

最後，張紘諫言：「**願抑賁、育之勇，懷霸王之計。**」希望您能抑制自己像周朝勇士孟賁、東漢勇士夏育那樣的勇力，而胸懷爭霸天下的王者謀略。言下之意，好鋼應該用在刀刃上，真本事應該使在爭霸上。

這番話雖不長，但問題卻分析得十分透徹，對於張紘的建議，孫權欣然接受。

沒多久，聽說敵方援軍即將抵達，孫權便悄然撤圍而去。

張紘的話是管用，但有效期卻有限。到了第二年，想到自己無功而返的那次圍攻，孫權又摩拳擦掌地要第二次發起對合肥的進攻了。這一次，張紘少不了又是一番規勸。什麼應該選擇時機、「**貴於時動**」，應該發展經濟、「**廣開播殖**」，應該培養人才、「**任賢使能**」，應該與民休息、「**務崇寬惠**」，張紘自是一番苦口婆心。就這樣，好說歹說，才讓孫權打消了念頭。

久攻不下就準備親自出馬，初次進攻不成緊接著就準備再攻，看來孫權是真心放不下合肥啊！可是，合肥到底有什麼讓孫權心心念念的價值呢？

合肥地處長江與淮河之間，因為施水在此合於肥水，故名為「合肥」。當然，這只是一個概括性的說法，仔細考證，合肥的來歷還有更多故事。

其實施水和肥水原本並不相合，只是在另一條叫作夏水的小河暴漲時才將二者匯合到一起。到了春秋時代，楚莊王因為晉楚爭霸以及北上會盟「**問鼎中原**」的需要，命人開鑿了巢肥運河，溝通巢湖和肥水，這樣才把施水和肥水真正連到了一起。

經過運河這樣一連，合肥的地位就凸顯出來了。從合肥出發，通過肥水和芍陂向北，很快就可以進入淮水；經淮水向西，通過潁水可以直抵許都；經淮水向東，既可以通過渦水向西北抵達譙縣，也可以通過泗水向東北抵達徐州首府下邳。同樣，從合肥出發，通過施水向南，經過巢湖和濡須水，就可以直抵長江下游的江東各地。

實際上，合肥不僅水上交通四通八達，陸路交通同樣十分重要。合肥的西北方向是作為大別山餘脈的江淮丘陵，從長江流域的揚州到中原腹地的豫州，必須要經過江淮丘陵的蜂腰地帶將軍嶺，而合肥正好卡在這一狹窄通道上。同時，從合肥沿陸路向東，可以直抵長江北岸的曆陽，渡過長江就可以直抵江東腹地；而從合肥沿陸路向南，就可以到達長江北面有「中流天塹」之稱的皖城（今安徽安慶市），這裡既可以向西抵達柴桑、夏口，也可以向東進抵達江東各地。

總而言之，合肥所連接的水陸通道是南北交通中最重要的通道。治平時期，優越的地理條件使合肥成了一個商業都會。據司馬遷在《史記．貨殖列傳》記載：「**合肥受南北潮（湖），皮革、鮑、木輸會也。**」時隔一個半世紀，東漢史學家班固在《漢書．地理志下》中，再次提及合肥：「**壽春、合肥受南北湖，皮革、鮑、木輸，亦一都會也。**」這些都表明，借助於巢湖和芍陂一南一北兩個湖，合肥變成了皮革製品、水產品、木材等貨物的集散地和轉運中心。

到了戰亂年代，優越的地理條件則使合肥成了兵家必爭之地。這一次，孫權之所以「率十萬眾攻圍合肥城百餘日」，目的就是要發揮自身的水戰優勢，以合肥為跳板，為直擊徐州、進逼豫州、逐鹿中原奠定基礎。

圍城伊始，連老天都站在孫權這邊，連日的大雨淋得城牆都開始坍塌了。而令孫權沒想到的是，城中的士兵很快就用大量的草席、草墊蓋住了城牆，並且通宵點燃魚脂油監視城外，根據吳軍的動向做相應的準備。如此看來，合肥的備戰工作不可謂不充分。相持多日之後，急得孫權只剩下發狠要「率輕騎將往突敵」的份了。

實際上，如果孫權的進攻早十年，他遭遇的就不是固若金湯的合肥，而是不堪一擊或者空空如也的合肥了。可是，就在八年前，也就是孫權接替遇刺的哥哥孫策執掌江東的那一年，孫策手下的廬江太守李述攻殺了揚州刺史嚴象，危急時刻，曹操上表朝廷任命正在司徒府擔任掾屬的劉馥接任了揚州刺史。

曹操之所以派劉馥到揚州，一則劉馥的家鄉在沛國相縣，距離曹操的老家譙縣不遠，劉馥也算是曹操的核心班底，譙沛集團的成員；二則劉馥早年曾在揚州避亂，對揚州的情況頗為熟悉；三則當年劉馥投奔曹操時還曾經說服了袁術的部將戚寄、秦翊一起歸附，其素質能力可見一斑。

劉馥接到任命後，並沒有把自己的治所安在之前的曆陽，也沒有把治所定在諸如壽春這樣更知名的地方，而是隻身匹馬來到了合肥這座殘破不堪的空城，出人意料地在這裡建立了州治所。

要說劉馥還真是有一套。來到合肥沒多久，他就招撫了雷緒等在揚州境內搞割據的地方勢力，使他們「**皆安集之，貢獻相繼**」，隨之曹操控制下的揚州使逐漸安穩下來。在此基礎上，劉馥廣施仁政、「**恩化大行**」，使得「**百姓樂其政，流民越江山而歸者以萬數**」。有了人口的聚集，劉馥又利用合肥優越的地理條件，「**聚諸生，立學校，廣屯田，興治芍陂及茄陂、七門、吳塘諸堨以溉稻田**」，開始了大規模的經濟社會建設，實現了「**官民有畜**」，州富民足。在發展經濟的同時，劉馥「**又高為城壘，多積木石，編作草苫數千萬枚，益貯魚膏數千斛，為戰守備**」，使合肥變成了一個軍事堡壘。孫權圍攻合肥時，看到的那些用來對付他的草席、草墊和魚脂油，就是劉馥這一時期置辦的。

充足的人力儲備、雄厚的經濟實力、團結的民心士氣、堅固的城防壁壘，這才使合肥扛住了孫權數萬人馬的持續圍攻。實際上，孫權很可能對合肥的發展也有所瞭解，不然的話他也不會調集如此多的人馬來攻打它。並且，當孫權攻打合肥時，劉馥剛離世不久，與其說這是一種巧合，毋寧說這是孫權聞訊之後的一次投機。

就這樣，之前寂寂無聞的合肥，以堅挺的姿態登上了漢末三國的舞臺。

譙縣歸零

孫權重視合肥，曹操也同樣沒有忽略它。聞知合肥被圍的消息後，曹操立刻認識到了問題的嚴重性，別說許都了，就算是譙縣，曹操也丟不起，那可是自己和眾多「親舊肺腑」的家鄉啊！孫權，你這是準備要直插我腹心啊！

可是，當時曹軍主力遠在荊州，一則遠水解不了近渴，二則赤壁戰事正酣，三則營中大規模遭遇瘟疫，權衡之下，曹操派將軍張喜帶著一千名騎兵前往救援。雖然張喜帶去的人馬有限，但曹操卻給張喜支了一招，讓他路過汝南時徵召當地人馬參加救援，以此增強力量，壯大隊伍。然而，即使這樣，張喜依舊顯得捉襟見肘，同時軍隊中也染上了疾疫，能不能及時趕到是一個問題，趕到了人手夠不夠更是個問題，就算數量夠，戰鬥力恐怕又是一個問題，真叫人憂心。

不過，當張喜趕到時，所有的問題都已經不是問題了。為什麼？因為孫權已經自行撤退了。

怎麼就自己撤了呢？

因為孫權截獲了一封書信。

眼見援軍遲遲未到、合肥岌岌可危，壽春城中一個名叫蔣濟的別駕向揚州刺史提出了一條計策：給合肥寫一封書信。

信中，刺史告訴駐守合肥的官員，自己已經收到了張喜的來信，得到確切消息，張喜所率領的四萬步騎兵已經到達距離合肥四五百里的雩婁（音同魚樓），同時自己也已經派主簿前去迎接張喜，勝利的曙光已經不遠了。

不久，攜帶著同樣書信的三名使者冒著被敵人截獲的風險，企圖越過敵人的包圍圈將這一至關重要的情報送入城中。毫無意外，他們中的有些人失敗了，三名使者只有一名順利衝入了城中，其餘兩名信使則成了孫權的俘虜。一如預期，獲知這一資訊後，孫權便燒毀了圍城的各類設施，迅速南撤。

如果說，一開始曹操對於孫權在合肥發動的圍攻還有些被動和無奈的話，那沒多久，他就改被動為主動，準備在江淮一帶搞出些大動作了。

建安十四年（西元二〇九年）三月，曹操率領大軍來到了合肥西北方向的譙縣。在這裡，曹操「**作輕舟，治水軍**」，建立了一支規模不小的水軍。到了七月，曹操更是率領著這支水軍，順渦水而下進入淮河，又從淮河轉入肥水，將隊伍屯駐在了合肥。

當時，曹操的次子曹丕也在這支東征的隊伍中，並且還專門作了一首《浮淮賦》。對於這次出征的盛況，曹丕不僅在正文中用「**浮飛舟之萬艘兮，建幹將之銛戈**」，「**眾帆張，群櫂起，爭先遂進**」進行描述，而且在序中用「**大興水運，泛舟萬艘**」作了交代，在感歎隊伍「**赫哉盛矣**」的同時，曹丕甚至將這次東征與漢武帝的「**盛唐之狩**」作對比，認為「**舳艫千里，殆不過也**」。

據《漢書．武帝紀》記載，漢武帝元封五年（西元前一〇六年），漢武帝來到南郡的盛唐這個地方，望祭虞舜於九嶷山，然後自尋陽（今湖北黃梅縣西南）過長江，登廬山，北至琅琊（今山東諸城），增封泰山後，沿海而行。漢武帝的這次南巡，規模很大，故事不少。當他「**自尋陽浮江**」時，曾經「**親射蛟江中**」，並「**獲之**」。而當他看到「**舳艫千里，薄樅陽而出**」時，更是「**作《盛唐樅陽之歌》**」，一副豪情滿懷的狀態。

漢武帝當年巡行的盛唐和樅（音同棕）陽都在揚州境內，距離合肥不遠。此時，曹丕將二者作比，至少顯示了兩點：其一，在短短四個月內能夠「泛舟萬艘」，表明經過赤壁之戰的曹操已經高度重視水軍建設了，不再是一年前「作玄武池以肄舟師」那種醉翁之意不在酒的做法了。其二，經過這段時間的休整和建設，曹操和曹軍都已經走出了赤壁之戰的陰霾，變得意氣風發，士氣高漲。

按照這種架勢和氣勢，曹操似乎要失之東隅，收之桑榆，即將在長江下游地區對東吳發動一場規模不小的攻擊了。然而，就在大軍抵達合肥不久的七月一一日，曹操卻出人意料地頒布了一道名為《存恤吏士家室令》的教令。

令中，曹操首先回顧了自天下大亂、自己創業起兵以來，因官吏士兵死亡對家庭和社會所帶來的影響：「**自頃已來，軍數征行，或遇疫氣，吏士死亡不歸，家室怨曠，百姓流離。**」大軍多次出征，有時還遇到傳染病，弄得官吏士兵死而不歸，夫妻長期分離，百姓流離失所。

隨後，曹操自問自答，解釋了造成這種狀況的原因：「**而仁者豈樂之哉？不得已也。**」哪個仁愛之人喜歡這種情形？都是不得已啊！

接著，曹操發布了優撫政策：「**其令死者家無基業不能自存者，縣官勿絕廩，長吏存恤撫循。**」死者家裡沒有產業，不能養活自己的，縣裡不能停止發給他們口糧；不僅不能停，官吏還要經常對他們進行慰問救濟。

最後，曹操還專門說了一句：「**以稱吾意。**」

怎麼回事？大軍不是「赫哉盛矣」嗎，將士們不是「眾帆張，群棹起，爭先遂進」嗎，為什麼氣勢洶洶、耀武揚威地把隊伍拉到了對敵前線，如今卻方向一轉，把討敵檄文變成安民教令了？

實際上，與當年的玄武池練兵類似，曹操這次出征同樣醉翁之意不在酒。借著這股士氣，他真正的目的還是要撫平赤壁之戰帶來的創傷。這一點，從令文中專門從眾多死亡原因中提到「或遇疫氣」就可以看出來。曹操不是天子，不可能下罪己詔，但赤壁之戰他又的確負有不可推卸的責任，於是，只能以頒布教令的方式來表達歉意、自我辯解和提供補償了。在這一過程中，曹操也開創了優撫軍烈屬的先河，之後為歷代帝王英豪所效仿。

應該說，曹操在頒布教令的時機把握上可謂恰到好處。頒布早了，曹軍還沒緩過勁來，所說所做都未必可行可信；頒布晚了，無論大軍繼續東征還是原地休整，一旦聯想起赤壁的慘敗，士氣都將有所下降，而對東征的焦慮卻與日俱增。此時頒布教令，不僅為過往畫上了一個句點，而且也為接下來的舉措開闢了通道。

教令頒布前後，曹操展開了一系列動作。

一是遷徙淮南百姓。還在譙縣時，曹操就與前來彙報的揚州別駕蔣濟探討過遷徙淮南百姓，以避東吳侵擾劫掠的問題。當時，蔣濟認為百姓安土重遷，一旦遷徙容易引發不安，因此不宜貿然而為。不過，曹操並沒有聽進蔣濟的建議，還是實施了強遷。結果，「**江淮間十餘萬眾**」，都跑了孫吳那邊。對此，曹操倒並不沮喪，大笑著對專門「**迎見**」的蔣濟說：「本來想著讓他們躲避敵人，沒想到反而把他們趕到敵人那裡去了。」隨即，蔣濟被任命為丹陽太守。曹操之所以毫無沮喪之態，並不是他豁達，而是因為無論這十餘萬眾跑到了哪裡，江淮間都已經實現了堅壁清野的目的，敵人都不可能就地補給了。

二是調整揚州官吏。史書上沒有記載接替劉馥擔任揚州刺史的是何人，但從此人在抵禦孫權進攻時的作為看，顯然是不能勝任的。為此，曹操讓身邊的丞相主簿溫恢出任揚州刺史。丞相主簿是丞相府的大管家，能夠將這樣一位重臣外放，看得出曹操對揚州的重視程度。同時，已經擔任了丹陽太守的蔣濟也回到了州別駕的崗位上，對此，曹操還專門下令：「**季子為臣，吳宜有君。今君還州，吾無憂矣。**」

以前因為季札在吳國做臣子，《春秋》才因此承認吳國應該有君主。如今您回到揚州任職，我就沒有什麼憂慮的了。曹操以這種方式，公開表示對蔣濟的青睞和倚重，無疑對蔣濟提供了很大的激勵和支援。

三是開挖芍陂屯田。芍陂位於合肥的西北方，此前劉馥曾經「興治芍陂」，如今曹操繼續開挖它，無疑是為了擴大屯田的規模。實際上，據《三國志．魏書．倉慈傳》記載：「**建安中，太祖開募屯田於淮南，以慈為綏集都尉。**」「建安」這一年號一共使用了二十五年，建安十四年無疑是「建安中」；芍陂無疑是「淮南」的一部分；「綏集都尉」又稱典農校尉、屯田都尉，主管屯田事務。由此看來，之前令曹操「**征伐四方，無運糧之勞**」的屯田制度，開始在包括芍陂在內的淮南地區大規模推行了。

四是討平地方叛亂。建安十四年十二月，曹操剛完成移民、置官、屯田這一系列部署，率軍從合肥回到譙縣，合肥西南方的灊縣和六安就發生了陳蘭、梅成領導的叛亂，加上之前一直不安分的雷緒，合肥以南的大片地區都陷入了混亂。為此，曹操迅速作出部署，夏侯淵征討雷緒，張遼、張郃征討陳蘭，于禁、臧霸征討梅成。平叛過程總體還算順利，雷緒被夏侯淵擊敗後率眾投劉備而去，梅成先偽降于禁，隨後與陳蘭一起退守到了灊縣境內。

灊縣有座天柱山，山勢陡峭，僅高峻狹窄的山路就有二十餘里，只能步行勉強通過，而陳蘭等人就據守在山上。此時，面對眾將「**兵少道險，難用深入**」的勸阻，張遼說了句：「**此所謂一與一，勇者得前耳。**」這就是所謂的一對一單挑吧，狹路相逢勇者勝！就這樣，張遼進軍山下，旋即進攻，硬是斬殺了陳蘭、梅成，把他們的全部手下都變成了俘虜。之後，在評定諸將功勞時，曹操對張遼大加讚賞，增封了他的食邑，授予了他假節的權力。

如果說，建安十四年的那次東征因為擔心重蹈赤壁的覆轍而改弦更張的話，那麼經過實施一系列措施和數年的積聚，合肥的經濟和軍事力量都得到了很大的增強，其作為曹軍橋頭堡的作用也愈發明顯。於是，在之後的建安十八年（西元二一三年）正月、建安十九年（西元二一四年）七月、建安二十年（西元二一五年）八月、建安二十二年（西元二一七年）正月，曹操四次駐軍合肥，越過巢湖，試圖從濡須水進入長江，直攻東吳。不過，就在曹操增強合肥防禦實力的同時，孫權也相應加強了阻遏曹軍南下的相關部署，因此，雙方幾次較量都沒有產生決定性的影響。

據載，曹操這幾次出擊，每次都會「**臨大江而歎**」。曹操感歎什麼，為什麼感歎？一句話，「**恨不早用陳元龍計，而令封豕養其爪牙**」。

陳元龍，就是陳登，元龍是他的字；「封豕」，就是大豬，這裡是對江東孫氏的蔑稱。建安四年（西元一九九年）前後，「**有吞滅江南之志**」的伏波將軍兼廣陵太守陳登多次向曹操提出伐吳建議，但曹操卻有心思無行動，最終錯過了滅吳的最佳時間、最佳地點和最佳人選，不經意之間給了孫氏做大做強的機會。因此，曹操只能來一回感歎一回了。

南征並無勝果，但防禦卻不能有閃失。建安十九年（西元二一四年）十月，當曹操第三次征伐孫權準備返回中原之時，他覺得有必要留下一支七千人的中軍來守衛合肥。而這支軍隊由誰領頭呢？沒錯，就是幾年前「**登天山，履峻險，以取蘭、成**」的蕩寇將軍張遼。此外，還有樂進、李典等心腹將領。

不僅留下了良將，曹操還留下了良策。建安二十年（西元二一五年），當曹操即將討伐張魯時，他就專門給遠在合肥的護軍薛悌寫了一封信，並且在信封上專門寫了這樣幾個字：「**賊至，乃發。**」等敵人來了，再打開它！

賊至乃發

建安二十年（西元二一五年）八月，薛悌接到曹操的信函沒多久，就看到了城外的敵人。

與第一次進攻合肥相同，這次統率吳軍的同樣是孫權。趁曹操率軍西征張魯、無暇東顧的空當，孫權親率十萬大軍包圍合肥。為了這一天，他已經心癢了近七年。

看到遮天蔽日殺來的敵軍，守衛合肥的張遼、樂進、李典、薛悌等將領想起了曹操留下的那道未打開的密令，密令的封套上寫著「賊至，乃發」四個字。如今，不正是打開密令之時嗎？於是，四將一同打開了密令。

密令的內容很簡單，只有寥寥二十一個字：「**若孫權至者，張、李將軍出戰，樂將軍守，護軍勿得與戰。**」

這是曹操應對敵人進攻的排兵布陣，其中考慮到了每個人的性格特點：張遼、李典勇不可當，適合迎敵出戰；樂進老成持重，適合固守城池；護軍薛悌是個文官，不適合殺敵作戰。看了密令，眾將仍然猶豫不決，即使分工明確，一座孤城又怎麼能抵擋得住十萬雄兵？

好在張遼深諳曹操用兵之道，他對大家說：「現在曹公遠征在外，回救我們是不可能了。曹公密令中的意圖是讓我們趁敵人未完全合攏之時主動出擊，挫傷他們的氣勢，安定眾人的心志，然後才可以守住城池。成敗在此一舉，大家還有什麼好猶豫的？」

此時，樂進和薛悌依舊保持沉默，只是不約而同地把頭轉向了李典。沒錯，接下來就看李典如何表態了，畢竟樂、薛二人的任務是守城，這一點沒任何可以多說的，昨天在守，今天在守，明天也要守，主公明確的是張、李共同進攻，現在張遼已經提出先攻後守的建議了，接下來就看李典的意見了。

可是，對於李典，張、樂、薛卻著實沒有把握。為什麼？因為張遼與李典的矛盾不僅人盡皆知而且由來已久。當年，呂布進犯曹操的後院兗州，曹操派遣山陽郡大族領袖李乾回到家鄉組織抵抗，結果呂布招降不成就殺了李乾。李典是李乾的侄子，張遼是呂布的手下，張遼的手上沾了李典親人的血，如此大仇，你說李典能對張遼和顏悅色、稱兄道弟嗎？這次主公怎麼能讓他倆搞配合、做合作呢？真讓人捏一把汗！

「這是國家大事，只看你的計策如何，我怎麼能因為私怨而忘掉公義呢？」李典的回應爽快直接，沒有半點拖泥帶水。

歷史上的很多關鍵時刻，缺少的往往只是決絕的勇氣。官渡之戰如此，赤壁之戰如此，這次的合肥之戰同樣如此。當天夜裡，張遼招募了「**敢從之士**」八百人，殺牛宰羊犒賞他們。天一亮，張遼就身披重甲、手持長戟，一邊喊著自己的名字，一邊率先殺入了敵營，結果一連斬殺幾十名敵兵和兩名敵將，直接衝到了孫權的帥旗之下。

這一招果然有效。孫權千算萬算也沒有想到敵人會主動發起攻擊，並且還殺到了自己身邊，嚇得他一時之間慌了手腳，倉促間逃到一個小山丘上，拿著長戟護住自己。看到敵將這副狼狽德行，張遼大聲呵斥對方下來一戰，可是孫權哪裡敢應戰。

隨著周圍的人馬越聚越多，張遼率領的敢從之士逐漸被重重圍住。這時，只見張遼左衝右突，揮戟向前，霎時衝開了一個缺口，幾十名部下隨著衝了出去。眼看張遼突圍而去，餘下的士兵大聲高喊：「將軍要拋棄我們嗎？」

危情時刻，張遼返身再次殺入重圍，奮不顧身地救出了餘下的士兵。看到這種情形，孫權的人馬望風披靡，沒有一個人敢上前阻擋他。

這場戰鬥從清晨一直持續到中午，直殺得吳軍一點脾氣也沒有，硬生生從攻城者變成了防守者；相反，曹軍卻越戰越奮，士氣高昂。

包圍合肥十餘天，孫權不僅沒占到任何便宜，反而嚇出了一身冷汗。思前想後，孫權決定撤兵。然而，不撤則已，一撤就成了一場災難。當大部分人馬已經撤走，孫權和呂蒙、甘寧、淩統正在撤退時，張遼殺來了。慌忙之間，眾將全力護衛孫權，甘寧「**引弓射敵**」，呂蒙「**以死捍衛**」，淩統「**扶捍孫權出**」。

即使這樣，孫權騎馬來到渡口的橋邊時，還是遇到了意想不到的困難：橋上少了一丈有餘的橋板！千鈞一髮之時，多虧身邊一名近侍腦子靈活，讓孫權抱緊馬鞍，放鬆韁繩，然後從後面用鞭子猛抽馬身，孫權的坐騎才一躍而起，跨過橋去。

這一仗打得很慘烈，偏將軍陳武「**奮命戰死**」，右都督淩統差點重傷而亡，就連孫權也差點丟了性命。事後，張遼詢問東吳降卒：「經常看到一個紫色鬍鬚、身材上面長下面短、善於騎馬射箭的將軍，那人是誰？」降卒的回答令張遼懊悔不已，原來那個怪物就是孫權！早知道就玩命把他抓住了。

由於自身的輕敵大意，孫權不僅吃了敗仗，還遭遇了一生中最大的危險，不過也意外地得到了一個稱號：紫髯將軍。

此後，孫權並沒有放下合肥。之後的吳嘉禾二年（西元二三三年）、嘉禾三年（西元二三四年），孫權又兩次親自率軍攻擊合肥，而整個魏吳、晉吳對峙時期（西元二〇八年至西元二八〇年），吳軍對於合肥方向的進攻更是多達十二次。

第十一章　建業

虎踞龍盤阻江流，建功立業起仲謀。

建安十三年末至建安十四年初，隨著孫權對合肥的進攻，他把自己的治所也從柴桑遷到了京口。柴桑位於長江中游，是江東的西大門，京口位於長江入海口，是江東的東北端，從中游到下游，從西端到東端，這次距離超過一千里的遷移，毫無疑問標誌著東吳戰略方向的轉移。可是，為什麼偏偏是京口呢？

京口即今江蘇鎮江。那時，滔滔長江水還沒有沖積出一座名曰上海的城，高聳連綿的北固山則是長江入海的地標。北固山的北峰綿延伸入江中，而南峰則環抱著一片開闊的平地。所謂「京」就是高丘的意思，人們把南峰一帶稱之為京，取義為《爾雅》的「丘絕高曰京」，而「口」則指北固山北峰下的江口。

據日後的《南齊書．州郡志》記載，京口「**水道入通吳會，孫權初鎮之**」。同時，該書這樣描述京口地理位置的重要：「**因山為壘，望海臨江，緣江為境，似河內郡，內鎮優重。**」的確，作為長江邊的天然壁壘，望海臨江的京口擔負著守衛整個江東的重任。並且，京口的重要性還不只於此。

京口的正對面，就是中瀆水（即邗溝，邗字音同寒）。當時，溝通南北的水路主要有三條，西面是從夏口到襄陽的漢水，中間是從蕪湖到合肥的濡須水，東面是從廣陵郡江都縣通向淮河的中瀆水。與其他兩條河自北向南匯入長江不同，中瀆水實際上是春秋時吳王夫差修建的一條運河，它受水於長江，向北匯入淮河。對孫權來說，中瀆水是由江入淮最便利的通道，也是曹操可能選擇的下一條攻擊路線。因此，無論是攻是守，京口都相當重要。

實際上，京口並非「**孫權初鎮之**」，早在孫策「**渡江轉鬥**」時，就曾經讓將軍孫河領兵屯駐於京口。到了建安九年（西元二〇四年），孫河被孫翊的部下嬀（音同規）覽、戴員所殺，他的侄子孫韶挺身而出，「**繕治京城，起樓櫓，修器備以禦敵**」。應該說，早在孫權「初鎮」之前，這裡就已經是孫吳的重要據點了。

如此看來，既然京口位置重要，又有一定防禦基礎，這裡想必應是孫權建功立業的好地方了。然而，不到三年，孫權又把治所移到了京口上游的秣（音同莫）陵，並且將其改名為「建業」。

從此，京口再難覓得孫仲謀處，而建業則開啟了作為六朝金粉的輝煌。

石頭城

當初，孫權之所以把治所從吳郡移到柴桑，是因為吳郡遠離長江中游，面對曹軍南下，為了「**觀望成敗**」、相機而動，必須湊到荊州近前。後來，隨著戰略重點轉向長江下游，為了北取淮、揚，南保吳、會，移治京口成了自然而然的選擇。

然而，當孫權真正屯駐在京口後，他就發現了其中的弊端。因為靠近長江入海口，京口一帶風高浪急，並不便於船隻航行和停泊。同時，京口位置太偏長江下游，雖說守衛江東腹地就近就便，但如果荊州一帶出現情況，就顯得鞭長莫及了。此外，從形勢上看，曹軍也並無從中瀆水南下的明顯跡象，相反，對手從濡須水南下的可能性卻越來越大。有鑑於此，孫權開始尋找新的理想之選。

最終，內外部的建議影響了孫權的決策。內部提出建議的，是曾經向孫策提出「荊揚策」的張紘。

「**秣陵，楚武王所置，名為金陵。**」一上來，張紘先向孫權講起了秣陵的歷史，言下之意，帝王建設這裡是有歷史先例的。雖然此處的楚武王實為楚威王之誤，因為楚武王時楚國還沒有占領長江下游的這一地區。但早在西元前三三三年，消滅了越國的楚威王熊商，就想以長江天塹為屏障圖謀天下，於是在石頭城修築金陵邑，金陵之名由此而來。

關於金陵的由來，宋代的《太平御覽》中還有更加有意思的記載：「**昔楚威王見此有王氣，因埋金以鎮之，故曰『金陵』。**」既然此地已有王者之氣，再去「埋金」豈非畫蛇添足，因此這種說法八成是杜撰出來的。筆者認為，「金陵」的由來，十有八九與此地多金有關。古代的「金」並非專指黃金，而是泛指各類金屬。實際上，今天南京東北的鐘山，又名紫金山，而據《輿地志》記載，其「**古曰金陵山，縣之名因此山立**」，而此山之所以稱金陵，就是因為山頂上的岩石泛紫色，類赤，其名因山石顏色而來。西元前四九五年前後，吳王夫差就曾在附近修築了冶城，建設了一座大規模的冶煉作坊，目的就是利用這裡豐富的銅、錫、鋁等礦產資源，鑄造青銅兵器。

如果繼續往前追溯，秣陵的建城史比這還要久遠。早在西元前一一〇〇年的西周時期，這裡就是吳國第五代君主周章的封地；到了西元前五七一年，楚國在此設置了棠邑大夫，從此這裡有了地方建置，也是建城的開始；西元前五四一年，吳國又在這裡建了瀨渚（音同主）邑，因城池堅固，又名固城；西元前四七三年，越滅吳，又在附近修築了越城。

張紘之所以沒有如筆者這般囉嗦這麼多，而僅僅點出楚王置金陵，目的在於接著引出關於金陵的一段傳奇往事：「**地勢岡阜連石頭，訪問故老，雲昔秦始皇東巡會稽經此縣，望氣者雲金陵地形有王者都邑之氣，故掘斷連岡，改名秣陵。**」這裡山岡連綿起伏、層巒疊嶂，過去秦始皇東巡會稽經過這裡，聽到觀雲氣測吉凶的望氣者說金陵有王者都邑之氣，就掘斷了連綿的山川，並將金陵改名為秣陵，意在斷了此處的祥瑞之氣。

毫無疑問，張紘的這段描述，對孫權有著巨大的吸引力。

曹、劉、孫三者對比，曹操的政治合法性是「奉天子以令不臣」，劉備的政治合法性是「帝室之胄」，而孫權的政治合法性則只能在江東這片土地上做文章，金陵的「王者都邑之氣」無疑是加分項。當初，周瑜在勸魯肅效力孫權時，曾經用「吾聞先哲祕論，承運代劉氏者，必興於東南」這樣的秘論讖語來打動他。如今，張紘從歷史中找依據，直接把「必興於東南」具體到了金陵這個都邑上，一方面是對「必興於東南」的佐證和強化，另一方面則大大增強了金陵被選擇的可能性。

同時，鑒於曹操已經把進攻重點放在了中線，即：自合肥，越巢湖，順濡須水南下，從既防東線中瀆水又防中線濡須水的角度考慮，秣陵都是不錯的選擇。更別說秣陵富含礦產，是個天然的兵工廠了。就這樣，孫權有些心動了。

外部影響孫權決策的，是盟友劉備和諸葛亮。

當劉備到京口「求都督荊州」時，他就明確建議孫權把治所遷到秣陵。而當諸葛亮出使京口，路過秣陵時，則在觀察該處山阜後，忍不住感歎：「**鐘山龍盤，石頭虎踞，此帝王之宅。**」

東面的鐘山形似龍蟠，西面的石頭山形似虎踞，按照四象和風水的觀點，東為青龍，西為白虎，帝王之宅就是要安在這樣虎踞龍盤的地方。於是，孫權在聽取了內外部意見後，於建安十六年（西元二一一年）將治所移到了秣陵。第二年，孫權在石頭山旁修築了石頭城，將秣陵改名為建業，準備在此建功立業了。

順便說一句，現在去南京，可以看到兩條縱貫城市南北的主幹道，西面的那條叫虎踞路，東面的那條叫龍蟠路。

濡須塢

剛確定完新的治理中心，孫權就面臨著另一件要決策的大事。

建安十七年（西元二一二年）正月，曹操讓手下阮瑀替自己給孫權寫了一封長信。與赤壁之戰前曹操那封咄咄逼人的短信不同，這封長信開頭先打感情牌：「**離絕以來，於今三年，無一日而忘前好，亦猶姻媾之義，恩情已深，違異之恨，中間尚淺也。**」自從建安十三年我們中斷聯繫後，到現在已經三年多了，這三年我沒有一天不想著我們從前的好，實際上我們聯姻的恩情是很深的，而彼此的冤仇是很淺的。

很明顯，曹操在套關係，但信中所說的「前好」、「姻媾」、「恩情」並非虛言。實際上，早在建安五年（西元二〇〇年）前後，曹孫兩家人就結下了兩份親，一方面曹操把自己的侄女、曹仁之女嫁給孫策的四弟孫匡，另一方面曹操又為兒子曹彰娶了孫策堂兄孫賁的女兒。這種聯姻，表面上說是「秦晉之好」，實際上更像是互換人質，彼此制約。這一招，曹操不厭其煩地使用，他的兒子曹均娶了張繡的女兒，兒子曹整娶了袁譚的女兒，後來，曹操甚至把自己的三個女兒組團嫁給了漢獻帝劉協。孫權能把妹妹嫁給劉備，估計也是照葫蘆畫瓢，有樣學樣。

對於這段「前好」，曹操如此總結：「**孤與將軍，恩如骨肉，割授江南。**」我們打斷骨頭連著筋，我可是把江南都「割授」給你了。

套關係，曹操聊起了彼此「離絕」的原因。第一個原因：「**仁君年壯氣盛，緒信所嬖，既懼患至，兼懷忿恨。**」估計是您年輕氣盛，聽信佞言，既怕又恨。第二個原因：「**劉備相扇揚，事結釁連**」都是劉備鼓動挑唆惹的禍。

有意思的是，曹操在信中雖然把責任歸咎於孫權，卻十分客氣地稱呼孫權為「仁君」。按理說，稱呼為「君」就已經算尊重了，再加個「仁」字，真有些殷勤備至了。並且，曹操緊接著就得出結論：「**想暢本心，不願於此也。**」估計按照您的本心是不想搞到兵戎相見的地步的。

既然「離絕」不是孫權的本心，那麼曹操也應該釋懷。於是，曹操開始反思自己：「**懷慚反側，常思除棄小事，更申前好，二族俱榮，流祚後嗣，以明雅素**」我始終心懷慚怍、輾轉反側，一直想摒棄前嫌，重申舊好，如此曹、孫兩族都繁榮昌盛，子子孫孫受益無窮。

表達完自己的意圖，曹操開始聊那無法回避的兩場失敗了：「**昔赤壁之役，遭離疫氣，燒船自還，以避惡地，非周瑜水軍所能抑挫也。江陵之守，物盡穀殫，無所復據，徙民還師，又非瑜之所能敗也。**」赤壁戰敗，是因為疫病流行，我自己燒船撤還；放棄江陵，是因為物盡糧絕，我自己移民還師。這兩場敗仗，都不是因為周瑜。

聊完在荊州發生的兩場仗，曹操說了句「**荊土本非己分，我盡與君**」，荊州本來就不是我的，都給你。

纏纏綿綿地聊完上面這些，曹操開始往棉花裡放針了：「**往年在譙，新造舟船，取足自載，以至九江，貴欲觀湖濼之形，定江濱之民耳，非有深入攻戰之計。**」前些年我駐軍合肥，是想考察一下巢湖的地形地貌，安定一下江濱百姓，並沒有進攻的打算。

話鋒一轉，曹操說道：「**以君之明，觀孤術數，量君所據，相計土地，豈勢少力之，不能遠舉，割江之表，宴安而已哉？**」以你的聰明，看看我的手段，再掂量掂量你的實力，我是因為勢力不行、實力不足才不去打你嗎？我會需要割棄江北之地來求安穩嗎？此時，隨著「仁君」變成了「君」，曹操開始露出了獠牙。

展示了自己的「硬」，曹操緊接著就談到了孫權的「軟」：「夫水戰千里，情巧萬端，越為三軍，吳曾不禦，漢潛夏陽，魏豹不意，江河雖廣，其長難衛也。」長江千里，任何一處都有可能被攻擊。春秋時越國實力雖弱，但吳國難以防禦；秦末時漢軍偷渡夏陽，魏豹也無法預料。一句話，你別覺得廣闊的江河是屏障，你防衛起來同樣有難度。

引經據典、軟硬兼施之後，曹操開出了孫權歸順的條件：要麼抓住張昭，進攻劉備，以表忠心（內取子布，外擊劉備，以效赤心），要麼只擒住劉備也可以（但禽劉備，亦足為效）。

很明顯，這是曹操先禮後兵的一步棋。你如果有心歸降，那這封信就是招降書；你如果故意頑抗，那這封信就是宣戰書。對於這封信，孫權自然不敢等閒視之，投降是不可能的，只有開打了。

可是，一旦動武，這仗又該如何打呢？

對於曹操這封洋洋千言的長信，大多數文字孫權可以視而不見，但對「江河雖廣，其長難衛」這八個字，孫權卻必須正視。荊州已經借給劉備了，但從柴桑到京口也有上千里，雖說中間已經修築了魯山城、石頭城等防禦據點，依舊難以應對「情巧萬端」的局勢。

思來想去，孫權提出了在濡須口建立塢堡的想法。濡須口就是濡須水匯入長江的地方，由於濡須水兩岸都是山地，既是吳軍抵禦曹軍進攻的前哨站，又可以作為吳軍進攻合肥的跳板。孫權選擇這個地方，可謂頗具戰略眼光。

然而，孫權剛提出建塢的想法，將領們就明確表示反對，他們說：「**上岸擊賊，洗足上船，何用塢為？**」我們是水軍，抬腿上岸打擊敵人，洗腳上船抵禦對手，要塢堡有什麼用？

的確，對於常年游弋於大江大河之中的人來說，戰船就是他們的塢堡和鐵騎，有了這個水上的「移動塢堡」，還要陸上的固定塢堡做什麼？因此，將領們不感興趣可以理解，孫權也不免打了退堂鼓。

就在這時，呂蒙站了出來：「**兵有利鈍，戰無百勝，如有邂逅，敵步騎蹙入，不暇及水，其得入船乎？**」戰場形勢千變萬化，誰也沒有百戰百勝的把握。一旦與敵人不期而遇，如果敵人的騎兵突然衝入，我軍來不及趕到水邊，上不了船，那怎麼辦？如此看來，我們不能光想著自己的水戰優勢，在陸地上還要有些憑藉和依託才行。

呂蒙的這句話，不僅說服了眾將，也打動了孫權。於是，位於合肥與建業之間的濡須塢建了起來。

春水生

這邊孫權剛把濡須塢建好，那邊曹操的武戲就登場了。建安十八年（西元二一三年）正月，曹操以數萬兵力進軍濡須口，孫權率吳軍主力迎戰，濡須水上的一場廝殺由此展開。

對於曹軍來說，赤壁之戰後的第一次主動出擊進行得並不輕鬆。曹軍以張遼和臧霸為前鋒，結果一路行軍一路大雨，這還不算，隊伍剛到濡須口，江水就漲上來了，敵船也逐漸逼近，全軍上下一片惶恐，連一向氣壯的張遼都想打退堂鼓。

看到這種情形，臧霸說話了：「**公明於利鈍，寧肯捐吾等邪？**」曹公深明利害，難道會拋棄我們嗎？

這句話堅定了張遼的信念，隨即打消了撤退的念頭。第二天，曹操下達了撤退的命令。

當然，這只是一次短暫的戰術性撤退。不久，重新集結的曹軍就攻陷了孫權的江西大營，俘獲了都督公孫陽。隨後，曹軍又乘船占領了長江中的濡須洲。

陸上大營被拔，但孫權的水上優勢還在。對於濡須洲上的曹軍，孫權以水軍發動了圍攻。這次，孫權找回了面子，俘獲曹軍三千人，溺水而亡的也有幾千人。

之後，曹操「**堅守不出**」，滾滾長江成了孫權一個人的舞臺。

據說，有一次孫權親自乘小船到曹軍跟前一探虛實。曹軍眾將準備出擊迎戰，曹操卻說：「這肯定是孫權本人要來看看我軍的軍容部伍。」於是，便命令部隊嚴陣以待，不得擅自行動。孫權在曹營前巡行了五六里，才調頭返回，返回時還不忘「作鼓吹」，耀武揚威一番。

還有一種說法，孫權乘大船前來觀軍，曹操命令手下萬箭齊發。結果，箭把船的一側射得滿滿的，導致船身側傾。於是，孫權命人調轉船身，讓另一側受箭，直到「**箭均船平**」才返回。這一種說法，後來在《三國演義》中被羅貫中先生移到了諸葛亮身上，成了赤壁之戰中的「草船借箭」。

不管是哪種情形，孫權都從容不迫地巡探了一下曹軍的虛實。同樣，曹操也對孫權的水軍進行過一番觀察，看到「**舟船器仗軍伍整肅**」，曹操不由得對年輕自己二十七歲的孫權心生敬意，慨然感歎：「**生子當如孫仲謀，劉景升兒子若豚犬耳！**」

就這樣，濡須口前，長江岸邊，曹操和孫權「**相拒月餘**」，棋逢對手。面對相持不下的局面，孫權主動給曹操寫了兩封信。與曹操洋洋上千言的長信不同，孫權的信只能算是兩個小字條，前面一張八個字：「**春水方生，公宜速去**」，告訴曹操春雨連綿，洪水將至，趕快回去；後面一張也是八個字：「**足下不死，孤不得安**」，告訴曹操你如果不死，我也不安心。

面對孫權如此簡單直接的警告，曹操的反應也直接乾脆：「**孫權不欺孤！**」這小子沒有欺騙我。於是，曹操大軍撤退，孫權也沒有追趕。

如果說，曹操與孫權在濡須口的第一次面對面交鋒，算作一次英雄會英雄的相惜之戰，那麼曹操對孫權的第二次征伐則是一次相怒之征了。

事情的起因是這樣的：合肥南面的皖城，由於地處荊州和揚州的交界處，它既是曹軍抵禦東吳的前沿，也是其插入東吳腹地的楔子。因此，曹操對皖城相當重視，不僅派廬江太守朱光駐屯皖城，而且在周邊大量開墾土地，種植稻田，準備與吳軍展開持久戰。對此，孫權當然不能坐視不管，建安十九年（西元二一四年），孫權親自率領呂蒙、甘寧、魯肅等人殺奔皖城。

這場攻城戰沒有採取堆土山、添器具、再進攻的傳統戰法，而是運用敢死隊迅速進攻。之所以如此，源自呂蒙的建議。

呂蒙向孫權闡述了速攻的三點理由：其一，常規戰法曠日持久，很可能會引來援軍，陷入被動，「**治攻具及土山，必曆日乃成；城備既修，外救必至，不可圖也**」。其二，時間過長很有可能會因水位下降，失去退路，「**且吾乘雨水以入，若留經日，水必向盡，還道艱難，蒙竊危之**」。其三，敵城不固，我軍勢強，正是進攻之時，「**今觀此城，不能甚固，以三軍銳氣，四面並攻，不移時可拔；及水以歸，全勝之道也**」。

於是，大軍由甘寧擔任指揮攻城的升城督，由呂蒙指揮精銳為後續，即刻發起對皖城的進攻。攻城從黎明開始，到了吃早餐的時候就把皖城拿下了，太守朱光和城中的數萬百姓都成了吳軍的俘虜。等到張遼率軍從合肥趕來，一切都晚了。

聽到自己苦心經營的戰略要地在頃刻之間落入敵手，異常憤怒的曹操不顧眾人的反對，於建安十九年七月，迎著連綿的秋雨，踏著泥濘的道路，就殺向了濡須。不過，對於曹操這次出征的具體結果，史書中卻無任何明確的記載，只是說「**公自**

合肥還」，十月的時候曹操又回到了鄴城。從往返的時間判斷，這是一次無果的征伐。

征伐無果，自然要捲土重來。於是，建安二十二年（西元二一七年）正月，曹操再次殺到了長江岸邊。

據載，曹軍這次號稱有四十萬之眾，孫吳迎戰的有七萬人。這一次，曹軍從合肥出發越過巢湖後，以濡須水北口的居巢為大本營向吳軍發動攻擊，而孫權則任命呂蒙為督，以濡須塢為防禦的核心。

戰事伊始，兵力處於劣勢的吳軍乘著敵人前鋒立足未穩，率先發動了夜襲。當甘寧率領的百名將士出現在曹營時，整個曹軍驚恐萬狀，混亂不堪，而甘寧的將士們則「**作鼓吹，稱萬歲**」，甚為高調地返回了營寨。孫權見到順利撤回的甘寧，高興地問：「**足以驚駭老子否？聊以觀卿膽耳。**」足夠嚇到那老傢伙了嗎？這次也就試試你的膽量罷了。

甘寧的夜襲，引來了曹軍的「**逼攻**」，隨之吳軍轉入防守。在雙方的對峙過程中，長江並沒有給吳軍帶來好運，突如其來的風暴掀翻了停在濡須口的吳軍艦船，水軍將領董襲溺亡；曹軍襲擊濡須口東北的橫江渡，孫權派將軍徐盛乘船救援，結果暴風竟意外地把船吹到了敵人據守的河岸邊，要不是徐盛率部登岸主動向敵人發起衝擊，打得敵人措手不及，然後等風暴停止再退回船上，這支隊伍說不定就覆沒了。

在這種不利形勢下，孫權派使者到曹操那裡請降，主動給曹操搭了個臺階。相應地，曹操也派遣使者答應和好。於是，雙方盟誓重新結為姻親，一場對峙至此結束。

停戰後，曹操引軍西還，留下伏波將軍夏侯惇、都督曹仁、張遼等二十六軍駐屯居巢，而孫權則讓平虜將軍周泰、都督朱然、徐盛等將領駐守濡須。

總體來看，這一次雙方都表現得比較克制和冷靜，此後雙方在濡須水一線也沒有再發生大的戰事。之所以如此，一方面因為雙方都認識到在江淮一帶短期內誰也不能吃掉誰，另一方面則因為他們都把注意力轉向了劉備那裡。

此處，還有一個小插曲。

看到周泰成了濡須督，朱然、徐盛等人都不是很服氣，大家一起出生入死，憑什麼你就成了我們的上級？

不久，孫權以巡行為名來到了濡須塢，召集眾將，大擺酒宴，「**大為酣樂**」。酒過三巡之後，孫權親自走到了周泰面前，命其脫下衣服，隨後用手指著他身上的數十處傷痕，一處一處問是什麼時候、在什麼地方受的傷，而周泰則一一作答。將周泰身上的傷痕問遍後，孫權命周泰重新穿上衣服，隨後宴會繼續，「**歡宴極夜**」。

第二天，孫權又派使者專門授周泰以禦蓋。

這下，沒人再敢出聲了。

第十二章 益州

一個小小的輕慢，如何鑄成大大的錯誤？

當荊襄和江淮的利益格局基本定型後，所有懸念都集中到了益州。此時，一個小人物的情緒影響到了天下的走向。

這一切還要從建安十三年的一場謁見說起。

對於益州方面在建安十三年的動向，《三國志．魏書．武帝紀》是這樣記載的：「**益州牧劉璋始受征役，遣兵給軍。**」意思是這時候劉璋開始接受朝廷分派的徵調士兵的任務，遣送士兵給曹操的軍隊。

至於劉璋是透過何種方式表示接受征役的，《三國志．蜀書．劉二牧傳》進行了交代：「**璋復遣別駕張松詣曹公，曹公時已定荊州，走先主，不復存錄松，松以此怨。**」劉璋派自己身邊的益州別駕張松去覲見曹操，當時曹操已經平定了荊州，趕走了劉備，因而並沒有厚待和重用張松，張松因此心懷怨恨。

那麼，張松怨恨的結果是什麼呢？「**松還，疵毀曹公，勸璋自絕，因說璋曰：『劉豫州，使君之肺腑，可與交通。』**」張松回到益州後，便勸劉璋與曹操絕交，轉而與劉備通好。

因個人冷遇而改變集團方向，一般人恐怕是沒有這個能耐的，張松怎麼會有如此自信？曾經，劉備不忍從劉表和劉琮手裡奪取荊州，如今在面對劉璋治下的益州時，他又將如何抉擇？

從建安十三年張松返蜀，到建安十六年（西元二一一年）劉備入蜀，再到建安十九年（西元二一四年）劉備據蜀，這中間究竟發生了什麼？

相反相成

原本，張松對於自己與曹操的那場會見是充滿期待的。

建安十年（西元二〇五年），劉璋派中郎將陰溥向曹操表達歸順之意，結果曹操加封劉璋為振威將軍，加封他的哥哥劉瑁為平寇將軍；建安十二年（西元二〇七年），劉璋派別駕張肅給曹操送去三百名健壯的叟兵和一些御用之物，結果張肅被曹操徵召為掾屬，任命為廣漢太守。既然以前的使者都受到了曹操的厚遇，尤其是自己的哥哥張肅還成了二千石的官員，自己的這次出使應該也不差，怎麼著也是個太守吧。

當然，張松的預期還不只於此。雖然張松「**為人短小，放蕩不治節操**」，但他卻「**識達精果，有才幹**」，對於劉璋的暗弱無能，他「**常竊歎息**」，因此琢磨著能夠借這次覲見曹操的機會，為曹操西取益州建言獻策。如果曹操能夠採納自己的建議，一旦平蜀，他成就的就是不世之功了。

然而，張松卻沒有趕上好時候。當志得意滿的曹操看到「為人短小」的張松，他不僅沒有以禮相待，而且還給張松任命了一個越嶲（音同髓）郡蘇示縣（今四川西昌境內）縣令的職務。張松原本已經是州別駕了，即使安排個郡太守也不算重用，如今卻只安排個縣令，並且還是偏遠地區的縣令，這就不僅僅是降級使用，甚至有些流放的意味了。當然，張松對於曹操的這一任命大可不必理會，回到益州後更不用真的去上任。但是，曹操的這一蔑視和侮辱著實讓張松無法釋懷。

更令張松失望的是，曹操不僅以貌取人，甚至還對自己的才華視而不見。據載，曹操的主簿楊修曾經拿曹操所寫的兵書給張松看，結果張松一邊宴飲一邊暗誦。一場酒宴下來，張松甚至可以倒背如流了。為此，楊修對張松「**深器之**」，專門建議曹操征辟張松，但曹操仍然無動於衷。

這下張松徹底絕望了。此時，正趕上曹操赤壁大敗，於是，回到益州的張松便詆毀曹操，勸劉璋與其斷絕交往，改與劉備結交通好。

劉璋不可靠，曹操靠不可，那劉備可靠嗎？？

這一次，張松變得謹慎了。思來想去，張松慫恿劉璋派出自己的好友法正作為使者去「**連好**」劉備。

作為關中扶風郡人，法正是在建安初年與同郡人孟達一起來益州投奔劉璋的。

不過，法正在益州的發展並不順遂，來了很長時間才被任命為新都縣縣令，後來又被召回劉璋身邊擔任軍議校尉。總體來看，飄來蕩去，法正依舊在低級別崗位上徘徊，更令他鬱悶的是，他還時常被同來的老鄉們非議，說他放浪無形。此時，只有張松與他「**相善**」。當張松舉薦他出使時，法正假意推辭，裝出一副「**不得已而往**」的樣子，心中卻認定這是一次難得的機會。

對於法正的到來，劉備「**厚以恩意接納，盡其殷勤之歡**」，可以說把接待工作做到了無處不在、無微不至的地步。回到益州後，法正不僅對劉備的「**雄略**」大為讚賞，而且迅速與張松「**密謀協規**」，一起商量擁戴奉迎劉備的具體方案。

沒多久，法正又按照劉璋的差遣，與孟達一起為劉備送去了數千人馬，幫助劉備守禦荊州。毫無疑問，這同樣離不開張松的慫恿。

此時，劉備剛從孫權那裡「求」來了荊州，沒想到進取益州也有了眉目，按說他應該喜上眉梢才是。然而，此時的劉備卻並無輕鬆和喜悅之情，反而被兩件事所困擾。

第一件事，如何阻止孫權取蜀。

借出荊州不久，孫權就向劉備發出了共同出師伐蜀的邀約。對於出師的理由，孫權言之皇皇：其一，張魯蠢蠢欲動，「**米賊張魯居王巴漢，為曹操耳目，規圖益州**」；其二，劉璋實在不行，「**劉璋不武，不能自守**」；其三，曹操不得不防，「**若操得蜀，則荊州危矣**」。有鑑於此，有必要攻劉璋、討張魯、拒曹操，「**今欲先攻取璋，進討張魯，首尾相連，一統吳楚，雖有十操，無所憂也**」。說來說去，孫權還是暴露了自己的真正意圖：「首尾相連，一統吳楚」，就是把長江上中下游連成一片，一統南方。

除了劉備，孫權甚至沒有忘了諸葛亮，在一封書信中，孫權提到：「**雅願以隆，成為一家。諸葛孔明母兄在吳，可令相並。**」如果美好的願望能夠成功，我們就是真正的一家了，像諸葛兄弟這樣分隔兩地的情況也就不會再出現了。

面對孫權的殷殷期望，劉備當然不能置之不理，但置就要置出個可否，理就要理出個頭緒，可是這個可否和頭緒又在哪兒呢？如果回答「可」，那就等於任由孫權去奪取益州，當初「隆中對」中「跨有荊、益」的計畫瞬間胎死腹中；如果回答「否」，那就等於公開與孫權過不去，自己剛剛「吃」了南郡，嘴短不說，搞不好還會產生軍事摩擦。如此看來，要想說不，還真是不容易。

猶豫之際，劉備身邊的荊州主簿殷觀提出了應對之策。

殷觀首先揭示了孫權邀約背後的如意算盤，並指出了同意伐蜀所面臨的潛在危機：「如果我們答應了東吳，那就要給他們當前驅，這樣，進不能攻克蜀地，退又被東吳襲擊，事情就全完了。」

緊接著，殷觀提出了自己的建議：「如今我們可以贊同他伐蜀，但同時要說自己剛剛占據了幾個郡，不能興師勞眾，這樣東吳必定不敢越過我們獨自伐蜀。」

很明顯，殷觀是想給孫權一顆軟釘子：伐蜀我很贊成，但一同出兵，我沒辦法答應。換句話說，要去你自己去，我們不陪你。

對於殷觀的建議，劉備十分認可。隨後，他不僅委婉地回應了孫權，而且振振有詞地進行了勸說：其一，劉璋還可以，「**益州民富強，土地險阻，劉璋雖弱，足以自守**」；其二，張魯未必敢，「**張魯虛偽，未必盡忠於操**」；其三，出師有風險，「**今暴師於蜀、漢，轉運於萬里**」，如果曹操「**飲馬於滄海，觀兵於吳會**」就危險了；其四，攻伐不道義，「**同盟無故自相攻伐，借樞於操，使敵承其隙，非長計也**」。

然而，意氣風發的孫權哪裡聽得進劉備的這番托詞，沒多久就讓孫瑜率領水軍進駐夏口，擺出一副箭在弦上的架勢。

這下劉備不幹了，你能霸王硬上弓，我就不能霸王硬下弓嗎？於是，劉備一方面命令關羽屯兵江陵、張飛屯兵秭（音同紫）歸、諸葛亮據守南郡，自己駐紮公安，沿江布下百里防線，完全封死孫權西進的道路；另一方面又從道義的高度勸說孫權罷手，說自己與劉璋同為漢室宗親，請孫權看在自己的面子上對劉璋加以寬貸，如果孫權不同意，自己就「**放發歸於山林**」，「**不失信於天下**」。看到劉備使出如此軟硬兩手，孫權拉開的弓只好又收了回去，西進取蜀就此作罷。

這邊遏止了孫權的取蜀企圖，那邊劉備又在為第二件事情而發愁了。那就是：自己要不要取蜀。

作為「**親待亞於諸葛亮**」的軍師中郎將，龐統是進軍益州的積極倡議者。

南郡功曹龐統，是在周瑜意外去世、劉備借得荊州的背景下，從周瑜的手下變成劉備的部屬的，某種程度上講，他屬於劉備「求」荊州的副產品或者說附屬品。因此，相較於劉備對諸葛亮的「三顧茅廬」和「情好日密」，人稱「鳳雛」的龐統在劉備這裡就沒有那麼幸運了。一開始，劉備只給龐統安排了一個耒（音同壘）陽縣縣令的職務，結果「**在縣不治，免官**」。後來，在魯肅、諸葛亮等人的推薦下，劉備才見面與龐統聊了聊，結果這一聊，「**大器之**」，隨即任命龐統為荊州治中從事，讓他成了自己的親近幕僚。

既然受到重用，就要發揮重大作用，而此時能讓龐統發揮大作用的就只有西面的益州了。於是，一番分析思考之後，龐統向劉備提出了建議。

首先，龐統描述了荊州在經歷兩次大戰、三次易主之後的狀況：「**荊州荒殘，人物殫盡，東有吳孫，北有曹氏，鼎足之計，難以得志。**」在經濟社會殘破凋敝、人力物力消耗殆盡、東面北面強敵窺視的情況下，單單一個荊州，已經不具備實現鼎足而立的條件了，想實現更大的志向更是不可能。

隨後，龐統在分析益州狀況的基礎上，提出了自己的建議：「**今益州國富民強，戶口百萬，四部兵馬，所出必具，寶貨無求於外，今可權藉以定大事。**」不管從人力、物力、財力、軍力任何一個方面講，益州都是可以暫且借過來幹點大事的。注意，龐統這裡專門用了「權」和「借」兩個字，「權」就是權且、暫日的意思，「借」自然是借入的意思。言外之意，等將來大業已成，暫時借來的益州可以再還回去。

對於龐統的建議，劉備沒有直接作答，而是拿自己和曹操作起了對比：「**今指與吾為水火者，曹操也，操以急，吾以寬；操以暴，吾以仁；操以譎，吾以忠；每與操反，事乃可成耳。**」知道我是怎麼成功的嗎？關鍵的一條就是與曹操反著來，曹操是火，我就是水；曹操峻急，我就寬和；曹操暴戾，我就仁慈；曹操詭譎，我就忠信。

差異化競爭是劉備的策略，信義於天下是劉備的原則。建安十三年，在是否奪取荊州的問題上，劉備就多次面臨著類似的難題，如今這一難題再次擺到了他的面前。對此，劉備的結論是：「**今以小故而失信義於天下者，吾所不取也。**」一句話，「益」和「義」是一對矛盾，我絕不會為了「益」而捨棄「義」。

這下，麻煩了！當初，諸葛亮為劉備量身打造的「隆中對」中，一切的基礎就是「跨有荊、益」，沒了這個基礎，還談什麼「荊州之軍以向宛、洛」，「益州之眾出於秦川」，還談什麼「霸業可成，漢室可興」？

於是，龐統又說話了：「**權變之時，固非一道所能定也。**」在這個需要權衡利弊、因應變化的時代，絕不是靠一種方法就能搞定的。言外之意，千萬不能死腦筋，不能一條道走到底。

隨後，龐統以古說今並給出了自己的解決方案：「**兼弱攻昧，五伯之事。逆取順守，報之以義，事定之後，封以大國，何負於信？**」兼併弱小，進攻愚昧，這是春秋五霸的成功之道。先用強力攻取再以禮義治理，奪取之後報之以仁義，事成之後封之以大國，有什麼背負於信義的地方呢？一句話，先強權再仁義。再講的直白點，有了強權才能談得上仁義。

最後，龐統又強調了一句：「**今日不取，終為人利耳。**」現在我們不動手，早晚會落入別人手中。很明顯，這既是一種提醒，又是一種催促。

從「權藉以定大事」到「逆取順守，報之以義」，龐統試圖讓劉備明白，「益」與「義」並不矛盾，得「益」是為了更好地守「義」。

有了龐統的這套解釋，劉備心中那個關於信義的包袱開始逐漸變得輕盈。

放虎自衛

最終，曹操的一個大動作幫到了劉備。

建安十六年（西元二一一年）三月，曹操派遣司隸校尉鍾繇討伐張魯，同時命令征西護軍夏侯淵率大軍出河東，與鍾繇會合。

原本，曹操的真實意圖是想「假途滅虢」，以征張魯為名消除關中的馬超、韓遂等勢力，但這一舉動不僅逼得馬超、韓遂等關中勢力「十部皆反」，而且讓益州的劉璋也「心懷恐懼」。

看著劉璋焦慮的神情，身為別駕的張松主動自覺地上前為主公分憂。張松說：「現在曹操兵強馬壯，可以說無敵於天下，如果再憑藉張魯的資源順勢來奪取蜀地，誰能抵禦得了他呢？」一上來，張松就挑開了這一既敏感又令人緊張的話題。

「我一直有這樣的擔心，但也沒有什麼好辦法。」劉璋頗為無奈地回答。

看著主公一臉束手無策的表情，張松提出了自己的建議：「劉備劉豫州，既是您的本家宗親，又是曹操的死對頭，並且善於用兵，如果請他來對付張魯，那麼張魯必定被攻破。張魯敗，則益州增強，曹操即使來了，也無能為力。」

不僅如此，張松還有更加充分的理由：「現在州中的將領龐義、李異等人全都居功自傲，又有勾結外敵的想法。如果沒有劉備幫忙，就會出現敵攻於外、民攻於內的局面，這是必敗的結局。」

外患加內憂，張松的這番話不是增添了劉璋的信心，而是增加了他的恐懼。

張松說的沒錯，除了張魯和曹操，益州內部一直以來就不是很安穩。幾年前，劉璋就遭遇到了益州實力派人物趙韙的叛亂，好不容易才鎮壓下去。如今，龐義雖然與劉璋「**有舊**」，劉璋甚至為長子劉循迎娶了龐義的女兒，但隨著龐義擔任巴西太守，也變得越來越「**專權勢**」，儼然把巴西郡變成了一個獨立王國；而李異作為趙韙的老部下，雖然在趙韙的叛亂中「**反殺韙軍**」，但其忠誠度同樣令人質疑。

於是，聽張松這麼一說，病急亂投醫的劉璋，忙不迭地派法正率領四千人馬去荊州迎接劉備，這還不算，送去的金銀布帛等厚禮更多，「**前後賂遺以巨億計**」。此時，劉璋只盼望著這位宗親加梟雄能夠替自己削平張魯，拱衛益州。

見到劉備後，法正先是在公開場合表明了劉璋的殷殷之情，隨後又在私底下向劉備獻出了計策：「以將軍您的英明才幹對付劉璋的昏庸懦弱，再加上張松這樣的股肱重臣作為內應，取得益州完全沒問題。然後，以益州的殷富為資本，以益州的險峻為憑藉，成就一番大業是易如反掌的事情。」不僅論證取益州的可能性，而且點出益州未來的價值和作用。說白了，法正是在幫劉備下決心。

經過與法正的多次接觸，劉備對於「**蜀中闊狹，兵器府庫人馬眾寡，及諸要害道裡遠近**」早已一清二楚。聽到法正這番話，劉備更是不再有任何糾結和猶豫，帶著軍隊便逆流西上。

劉備那邊一路西進，劉璋這邊卻一片恐慌。這次的恐慌，似乎並不亞於曹操南下所引發的騷動。主簿黃權提出了一個尖銳的問題：劉備入蜀後，位置怎麼擺？是作為甘居人下的部曲，還是作為平起平坐的賓客？很明顯，「**以部曲遇之，則不滿其心**」，劉備絕不會滿意；但是「**以賓客禮待，則一國不容二君**」，甚至會出現「**客有泰山之固，主有累卵之危**」的局面。如此看來，怎麼都不行。最好就是把劉備擋在門外。

從荊州輾轉交趾投奔到劉璋身邊的劉巴，由於在荊州就對劉備有所瞭解，說話更為直白：「**備，雄人也。入必為害，不可內也。**」從事王累更為極端，諫言沒有用，就自刎於城門，索性來了個屍諫。

但這些婉言相諫、直言力諫、無言屍諫，都沒有用。很快劉備大軍就到達了巴郡（今重慶市附近）境內。

望著劉備率領的那些如同回到自己家的虎狼兵將，巴郡太守嚴顏禁不住捶胸而歎：「**此所謂獨坐窮山，放虎自衛也。**」嚴顏說得沒錯，當時列強環視，各個虎視眈眈，劉璋的處境恰似「獨坐窮山」；情急之下，劉璋把曾經救孔融、援陶謙，最終卻自己做了徐州牧的劉備請了進來，難道不是「放虎自衛」嗎？

不久後，劉備率軍到達了成都北面的涪（音同福）城（今四川綿陽），劉璋親自率步騎三萬餘人前往迎接，雙方「**歡飲百餘日**」，氣氛相當融洽。

不過就在雙方會面的這段時間，張松卻讓法正給劉備帶話，最多快、好、省時的辦法，就是在會面時幹掉劉璋。

對此，劉備答覆了六個字：「此事不可倉卒！」

緊接著，龐統也向劉備獻策：「現在趁著與劉璋會面的機會就把他抓起來，如果這樣，將軍您不必大動干戈就可以輕鬆取得整個益州。」不愧是在周瑜手下幹過，龐統的這一建議與周瑜當年向孫權建議的「**徙備置吳**」倒有幾分相似。

一個建議殺，一個建議抓，無論張松還是龐統，都想幫劉備儘快拿下益州。然而，劉備卻有自己的考慮，他對龐統說：「**初入他國，恩信未著，此不可也。**」很明顯，劉備最看重的還是「恩信」二字。在劉備看來，沒了恩信，即使一時得手恐怕也難以長治久安。就這樣，即使雙方多次會面歡飲，劉備始終沒有動手。

百日之後，劉璋「**以米二十萬斛，騎千匹，車千乘，繒絮錦帛**」，把劉備送上了討伐張魯的征程。

聽說劉璋要讓劉備去征張魯，之前反對劉備入蜀的劉巴，如今又出來勸諫。他對劉璋說：「**若使備討張魯，使放虎於山林也。**」把他放在身邊還好，一旦讓他走，簡直就是放虎歸山，養虎為患。當然，這些話對劉璋毫無作用。

有了劉璋的資助，劉備「**並軍三萬餘人，車甲器械資貨甚盛**」。不過，此時的他並沒有趕往漢中，而是在一個叫葭（音同加）萌（今四川廣元南）的地方停了下來，在此「**厚樹恩德，以收眾心**」。

就這樣，過了數月，眼見劉備在益州恩信漸著，龐統獻出了奪取益州的上、中、下三計。

首選方案：奇襲成都，「**陰選精兵，晝夜兼道，徑襲成都，璋既不武，又素無預備，大軍卒至，一舉便定，此上計也**」。

次選方案：剷除近患，「**楊懷、高沛，璋之名將，各仗強兵，據守關頭，聞數有箋諫璋，使發遣將軍還荊州。將軍未至，遣與相聞，說荊州有急，欲還救之，並**

使裝束，外作歸形；此二子既服將軍英名，又喜將軍之去，計必乘輕騎來見，將軍因此執之，進取其兵，乃向成都，此中計也」。

末選方案：退回荊州，「退還白帝，連引荊州，徐還圖之，此下計也」。最後，龐統不忘強調猶豫不決的風險，「若沉吟不去，將致大困，不可久矣」。

三計中，龐統對上計和下計的分析簡單明瞭，上計更多強調奇襲的收益而缺少對風險的分析，下計更是三言兩語，簡單陳述。而對於中計，龐統則是條分縷析，頗費心思。首先，龐統認為楊懷、高沛擁有強兵，占據雄關，並且對劉備十分不友好，所以必須除掉；其次，龐統建議劉備假意回荊州，引楊、高二將上套，捕而殺之；最後，龐統建議劉備兼併楊、高二將的軍隊，進軍成都。這是一套相當完整的解決方案，看來，龐統真正的意圖是中計。

對於劉備來說，上計不道義，下計不甘心，也唯有中計可以接受。於是，劉備借著曹操征伐孫權，孫權向自己求救的機會，寫信給劉璋，提出回救孫權、關羽。不僅要回去，劉備還向劉璋提出了兵糧請求，希望「從璋求萬兵及資實」。

聽說劉備一仗沒打就要回去，而且向自己要兵要糧，劉璋雖說心裡不悅，但同為漢室宗親，人也是自己請來的，總不能翻臉。於是，勉強送去四千兵馬和劉備請求的半數物資，也算對得住劉備。

這時，心裡不悅的還有張松。用盡千方百計才把劉備請進來，眼看益州唾手可得，劉備竟然要撤軍，這是玩的哪一齣呀！？心急如焚的張松連忙給劉備、法正去信，急急地詢問：「**今大事垂立，如何釋此去乎？**」可惜，張松把信的內容透露給了自己的哥哥張肅，而張肅則把自己的弟弟給告發了。結果，劉璋斬了張松。

劉備和劉璋攤牌的時刻到了。建安十八年（西元二一三年），以劉璋不能足兵足食為藉口，劉備誘殺了鎮守白水關的楊懷、高沛，隨後派遣黃忠、魏延諸將兵指成都。

劉備大軍一路南下，沿途「**所過輒克**」，收降納叛，好不快意。不久，劉備就到達了當初與劉璋相會的涪城，在這裡「**置酒作樂**」，犒勞諸將。望著眼前的美酒，想著咫尺之遙的成都，劉備忍不住對龐統說：「**今日之會，可謂樂矣。**」

看到劉備如此得意忘形，龐統當即回了一句：「**伐人之國而以為歡，非仁者之兵也。**」把討伐別人的領土當成一種歡樂，這恐怕不是仁者之兵吧！

一聽龐統這句話，劉備不高興了：「**武王伐紂，前歌後舞，非仁者邪？卿言不**

當，宜速起出！」武王伐紂，也是前歌後舞，難道也不是仁者嗎？你這樣胡言亂語，最好馬上給我出去！

看到劉備如此暴怒，龐統多少有些意外，索性起身退了出去。

不一會兒，劉備有些後悔，又把龐統請了回去。回到座位上，龐統也不道謝，依然「**飲食自若**」。

此時，劉備依然心有芥蒂，隨即問龐統：「**向者之論，阿誰為失？**」剛才我們倆的觀點，到底誰對誰錯？

龐統的回答倒也乾脆：「**君臣俱失。**」

聽到回答，劉備大笑，二人「**宴樂如初**」。

其實，怪不得劉備發怒。當初鼓動劉備「伐人之國」的是龐統，如今指責劉備「非仁者之兵」的又是龐統，你這不是自己指責自己嗎？

當然，龐統的做法也有自己的道理，有些事情只能做不能說，要說也只能私下裡說，現在你公開說「可謂樂矣」，豈不是把自己一直標榜的那塊遮羞布也給扯掉了。

沒錯，此時的劉備的確沒有以前那樣瞻前顧後了，他所想的只是儘快奪取益州。

建安十八年（西元二一三年）五月，劉備從涪城出發，大軍直指成都。一路上，劉備擊敗了沿途抵抗的劉璝（音同歸）、張任等將領，收降了吳懿、李嚴、費觀一干人等，打得成都只剩下了最後一道屏障：雒（音同洛）城（今四川廣漢市市區）。

在雒城，劉備遇到了最頑強的抵抗。劉璝、張任和劉璋之子劉循一起據守於此，任憑劉備發動多麼猛烈的攻勢，雒城依舊固若金湯。為了確保能夠拿下整個益州，劉備於建安十九年（西元二一四年）五月命令諸葛亮、張飛、趙雲從荊州溯江而上，克郡定縣，共圍成都。當年，司馬徽告訴劉備「**此間自有伏龍、鳳雛**」，如今，劉備把這兩位俊傑都召來，看來已經對益州急不可耐了。

不過，歷史沒有給伏龍、鳳雛珠聯璧合的機會。正當諸葛亮一路西上之時，龐統卻在攻城時，被流矢擊中，殞命陣前，時年三十六歲。

看到自己的心腹軍師意外離去，劉備扼腕痛惜，一提到龐統就傷心流涕。劉備親自在雒城附近安葬了龐統，並且將該地命名為落鳳坡。

後來，一直難以釋懷的劉備追賜龐統為關內侯，定其諡號為靖侯；不僅如此，劉備還專門派遣諸葛亮親自去授予龐統的父親以議郎的稱號，之後又升任諫議大夫。

當年，客居荊州的名士傅巽曾經把龐統視為「**半英雄**」，時人都不是太明白。如今，龐統初露鋒芒就英年而逝，他的滿腹智謀、一身才華都只能留在世人的想像中了。憑著入蜀三計，他僅能算是半個英雄吧！

龐統走了，劉備很痛惜；不過，另一個人的到來，卻使劉備很興奮。

沒錯，這個人就是馬超。

建安十六年（西元二一一年）七月，馬超在關中的潼關與親自出征的曹操展開了激烈的廝殺。一開始，雙方互有勝負，馬超甚至一度占據上風，還逼得曹操脫口說出「**馬兒不死，吾無葬地也**」這麼一句忌憚的話。不過，隨著曹操悄悄派徐晃繞道渡過渭河、巧施離間計、發動閃擊戰，馬超、韓遂還是退回了涼州。

建安十八年（西元二一三年），馬超「**盡兼隴右之眾**」，在張魯軍隊的配合下企圖捲土重來。然而，在參涼州軍事楊阜和撫夷將軍姜敘等人的拼死抗擊下，「**進退狼狽**」的馬超最終功虧一簣，逃奔漢中歸附了張魯。

在漢中，馬超很快就發現張魯「**不足與計事**」，加之張魯的部將楊昂等人又多次詆毀自己，因此常常「**內懷於邑**」，憂鬱不已。

聽說劉備包圍了成都之後，馬超「**密書請降**」，立刻就要前來歸附。

聞聽馬超來投，劉備自然喜上眉梢，高興地對手下說：「**我得益州矣。**」不過，高興歸高興，劉備還是阻止了馬超立刻前來的請求。

這是為何？

其實，劉備並不是不讓馬超來，而是想讓他耀武揚威地來。劉備先是悄悄地給馬超增加了許多人馬，隨後讓馬超帶領著這支壯大後的隊伍屯駐在了成都城北。

馬超的到來，猶如千斤重壓下又多了一塊巨石，成都隨之陷入一片震怖之中。據傳，深受劉璋厚待的資深名士、蜀郡太守許靖竟然都要越城投降，其他人更是戚戚惶惶，各尋出路。看到此情此景，劉璋即使再後悔也毫無辦法，懦弱的他最終選擇與入城勸降的簡雍一起，乘車出降。

隨著城門洞開，益州的劉璋時代結束了，屬於劉備的時代開始了。

說完發生在益州的那些大事件，再來聊聊此間的一個小人物。

這個人就是劉巴。

建安十三年（西元二〇八年），在劉備「奔江南，荊、楚群士從之如雲」的潮流中，零陵人劉巴卻獨自北上投奔了曹操。由於劉巴的老家在荊州南部，曹操在任命他為丞相掾屬的同時，派他作為使者去招撫長沙、零陵、桂陽三郡。結果，劉巴剛到荊南，赤壁獲勝的劉備就占領了這三個郡。

荊南地區待不住了，北上覆命的路也被周瑜、劉備阻斷了，劉巴只得向南逃到了交趾。按說，待在交趾就不會與劉備發生交集了，但劉巴沒多久卻偏偏又跑到了益州，結果沒多久就趕上了劉備入蜀。隨著劉璋的投降，劉巴這個多次與劉備背道而馳的人，如今終於在成都與劉備相遇了。

對於這樣一個反對自己的人，劉備非但沒有問罪，反而在進入成都前命令，但凡有傷害劉巴的，誅滅三族。平定益州後，看到劉巴主動前來謝罪，劉備「甚喜」，再加上諸葛亮的推薦，劉巴不久就成為左將軍府西曹掾。

劉備對劉巴的寬待，不久就收到了回報。據載，在進入成都前，劉備曾經許諾部下，一旦拿下成都，府庫中的財物大家隨便拿。結果，大軍一入城，國庫就被洗劫一空。隨後，劉備又舉行了盛大的慶祝活動，並對部下進行了豐厚的賞賜。於是，一向富饒的天府之國此時竟出現了錢荒，一時間物價飛漲，搞得劉備「甚憂之」。

面對這種情況，劉巴不失時機地提出了一個解決方案：發行大面值貨幣。具體方法是「鑄直百錢，平諸物賈，令吏為官市」。改變之前貨幣重量與面值的對應關係，在同等重量的銅錢上標注更大的貨幣面值，以此增加官方的貨幣財富，進而獲取更多的經濟資源，這等同於現代社會的增發貨幣，相當於徵收了一筆鑄幣稅，是對社會財富的聚斂。

不過，作為過渡措施和權宜之計，這種手段倒的確幫劉備解決了錢荒問題，穩住了嚴峻的財政形勢，「**數月之間，府庫充實**」。

鑒於劉巴的能力才幹，此後他持續得到重用，後來還擔任了主管蜀漢日常行政事務的尚書令。

單刀赴會

眼見劉備入主益州，東吳的孫權坐不住了。

早在建安十六年（西元二一一年），「**聞備西上**」後，深感情商、智商受到雙重愚弄的孫權，氣憤地冒出了一句：「**猾虜乃敢挾詐！**」這個狡猾的傢伙竟然敢欺騙我！

為了挽回損失和顏面，孫權不久便「**遣舟船迎妹**」。據說，這位孫妹妹返回江東的時候，曾想把劉備當時唯一的兒子劉禪也帶回去，要不是張飛和趙雲「**勒兵截江**」，說不定劉禪就真被帶走了。

後來，隨著諸葛亮等人西入益州，留守荊州的關羽與屯駐陸口的魯肅「**數生狐疑，疆場紛錯**」，雙方摩擦不斷。

索回妹妹容易，索回荊州就沒那麼容易了。為此，孫權採取了先禮後兵的做法。

建安二十年（西元二一五年）五月，孫權派諸葛瑾前往成都交涉還荊州事宜，結果卻吃了一個軟釘子，這次劉備又信誓旦旦地表態：「我正在謀劃取得涼州，等到涼州平定了，就把整個荊州都交給東吳。」

很明顯，這是劉備的緩兵之計。面對劉備的敷衍和推託，孫權旋即採取了第二步：派出了自己任命的官吏，強行接管長沙、零陵、桂陽三郡。結果，關羽毫不客氣地「盡逐之」，統統給趕了出去。

這下，孫權火大了，立刻令呂蒙率二萬人馬強奪荊南三郡，同時令魯肅率兵在巴丘對陣關羽，孫權自己則靠前指揮，進駐陸口（今湖北嘉魚縣西南）。

這邊孫權往前靠，那邊劉備也在往回趕。意識到形勢的嚴峻後，劉備立刻率兵五萬回到公安，同時讓關羽領兵三萬奔赴益陽，與吳軍形成對峙。

作為周瑜之後、「主戰派」的代表人物，呂蒙動起手，乾淨、麻利、快！沒等劉備的援軍趕回，就先後成功拿下了長沙、桂陽兩郡。反觀，一向主和的魯肅，卻左右為難，踟躕不前。

眼見雙方即將全面開戰，魯肅搞出了一個「單刀會」。具體而言，就是雙方在兩軍交界處找一個地方，各自把兵馬停在百步以外，雙方將領每人只隨身帶一把單刀前去會面。

對於這次單刀赴會，武將出身的關羽自然安之若素，而文士出身的魯肅卻著實讓人捏把汗。為此，手下將領紛紛勸他取消會面或者找人代替。對此，魯肅卻胸有成竹，認為「**是非未決**」，關羽還不至於要了自己的性命。

會面時，魯肅更是先聲奪人，首先將了關羽一軍：「我們當初把地盤借給你們，是因為你們打了敗仗，遠遠地逃過來，沒有立足之地。如今你們既然已經得到了益州，就把荊南三郡給我們，你們有什麼好磨磨蹭蹭的？」

不等魯肅說完，關羽一方就有人插嘴：「土地這東西，誰有德行就是誰的，哪有一成不變的道理！」

聽到有人置喙，魯肅不禁聲色俱厲，言辭更加急切。看到手下如此無禮，關羽也提刀起身加以呵斥：「國家大事，你懂什麼！」隨後，使眼色讓那人離開。

平息了這場小插曲之後，關羽開始反駁：「當初烏林之戰，我家主公親自參加戰鬥，睡覺時也盔甲不離身，一心消滅曹操，怎麼能白白付出，連一塊地盤都沒有呢，足下怎麼好意思來要地？」

魯肅當然不認可關羽的說法，他又把時間向前拉了一截：「當初，劉備大敗於長坂坡，手下的人馬少得可憐，本來只想著逃得越遠越好，哪裡會想到有今大。要不是我家主公可憐劉備居無定所，拿出土地和人馬加以資助，你們怎麼渡過當時的困難？現在你們得到益州又不認帳了？」

就這樣，雙方各執一詞，你說你的功，我說我的勞，你說你的長坂，我說我的烏林，總不能談到一起去。不過，從場面上來看，關羽有些吃虧。有句俗話，叫「秀才遇到兵，有理說不清」，這句話在這場單刀會上卻反了過來。

其間，魯肅猛地來了一句「**師曲為老，將何得濟**」。意思是，既然你們沒道理地賴在這裡，肯定會越來越立不住腳，倒要看看你們今後怎麼辦？

沒承想，魯肅這一句話，竟然把關羽說得無以應對。也許，一向自認為熟讀《左傳》的關羽還在想如何用《左傳》加以回擊吧，然而這場單刀相會的嘴仗卻已經結束了。看來，秀才讀書還是用得上，而大兵讀書則未必來得及用。

不過，在後世的演義中，秀才們——尤其是落魄秀才們，也許是對成功文士不爽，也許是要討好市井大眾，把這場秀才智屈強兵的較量，變成了英雄單刀赴會、強兵勇鬥秀才的精彩大戲。戲中，魯肅面對關羽提刀相脅，不僅「**魂不附體**」地被強扯到江邊，而且望著關羽乘船遠去還「**如癡似呆**」。最後，《三國演義》還不忘以詩相贊：

藐視吳臣若小兒，單刀赴會敢平欺。
當年一段英雄氣，尤勝相如在澠池。

你看，歷史一碰到演義就只有隱沒的份了。不過，羅貫中還算厚道，在彰顯關羽武勇的同時，他也沒辦法完全湮沒歷史的真相，更沒有把後世的讀者藐視成無知小兒。小說中，關羽面對魯肅引經據典、咄咄逼人的追問，還是頗為理屈地來了句：「**此皆吾兄之事，非某所宜也。**」這些都是我大哥的事，不是我能管得了的。言外之意，道理我們就別講了，要講找我大哥講去。看來，羅貫中還是有意無意地露出了一隻馬腳。畢竟，他也是文人嘛！

刮目相看

雖然魯肅在處理孫劉糾紛問題上既克制又勇敢，但孫權對此卻不滿意。多年後，孫權在與陸遜談及周瑜、魯肅、呂蒙等重臣時，用「**內不能辦，外為大言**」來評價魯肅在荊州問題上的作為。意思是，魯肅內心知道自己辦不到，表面上還說大話。孫權能夠如此定性，可見內心不滿到了何種程度。

當然，在批評魯肅的同時，孫權也用「**圖取關羽，勝於子敬**」向陸遜誇讚了呂蒙在解決荊州問題上的優異表現。當然，孫權的這句評語與呂蒙日後白衣渡江、巧奪江陵密不可分，不過，即使從呂蒙在建安二十年（西元二一五年）這次衝突中的表現來看，也同樣可圈可點。

事情的經過是這樣的。看到劉備親率大軍從益州返回公安，孫權急信呂蒙放棄進攻零陵，立刻回師益陽，增援魯肅。

接到書信後，呂蒙不僅沒有下令撤退，反而連夜召集部將，部署第二天一早的攻城任務。如此重要的軍事會議，呂蒙卻刻意讓零陵太守郝普的老友鄧玄之坐在自己身旁。

布置完任務，呂蒙以頗為郝普惋惜的口吻，轉身對鄧玄之說了一番至情至理的話。首先，呂蒙肯定了郝普的忠義；隨後，呂蒙分析了郝普的艱難處境：劉備在漢中，關羽在南郡，他們都像倒吊著的人，自顧還不暇呢，怎麼會騰出手來救零陵？「現在郝普就像牛蹄印中的小魚，還指望長江、漢水來活命，這怎麼可能？明日我大軍攻城，郝普一個人戰死也就罷了，還牽連老母親一同被殺，豈不令人痛心？你還是勸勸他吧！」呂蒙最後說。

幾句話，說得鄧玄之心服口服。隨即，鄧玄之入城把呂蒙的這番話複述給了郝普，再隨後，郝普被說服了。

投降之後，呂蒙親切地握著郝普的手，先把他迎接到了自己的戰船上，隨後把孫權的急信遞給了他。

看到劉備已到公安，關羽近在益陽，郝普恨不得找個地縫能鑽進去。不怪對手太狡猾，只怪自己太愚直。

如此看來，呂蒙算得上是個有勇有謀的將領。聽聽上面呂蒙引經據典，頭頭是道的勸降辭，誰會想到早年的呂蒙卻是一個只愛冒險、只想殺人的莽夫。

當年，家在中原汝南郡的呂蒙，很小的時候就跟隨家人南渡長江，十五六歲時又跟著姐夫鄧當去攻打山越，姐夫和老母親看他年齡小不讓他去，他不僅不聽，還搬出當年班超平定西域時的那句「不入虎穴，焉得虎子」作為回應，弄得家人也沒辦法。

後來，鄧當手下的一名小吏也瞧不起他，認為年紀輕輕的他不是去得虎子，而是去以肉喂虎。結果，少年呂蒙手起刀落了結了那人的性命，自己跑路去了。

好在那時天下大亂，有槍便是草頭王。沒幾年，呂蒙就成了孫策的手下，後來又成了孫權的幹將，在征討黃祖的戰役中，因為親手殺了黃祖的水軍都督陳就而立了頭功。

如果呂蒙就這樣打打殺殺，無疑會成為一員攻城拔寨的猛將，而不是智勇雙全的儒將。然而，一次聊天之後，呂蒙卻發生了改變。

一次，孫權把愛將呂蒙和蔣欽找來談話。談話的核心意思就一個：打仗之餘，你們多讀讀書，學學文。

此時，生性不喜書傳的呂蒙很不以為然，直接回了一句：「**在軍中常苦多務，恐不容復讀書。**」軍隊裡的事還忙不完呢，哪有閒工夫再去讀書。

這下孫權不高興了，隨之說了一大堆勸學的話。

「我又不是叫你們治經典當博士，只是叫你們多看看歷代往事，有所涉獵和借鑒。」首先，孫權對讀書作了定位。

「你說事情多，再多有我的事情多嗎？我年少時除了《易經》之外，把《詩經》、《尚書》、《禮記》、《左傳》、《國語》都讀遍了，主事江東以來，又讀了《史記》、《漢書》、和《東觀漢記》等三史以及各家兵書，自己認為大有益處。」孫權以自己為例，既講了讀書的收穫，又駁斥了呂蒙的藉口。

「你們二人悟性都很高，肯定能夠學有所得。你們最好先讀讀《孫子兵法》、《六韜》、《左傳》、《國語》以及《史記》、《漢書》和《東觀漢記》。」最後，孫權不僅對呂蒙、蔣欽進行了勉勵，還給他們指定了閱讀書目。

主公已經把話都說到這個份上了，呂蒙還能不讀書嗎？於是，他硬著頭皮、擠出時間，抱起了書本。

結果一拿起書來，呂蒙就放不下了，其廢寢忘食和博覽群書的程度，連一些儒生名士也自愧弗如。

雖然讀書日有長進，但真正檢驗呂蒙讀書成果的，卻是一次不期而至的相會。建安十五年（西元二一〇年），魯肅接替周瑜去陸口（今湖北嘉魚縣陸溪鎮）駐防，路過呂蒙的駐地。

本來魯肅心裡有些看不上呂蒙，沒想著去拜訪呂蒙，不過有人對他說呂蒙「**功名日顯**」，不能以舊眼光看待。魯肅心想反正也會路過，順道拜訪一下也無妨。見到魯肅前來，呂蒙盛情款待，推杯換盞。看到這種場面，魯肅倒有些不以為然，呂蒙還是往日的呂蒙，沒什麼長進嘛！

然而，酒過三巡之後，呂蒙的一番發問卻讓魯肅心頭一驚：「魯將軍身擔重任，防區與關羽相鄰，打算採取什麼策略防範緊急情況的發生？」

對於這樣事關重大的問題，魯肅只能含糊作答：「還能怎麼辦，隨機應變吧。」

呂蒙對於這樣隨意的回答當然不滿意：「現在東西兩方雖然是一家，但關羽實在是一名熊虎之將，怎麼能不事先規劃好應對的策略呢？」隨後，呂蒙和盤托出了自己的五條策略。

這下，魯肅坐不住了！他當即起身走到呂蒙身旁，邊用手輕拍呂蒙的後背，邊讚歎道：「原來只知道大兄弟你有武略，今天看來，你還學識淵博有見地，看來真不是以前的吳下阿蒙了（**非復吳下阿蒙**）。」

聽到魯肅的讚揚，呂蒙回應說：「**士別三日，即更刮目相待。**」以後您別再用老眼光看人了。

是呀，我哪還敢以老眼光看你呀！一番談話，不禁讓魯肅對呂蒙敬重有加，他當即入室拜見了呂蒙的母親，與呂蒙結成了好友。

如今，關羽虎踞荊襄，想想呂蒙當日管控危機的策略，看看今日智取零陵的奇謀，魯肅對呂蒙更要刮目相看了。

而有了荊南三郡在手，孫權便有了與劉備或打或談的籌碼，因而氣勢上更加咄咄逼人。反觀此時的劉備，不僅老地盤荊州遇到了麻煩，新地盤益州也變得岌岌可危，就在孫劉荊州對峙的當口，曹操卻攻破了張魯盤踞了三十多年的漢中，隨時可能進逼巴蜀。

權衡之下，劉備選擇向孫權求和。隨後，雙方以湘水為界，瓜分了荊州，湘水以西的南郡、零陵、武陵歸劉備，湘水以東的江夏、長沙、桂陽歸孫權。

至此，在劉備一方看來，雙方在荊州問題上的爭議算基本解決了，我是從你那裡「求」了荊州，如今我不是把三個郡給你了嗎？

然而，在孫權一方看來，問題遠沒有那麼簡單。江夏我早已占得大半，長沙、桂陽我也已經接管，零陵我又還給了你，我們頂多算是把眼前這事情給了結，江陵那筆賬還沒算，離兩清還遠著呢！

建安二十二年（西元二一七年），時年四十七歲的魯肅病故，時年三十九歲的呂蒙繼任。隨著主將的更迭，東吳對荊州的策略方針也悄然發生了變化。

一上任，呂蒙就向孫權「**密陳計策**」，提出了與魯肅完全不同的解決方案。首先，呂蒙規劃了吳軍在長江沿線的軍事部署：「**令征虜守南郡，潘璋住白帝，蔣欽將游兵萬人，循江上下，應敵所在，蒙為國家前據襄陽，如此，何憂於操，何賴於羽？**」征虜將軍孫皎鎮守南郡，潘璋進駐白帝城，蔣欽率軍沿江機動，呂蒙自己率軍奪取曹軍占據的襄陽。看來，呂蒙是把關羽和曹操都算計到了。說起來，這倒是在貫徹了魯肅當年「竟長江所極」的「榻上策」，只不過比魯肅本人更堅決。

隨後，呂蒙對盟友性格和當前態勢進行了分析：「**且羽君臣，矜其詐力，所在**

反覆，不可以腹心待也。今羽所以未便東向者，以至尊聖明，蒙等尚存也。」況且，關羽君臣崇信詭詐和實力，反覆無常，決不能對他們知心相待。如今關羽之所以不便向東出兵進攻我們，就是因為您的英明，以及像我呂蒙這樣的人還活著。

最後，呂蒙明確表達了自己的意見：「**今不於強壯時圖之，一旦僵僕，欲復陳力，其可得邪？**」如果不趁著我們還年輕時來謀劃荊州，等我們都老去了，讓後人再來對付他們，那得費多大勁才能成功呀？

這一年，劉備五十七歲，關羽約五十六歲，孫權三十六歲，呂蒙四十歲，兩相比較，誰更怕老去？說來說去，呂蒙就是在找取荊州的理由。說白了就一句話：先下手為強！

聽了呂蒙這番入情入理的建議，孫權「**深納其策**」。

不過，接下來孫權卻又與呂蒙探討起了北上奪取徐州的可能性。

表面看，孫權轉換了話題，實際上，這涉及的卻是戰略全域的擺布問題。自赤壁之戰以來，孫權一直把軍事重心和突破方向放在長江下游，這一點從他親征合肥、出借荊州、立都建業、營建濡須塢等一系列動作就可以看出來。如今，要孫權更弦易轍，進行一個通盤大調整，這個彎他一時半會還真轉不過來。於是，他才開始思考把之前以合肥為主要進攻方向，變成以徐州為戰略指向，要知道，局部調整總比傷筋動骨要容易一些。

對於主公的想法，呂蒙並沒有直接否定，甚至於還認為只要孫權想打，必然能夠輕鬆拿下：「**今操遠在河北，新破諸袁，撫集幽、冀，未暇東顧。徐土守兵，聞不足言，往自可克。**」

然而，接下來就出現問題了，打下來後怎麼守呢？七八萬人馬恐怕都不夠：「**然地勢陸通，驍騎所騁，至尊今日得徐州，操後旬必來爭，雖以七八萬人守之，猶當懷憂。**」

雖然「往自可克」，但「猶當懷憂」，與其這樣「**不如取羽，全據長江，形勢益張**」。說來說去，呂蒙又把話題牽回了荊州。

利弊得失搞明白了，接下來的戰略方向就明確了。隨著這次聊天的結束，孫權的目光從長江下游的淮揚轉向了長江中游的荊州。

意中迷煩

老根據地被盟友強奪，新根據地被對手威逼，劉備這個得雨的蛟龍、歸山的老虎，如今成了一頭疲於奔命的驢子，剛剛趕回荊州與孫權達成和解，就不得不趕去面對更強大的敵人曹操。據載，當時益州形勢的確十分危急，「蜀中一日數十驚，守將雖斬之而不能安」。

然而，令人沒想到的是，曹操收服漢中張魯之後就班師返回鄴城了，疲於奔命的劉備總算鬆了一口氣。

這究竟是怎麼回事？

從軍有苦樂，但問所從誰。
所從神且武，安得久勞師？
……
拓地三千里，往返速如飛，
歌舞入鄴城，所願獲無違。

曾經在劉表身邊懷才不遇的王粲，如今在曹操身邊深受器重，不僅被委以重任，而且跟隨曹操親征張魯。這次隨軍出征，王粲深深被曹操的英明神武所折服，富於文采的他無以報效，只有用一首五言詩來表達欽佩之情。

一句「拓地三千里，往返速如飛」，雖顯誇張，卻形象地描述了南征張魯的順暢。曹操建安二十年（西元二一五年）三月從鄴城出發，四月由陳倉出散關，五月擊敗氐族首領竇茂的抵抗，七月攻破漢中門戶陽平關，張魯放棄治所南鄭逃往巴中，曹操隨之進占南鄭，九月巴中各部落酋帥率部歸順曹操，十一月張魯攜家屬出降，十二月，曹操留夏侯淵鎮守漢中，還師鄴城。

一路南下，除了陽平關之戰，曹操幾乎沒有遭到什麼有效的抵抗，主要的時間算是都花在了往返的路上，難怪王粲會感到「所從神且武」。

不過，這次南征在曹操心中卻是另一番感受。一出散關，曹操就留下了一首《秋胡行》：

晨上散關山，此道何其難！晨上散關山，此道何其難！牛頓不起，車墮穀間。坐磐石之上，彈五弦之琴，作為清角韻，意中迷煩。歌以言志，晨上散關山。

詩的起首，曹操就連歎了兩句：晨上散關山，此道何其難！在險峻的蜀道面前，曹操雖然以北征時「坐磐石之上」的周穆王、南巡時「彈五弦之琴」的舜帝以及「作為清角韻」的黃帝等古代帝王自喻，卻是「意中迷煩」，心中除了迷亂和煩躁，絲毫沒有高歌猛進般的興奮和喜悅。

到了陽平關，曹操的心情更加迷煩。最初，曹操聽說陽平關外的南、北兩山相距很遠，難以形成阻擋。等到了關下，才知道兩山不僅相峙而立、高聳入雲，而且連峰接崖、陡峭難攻。初入秦巴山中的曹操，從來沒有見過如此易守難攻的險峻地形，為此不免心生怯意，甚至想就此撤軍。

不過，曹操最終還是攻克了陽平關。但是攻克的方式，史書上卻有不同的說法。

說法一：強攻。據說，曹操本想撤軍，但主簿劉曄卻認為糧道不繼，即使退軍也會有損失，索性不如猛攻。於是，大軍在強弩的掩護下，攻陷了陽平關。

說法二：智取。曹操假稱退軍，實際上卻實施夜襲，最終奪取陽平關。

說法三：誤打。夏侯惇、許褚率軍撤退，結果前軍一不小心半夜闖進了敵人的一處重要營寨，結果打跑了敵人。

說法四：誤撞。不知從哪裡來的數千隻野麋鹿，半夜闖進了敵人的營寨，同時撤退的曹軍也與敵軍撞到了一起，連驚帶怕的敵人竟然投降了。

總之，不管是強攻、智取還是天助，意中迷煩的曹操都神武異常地拿下了陽平關。不過，即使這樣，蜀道的艱險依然讓曹操心有餘悸。

曹操明白，自己之所以能夠「往返如飛」地平定漢中，很大程度上與張魯主觀上怯戰避戰有關。曹操大軍一出征，張魯就準備投降，要不是其弟張衛執意據守，連陽平關之戰都不會發生。陽平關失陷後，張魯又準備投降，結果部下閻圃認為剛戰敗就被迫投降，一不體現氣節，二沒談判籌碼，不如先抵抗一下，然後再主動投降，這樣更能抬高身價。如此，張魯將南鄭的府庫全部封藏，然後逃奔巴中，依附於巴中的部落酋長。後來，張魯看到投降曹操的巴中部落酋長和自己的手下們都封侯拜將，便帶領全家和部眾出來投降了曹操。

原本因蜀道艱難而「意中迷煩」的曹操，沒有想到勝利來得如此之快，喜出望外的他親自出城迎接張魯來降，不僅封張魯為鎮南將軍、閬（音同涼）中侯，而且張魯的五個兒子都被封為列侯，甚至為兒子曹宇迎娶張魯的女兒為妻。

沒想的不僅是曹操，剛剛占領益州的劉備也沒有想到張魯會如此不堪一擊。聽說張魯逃到了巴中，劉備趕忙派黃權率領軍隊前去接應，沒想到黃權還在路上，張魯就已經投降了。當時，閻圃也曾經勸說張魯考慮歸降劉備，沒想到張魯竟勃然大怒，並且冒出一句「**寧為曹公奴，不為劉備客**」來。看來在張魯眼中，劉備的實力威望與曹操有雲壤之別。

漢中一旦易主，益州的主人就開始恐慌了，巴蜀天空的陰晴此刻全看曹操的臉色。這時，摩拳擦掌的不僅是手下將領，隨軍參謀的丞相主簿劉曄、司馬懿也心癢難耐，勸曹操順勢而為，南下入蜀。

為了讓曹操下定決心，劉曄和司馬懿沒少費口舌。

劉曄首先從曹操的光輝歷史說起，「**明公以步卒五千，將誅董卓，北破袁紹，南征劉表，九州百郡，十並其八，威震天下，勢懾海外**」。隨後，談到平定漢中對蜀人造成的心理震撼，「**今舉漢中，蜀人望風，破膽失守，推此而前，蜀可傳檄而定**」。進而，劉曄分析了一舉滅蜀的可能性，「**劉備，人傑也，有度而遲，得蜀日淺，蜀人未恃也。今破漢中，蜀人震恐，其勢自傾。以公之神明，因其傾而壓之，無不克也**」。

接著，談到了遲緩造成的可能危害，「**若小緩之，諸葛亮明於治而為相，關羽、張飛勇冠三軍而為將，蜀民既定，據險守要，則不可犯矣**」。最後，劉曄還不忘補上一句：「**今不取，必為後憂**」。

與劉曄異曲同工，司馬懿首先闡述了入蜀的大好時機，「**劉備以詐力虜劉璋，蜀人未附而遠爭江陵，此機不可失也**」。隨後，預測了入蜀可能產生的效果，「**今若曜威漢中，益州震動，進兵臨之，勢必瓦解**」。最後，司馬懿再次強調了時勢的有利和重要，「**因此之勢，易為功力。聖人不能違時，亦不可失時也**」。

「望風破膽」、「傾而壓之」、「機不可失」、「聖人不能違時，亦不可失時也」，為了說服曹操，這兩位丞相主簿創造了不少經典話語，既費盡了心思，又費盡了口舌。

可是，等待他們的只是一句：「**人苦無足，既得隴右，復欲得蜀！**」人最苦惱的就是不滿足，既然已經取得了隴右，為什麼還要急著取得蜀中呢！

這裡，曹操化用了漢光武帝劉秀時「得隴望蜀」的典故。

建武八年（西元三二年），劉秀曾在信中告訴正在進攻漢中地區的岑彭，一旦拿下了盤踞在漢中的隗囂，就應立刻「**南擊蜀虜**」。談到這裡，劉秀還專門說「**人苦不知足，既平隴，復望蜀，每一發兵，頭鬢為白**」人最苦惱的就是不知足，所以剛要平定隴右我就開始望著蜀中了，每發兵一次，我的頭髮和鬍子就多白一次，真是難熬啊！

很明顯，劉秀口中的「得隴望蜀」是一種催促，是一種積極的進取。可是，同樣的話到了曹操口中，味道全變了。在曹操口中，「得隴望蜀」變成了窮兵黷武和貪心不足。

不過，曹操有自己的考慮。漢中道路尚且如此險峻艱難，蜀道豈不更難？一旦大軍入蜀，隴西的羌氐雜胡會不會從後方截擊，荊州的關羽、江東的孫權會不會聯手進擊中原？自己雖已進爵魏公，但漢家名號仍在，一旦入蜀受挫，後院會不會起火？總之，曹操否決了謀臣們的建議。

不久，蜀地的降者提供了新的資訊，曹軍平定漢中後，「**蜀中一日數十驚，守將雖斬之而不能安也**」。

既然蜀中驚慌到了殺人都不能安定人心的地步，曹操不免又心動了，他問：「**今尚可擊不？**」

劉曄說：「**今已小定，未可擊也。**」

至此，曹操完全打消了入蜀的念頭。一旦止步，漢中天空的陰晴，恐怕就要看別人的臉色了。

定軍山下

俗話說，大難不死必有後福。隨著劉備渡過兩面受壓的窘境，逐步在益州站穩腳跟，益州北部也傳來了好消息。

建安二十一年（西元二一六年），駐守巴西郡的張飛憑藉兵力和地形上的優勢，將深入巴蜀腹地的勁敵張郃趕回了漢中，機遇的指針開始隱隱地向劉備一邊撥轉。

有了張飛的勝利，蜀中的君臣開始摩拳擦掌，考慮拿下漢中的可能性了。主戰派中最積極的就數法正了，此時的他如同當年的龐統一樣，成為劉備身邊的謀主。

對於奪取漢中的利弊得失，法正進行了深入分析。

首先，雙方「才略」對比已經發生了變化，出兵必然勝券在握，「**今策淵（夏侯淵）、郃（張郃）才略，不勝國之將帥，舉眾往討，則必可克**」。一句話，沒了曹操，夏侯淵和張郃根本就不是我們的對手。

其次，奪取漢中有多益而無一害。除了可以「**廣農積穀，觀釁伺隙**」，至少還有殲敵、拓土、防禦等三個方面的收穫：「**上可以傾覆寇敵，尊獎王室，中可以蠶食雍、涼，廣拓境土，下可以固守要害，為持久之計。**」

由此，法正認為：「**此蓋天以與我，時不可失也。**」

雖然法正計慮深遠，言之鑿鑿，還是有人提出了不同意見。公開站出來反對的是兩位頗有權威的星象師，一位叫周群，他認為這次出兵，將「**當得其地，不得其民也。若出偏軍，必不利，當戒慎之！**」出兵只會得到土地，不會得到人口；如果派出一支偏師，則必然會失利。另一位叫張裕，他說話更加直截了當：「**不可爭漢中，軍必不利。**」別爭了，一打就會失敗。如果周群的話算善意的提醒，那麼張裕簡直就是在潑涼水！

對於一路風雨一路行的劉備來說，周群、張裕的天象命定論顯得蒼白無力，而法正有理有據的分析才真正堅定了劉備北征的決心。誰說颳風下雨就不能出門了？說不定是及時雨呢！

建安二十三年（西元二一八年）春，經過一番籌備的北征大軍正式開拔。北征大軍兵分兩路，一路東出，由劉備親自率領法正、趙雲、黃忠、魏延等人，直指漢中；另一路西出，由張飛、馬超、吳蘭等將領進攻漢中西北方的曹軍重鎮下辯（今甘肅成縣西）。如此部署，劉備和法正沒少下功夫，主攻漢中的東路軍自不必說，都是精兵強將；承擔策應任務的西路軍也是夢幻組合，張飛是勇冠三軍的心腹戰將，馬超是深受羌氐擁戴的西北驍將，吳蘭是熟悉山川地理的劉璋故將，此三人合力，既可以阻擋敵軍對漢中的增援，也可以穿插後方切斷敵人的退路，甚至可以對關隴一帶形成震懾。

針對來犯之敵，曹操的反制措施針鋒相對。東路敵軍由原本駐守漢中的夏侯淵、張郃、徐晃迎擊，西路敵軍由厲鋒將軍曹洪、騎都尉曹休、議郎辛毗前往迎戰。既然雙方都是精兵猛將，那麼，一場惡戰就勢不可免。

最先交鋒的是西路。按照劉備既定的戰略意圖，西路軍要「**先張聲勢**」，故意暴露自己，以此為東路軍的進攻創造機會。不料劉備的這個如意算盤卻被曹休識破了。為此，曹軍先發制人突襲了吳蘭的部隊，不僅斬了吳蘭的部將任夔，致使吳蘭在逃亡中被氐人殺死，而且迫使張飛、馬超敗走漢中。剛一出師，兩路大軍就變成了一路，果真應了周群「若出偏軍，必不利」那句話。

西路已潰敗，東路尚難勝。為了應對劉備對漢中的進攻，曹軍形成了南北呼應的掎角之勢，夏侯淵、徐晃居北駐屯陽平關，張郃居南駐屯廣石（今四川廣元），兩軍宛如一把前銳後鈍的錐子般橫亙在益州的咽喉部位。為此，劉備的戰法簡單明確：派出部將陳式等十餘營兵力，去切斷連接曹軍的南北通道馬鳴閣棧道。曹軍的反制措施也很明瞭：誓死守衛。結果，狹路相逢勇者勝，徐晃大破陳式等部人馬，逼得蜀軍為了求生直往山谷裡面跳，死傷慘重。聽到徐晃守住了漢中的「**險要咽喉**」，曹操對徐晃下令嘉獎，稱「**將軍一舉，克奪賊計，善之善者也**」。看來，周群、張裕「軍必不利」的預言應驗了。

既然無法將曹軍攔腰斬斷，劉備只能一截一截硬啃，他選出萬名精卒，分成十支隊伍，輪番對張郃駐守的廣石發起進攻。然而，心越急骨頭越難啃，隨著曹軍士氣上漲，戰場形勢對蜀軍越來越不利。情急之下，劉備寫信給留守成都的諸葛亮，讓他火速增兵前線。

面對劉備的增援命令，諸葛亮多少有些遲疑。眼下，對付才略不高的夏侯淵等曹軍將領尚且如此吃力，一旦曹操親率大軍從別處進攻，沒有戰略預備隊怎麼行？再說益州新定，人心不穩，萬一後院起火怎麼辦？總要留點「餘糧」，以備不測吧。

對於諸葛亮的疑慮，從事楊洪卻有不同的看法，他對諸葛亮說：「漢中，益州咽喉，存亡之機會，若無漢中，則無蜀矣。此家門之禍，發兵何疑。」一句話，沒有漢中就沒有益州，沒有眼下就沒有日後，先把「家門之禍」搞定了再說。於是，諸葛亮進行了全蜀總動員，男人當兵上前線，女人運糧當後勤，說什麼也要把門堵住。

隨著蜀軍傾巢而出，夏侯淵、張郃逐漸退縮到漢中周圍，劉備奪回了戰場的主動權。

漢中戰事，對於劉備來說是「家門之禍」，對於曹操來說只算是邊關烽火。夏侯淵與劉備對峙半年多，曹操除了派曹洪等人予以增援外，主要精力都放在了封王建國上，在他眼中，完成資產從漢到魏的權屬變更也許比邊關戰事要重要得多。

直到建安二十三年（西元二一八年）九月，曹操才從鄴城到達長安，而隨後北方的幾件事又讓他停下了腳步。一件是北方代郡的烏桓起兵造反，一件是宛城守將侯音造反。為了平定這兩起叛亂，曹操不得不留在長安指揮調度。

就在這個當口，劉備率軍南渡漢水，占據了漢中西面的定軍山。為了阻止劉備對漢中的進攻，夏侯淵也將防線設在了定軍山。

定軍山下，劉備採納法正的建議，派老將黃忠率兵居高臨下，擂鼓吶喊，發起攻擊；同時派人馬燒毀了夏侯淵軍營外用木頭和樹枝組成的防禦設施「鹿角」。一時之間，曹軍陷入惶恐不寧之中。

為了守住大營，夏侯淵可謂殫精竭慮，他一面讓張郃護衛軍營東面，一面自己率輕騎去護衛軍營南面。結果，張郃在劉備主力的攻擊下，連吃敗仗，夏侯淵又連忙分出半數兵馬進行援救。緊接著，夏侯淵又親自帶領四百名士兵去修補營外十五里的鹿角。

夏侯淵親力親為的舉動，被山上的蜀軍盡收眼底，於是一支突擊部隊突然從山谷中殺出。兵微將寡的夏侯淵不僅猝不及防，而且被抄了後路，「**短兵接刃**」之中，最終丟了性命。

夏侯淵的陣亡使曹軍陷入軍中無帥的極大恐慌之中，一時之間，「**軍中擾擾，不知所為**」，「**恐為劉備所乘，三軍皆失色**」。同時，夏侯淵的陣亡也讓曹操陷入極大的悲傷之中。遙想二十年前，夏侯惇、夏侯淵兄弟追隨自己起兵譙縣，出生入死，奮不顧身，才有了三分天下有其二的皇皇功業，如今大業未竟，夏侯淵卻殞命疆場，怎能不讓人惋惜。實際上，曹操不是不瞭解夏侯淵的缺點，他也常常告誡夏侯淵：「**為將當有怯弱時，不可但恃勇也。將當以勇為本，行之以智計；但知任勇，一匹夫敵耳。**」沒想到，夏侯淵還是沒有改變自己恃勇逞強的匹夫性格，最終害己害軍。

事到如今，曹操不得不專門頒布《軍策令》告誡全軍。策令中，曹操除了回顧夏侯淵陣亡的全過程，還批評了他的魯莽舉動：「**淵本非能用兵也，軍中呼為『白地將軍』，為督帥尚不能親戰，況補鹿角乎！**」

所謂「白地」，就是指沒有樹木或建築物的空地，而「白地將軍」的含意就是指沒有謀略的將軍。說白了，「白地將軍」就是沒腦子的傢伙。自己不要命也就罷了，因為自己而置全軍於險境就是真沒腦子了。

好在督軍杜襲和司馬郭淮及時推舉張郃代理軍中主帥，曹軍才穩住陣腳。看來，曹操再不出馬，漢中就難保了。

建安二十四年（西元二一九年）三月，在長安待了半年之久的曹操終於經過斜穀（今陝西眉縣西南）抵達漢中前線。

幾年征戰下來，劉備不僅踏遍了漢中一帶的山嶽河川，而且踏出了奪取漢中的鬥志與自信，他對手下的將領說：「**曹操雖來，無能為也，我必有漢川矣。**」雖然這次曹操來了，但他同樣無可奈何，我必定拿下漢中。

這是劉備面對曹操第一次放出豪言。建安五年（西元二〇〇年）正月，面對曹操親征徐州，劉備一開始還不相信，然而一旦看到曹操的麾旌，隨即「**便棄眾而走**」；同年四月的延津之戰，曹操以數百騎兵擊潰了袁紹大將文醜和劉備率領的五六千騎兵；建安六年（西元二〇一年），跑到汝南的劉備，一聽說曹操親自來打自己，立刻「**走奔劉表**」。以上可以看出，劉備是真被曹操打怕了。

然而，此時的劉備卻戰勝了自己的心魔，擺脫了以往聞曹必逃、逢曹必敗的魔咒，主動去迎接一場對決了。

對付曹操，劉備的戰術很明確：憑險據守，避實擊虛。藉由截糧、破襲等小動作，劉備積小勝為大勝，打得曹操焦頭爛額。

最值得稱道的一場戰鬥算是趙雲和黃忠的截糧行動。有一次，曹軍在北山下運糧，黃忠看到上千上萬袋的糧食，不覺眼紅心癢。感覺自己兵少，他便向趙雲借了些許人馬前去奪糧，而讓趙雲待在營中靜候佳音。但趙雲左等右等都不見黃忠的身影，看到約定時間已過，趙雲便帶著數十輕騎前往接應。

趙雲出營不久，就遇到了曹操派出的大隊人馬。曹軍前鋒部隊咬住了趙雲，隨後大軍殺到，密紮紮把趙雲等人圍在中間。見此情形，趙雲躍馬挺槍，左衝右突，且戰且退，一次次沖散曹軍的圍攻。怎奈曹軍散而復合，實難抵擋，趙雲只得退入營寨據守。剛入營寨，趙雲就看到部將張著還在重圍之中帶傷與曹軍廝殺。於是，趙雲再次縱馬突入重圍，救出張著，返身直趨大營。

此時，曹軍眼看也殺到了營門口。正在防守大營的部將張翼看到曹軍殺來，便要閉門據守。趙雲進入大營後，卻下令大開營門，「**偃旗息鼓**」。

看到蜀軍如此反常的舉動，曹軍有些愣住，這是玩的哪一齣？肯定有伏兵等著我們進去呢。於是，曹軍不進反退。此時，趙雲命令士兵把戰鼓擂得震天響，把弩箭射得密如雨，一時之間，嚇得曹軍自相蹂踐，掉進漢水中淹死的不計其數。第二天，劉備親自來到趙雲兵營，慰問之餘還察看了昨日的戰鬥之處。望著營前的滿目瘡痍，想像昨日的驚心動魄，劉備忍不住讚歎說：「**子龍一身是膽也！**」於是，設宴歡慶直到黃昏，軍中稱呼趙雲為「虎威將軍」。

「偃旗息鼓」體現了趙雲之智，「一身是膽」體現了趙雲之勇，劉備身邊有如此智勇雙全的虎將，曹操要想守住漢中，看來難了！

再次來到漢中，曹操似乎有些騎虎難下。一方面，自己浩浩蕩蕩地從鄴城到長安，從長安到漢中，興師動眾的南征總不能無功而返，好不容易到手的漢中總不能拱手送人。另一方面，現在的劉備也著實難對付，除了多年追隨的張飛、趙雲，劉備身邊又多了一個令人忌憚的馬超，自己那句「馬兒不死，吾無葬地也」至今依然在耳邊盤旋。

更可怕的是一向多勇少謀的劉備如今卻有了法正這個謀士，簡直是如虎添翼。想到這裡，曹操不禁感歎：「**吾收奸雄略盡，獨不得（法）正邪！**」向來被別人稱作奸雄的曹操，卻為一個沒有收服的奸雄而遺憾，的確少見。

前面講過，曹操之所以是曹操，就是因為曹操逆商高，不鑽牛角尖，能打就打，不能打就走，來日方長。最終，曹操為自己設置了一個止損點，作出了放棄漢中、回師長安的決策。同時，曹操下達了當天的夜間口令：雞肋。

對於這樣一個奇怪的口令，全軍上下都有點摸不著頭腦。平白無故魏王怎麼會想到雞身上的這樣一個部位，莫非是當天啃了雞肋骨？要是這樣，哪天看到雞的屁股，是不是口令就叫「雞屁股」了？莫非是別出心裁用來迷惑敵人的，使敵人即使竊知口令也不敢相信？如果這樣，那效果的確達到了，別說敵人不敢相信，連自己人都以為聽錯了。

眾人驚愕之際，主簿楊修卻自顧自地整理起隨軍行裝，做著打道回府的準備。這下眾人反而對楊修的舉動驚奇起來，紛紛來問：「何以知之？」楊修則不緊不慢地釋疑解惑：「夫雞肋，棄之如可惜，食之無所得，以比漢中，知王欲還也。」

好一個「棄之如可惜，食之無所得」！曹操出謎題，楊修解謎底。看來，這對君臣在軍旅征程中也不失雅致。

放棄了味如雞肋的漢中，曹操把防線退到了數百里之外的陳倉、祁（音同其）山一線，將武都（今甘肅隴南市武都區）等漢中北邊的諸郡縣全都送給了劉備。看來，曹操想得很明白，既然放棄了雞肋，索性把雞屁股也丟給蜀軍吧，讓你們日後也感受一下食之無味、棄之可惜的滋味。

十五年後，面對孫權和諸葛亮的東西夾攻，曹操的孫子、魏明帝曹叡說了這樣一句話：「先帝東置合肥，南守襄陽，西固祁山，賊來輒破於三城之下者，地有所必爭也。」

僅此一句就足以證明，曹操當年預設的那些防線，效果頗佳。

第十三章 鄴都

一次遠方的苟且，如何成就眼前的詩意？

人要為自己的錯誤買單，曹操也不例外。不知是在建安十三年具體什麼時間，十三歲的曹沖突然身患重疾，即使曹操「**親為請命**」，想盡各種辦法，依舊無濟於事。

看到自己最喜愛的兒子徘徊在生死邊緣，曹操此時又想起了華佗。

華佗去世後，曹操依舊時常為頭風病所困擾，但他絲毫不後悔自己的決定，他曾經對身邊的人說：「**佗能愈此。小人養吾病，欲以自重，然吾不殺此子，亦終當不為我斷此根原耳。**」沒錯，也許華佗是想以不給曹操根治頭風病以自重，也許頭風病對曹操也不構成什麼致命威脅，然而，華佗關係到的卻不僅僅是一個頭風病。看著將逝的愛子，曹操不由得哀歎：「**吾悔殺華佗，令此兒強死也。**」

曹沖死後，曹操「**甚哀**」。當兒子曹丕去寬慰他時，曹操禁不住說了一句：「**此我之不幸，而汝曹之幸也。**」這是我的不幸，卻是你們兄弟的幸運。不管這句話是有心還是無意，但這無疑是曹操真實心跡的表露。

建安十三年之前，無論是對國家的發展方向，還是對自家的接班安排，曹操都有著相對清晰的規劃。然而，赤壁的折戟沉沙，愛子的不幸夭折，卻改變了這一切。如何面對在一個無法一統的江山裡實現改朝換代？如何在一群並非最中意的兒子中選擇接班人？即使沒有頭風病，也是個讓人頭痛的問題。

江湖未靜

建安十五年（西元二一〇年），周瑜對曹操一方的動向作出了這樣的判斷：「**今曹操新折衄，方憂在腹心，未能與將軍連兵相事也。**」如今曹操剛剛遭受了挫折，真正憂慮的是內部，不可能與我們長期作戰。

周瑜這樣說的目的，無疑是為了說服孫權進軍益州，但他做出的判斷，卻是曹操面臨的真實狀況。此時，曹操的確在為內部的穩定而憂心。

這一年，天子將曹操的封邑從武平縣增加到了武平、陽夏、柘（音同這）縣、苦縣等四個縣，食戶也從一萬戶增加到了三萬戶。增封無疑是件好事。不過與增封同時蔓延開的一種聲音，卻讓曹操嗅出了不同的氣息：既然天子已經增加了曹丞相的封邑，那麼丞相就應該交出手中的軍隊，回到武平侯國去安享晚年。

以前，自己所向披靡、聲望日隆時，這種聲音是絕不可能出現的；如今，看到自己赤壁折戟，已經有人敢於給自己餵料和下套了。從一個縣變成四個縣，從一萬戶變成三萬戶，一切看起來是如此豐厚，可是，以四個縣換取司隸、豫、兗、徐、冀、幽、青、并、荊、揚諸州，以三萬戶換取數十萬兵馬，這豈不是虧大了？

面對政敵的圈套，曹操當然不能上鉤。但是，對於增封這個誘餌，曹操卻不能不回應。於是，建安十五年（西元二一〇年）十二月，曹操發布了一份名為《讓縣自明本志令》的教令，直接對增封和歸邑進行表態。

在這篇教令中，曹操全面回顧了自己的人生經歷和心路歷程。

一上來，曹操先描述了自己剛剛邁入仕途時的心境：「**孤始舉孝廉，年少，自以本非岩穴知名之士，恐為海內人之所見凡愚。**」的確，曹操被舉薦為孝廉那年，剛滿二十歲，相比於那些隱居多年、厚積名望的人來說，年紀輕輕的他的確算不上什麼知名之士。

不僅沒有名望，出身閹宦、「**任俠放蕩**」的曹操甚至給人留下了一些負面印象。比如：曹操早年想與南陽名士宗承交往時，宗承「**甚薄其為人，不與之交**」；曹操請求許劭給自己評語時，許劭一開始也是「**不答**」，後來曹操「**固問之**」，許劭才給出了「**子治世之能臣，亂世之奸雄**」這種有褒有貶、亦褒亦貶的評價。這樣看來，也就難怪曹操會擔心自己被天下人看低了。

那麼，曹操為了改變「恐為海內人之所見凡愚」的狀況，又準備怎麼做呢？

曹操的答案是：「**欲為一郡守，好作政教，以建立名譽，使世士明知之。**」意思是，他準備去當一個郡的太守，把當地的政治和教化做好，以此來建立自己的名譽，讓世上的人都清楚地瞭解自己。

有了這種想法之後，又經過洛陽北部尉、頓丘令、議郎、騎都尉等多崗位歷練，曹操終於在三十歲時當上了與郡守相當的濟南相。有了這樣一個「**使世士明知之**」的好機會，曹操「**故在濟南，始除殘去穢，平心選舉，違迕諸常侍，以為強豪所忿**」。具體來說，曹操在濟南相任上主要幹了兩件事，第一件是整飭吏治，一上任他就奏免了一大批貪贓枉法的縣官令長。具體比例有多大？十分之八。第二件是移風易俗，任上曹操禁絕了在濟南國流行了三百多年的求神問卜、鋪張浪費的「**淫祀**」。

經過這番整治，濟南國「**政教大行，一郡清平**」，而曹操卻因為觸犯了一些朝廷權貴和地方豪強的利益，為這些人所忌恨。在這種情況下，曹操「**恐致家禍，故以病還**」由於擔心給家族招來災禍，他就託病返回家鄉譙縣了。

那麼，曹操回鄉的基本考慮是什麼呢？

這一點，曹操說得很清楚：「**去官之後，年紀尚少，顧視同歲中，年有五十，未名為老。內自圖之，從此卻去二十年，待天下清，乃與同歲中始舉者等耳。**」曹操覺得與那些當初一起被舉薦為孝廉的人相比，自己還年輕得很，還有的是機會，哪怕等上二十年都沒問題。

那麼，曹操回到家鄉後又做了什麼呢？

「**故於譙東五十里築精舍，欲秋夏讀書，冬春射獵，求底下之地，欲以泥水自蔽，絕賓客往來之望。**」曹操在譙縣縣城東面五十里的地方建了一個用來修身養性的精舍，打算在這裡秋夏讀書，冬春打獵，只求有塊安身之地，以此老於荒野、不被人知，斷絕與人交往的念頭。

顯然，此時的曹操雖不在「岩穴」，但過的卻是一種隱居的生活。而之所以如此，除了他說的規避「家禍」和「待天下清」，恐怕還有另外一個目的：樹立名節，建立名望。

可是，歷史真的會讓曹操如此愜意地「從此卻去二十年」嗎？

實際上，正如曹操接下來所說，「**然不能得如意**」，很快他的隱居生活就結束了。中平五年（西元一八八年），隨著朝廷組建堪稱精銳的西園新軍，曹操「**後征為都尉，遷典軍校尉**」，與袁紹等人一起成了西園八校尉之一。

隨著身分由文轉武，曹操的志向也發生了重大變化：「**意遂更欲為國家討賊立功，欲望封侯作征西將軍，然後題墓道言『漢故征西將軍曹侯之墓』，此其志也。**」

此時曹操心裡想的已經不是政治教化，而是討賊立功了，他希望今後能夠封侯拜將，故去後墓碑上寫著「**漢故征西將軍曹侯之墓**」。

可是，曹操的這一志向實現得又如何呢？結果是「**而遭值董卓之難，興舉義兵**」，曹操不僅沒有踏上西征之路，反而被來自西方的軍閥逼上了「興舉義兵」的道路。

提到這段經歷，曹操專門說了這樣一段話：「**是時合兵能多得耳，然常自損，不欲多之；所以然者，多兵意盛，與強敵爭，倘更為禍始。**」曹操當時完全可以招募更多的兵馬，然而他卻常常自己裁減，不願擴充；之所以這樣做，是因為兵多了意氣驕盛，不可避免地要與強敵抗爭，進而引發禍端。

對此，曹操還專門舉了自己在創業初期「自損」的例子：「**故汴水之戰數千，後還到揚州更募，亦復不過三千人，此其本志有限也。**」打汴水之戰時身邊只帶了幾千人，後來去揚州募兵也只招了三千人，都是因為自己最初的想法就有限。

一邊講經歷，一邊講志向，明明志向在不斷上檔升級，卻一直在刻意強調自己「**本志有限**」，曹操到底想表達什麼呢？

一句話，我不是一個有多大志向的人！

再加一句話，如果說我有志向的話，那也是時勢逼出來的。

可是，就算你一開始「本志有限」，你怎麼還位極人臣了呢？這一點，你如何解釋？於是乎，曹操又從自己的創業期談到了鼎盛期。

首先，從入主兗州、壯大隊伍談起：「**後領兗州，破降黃巾三十萬眾。**」很明顯，這是曹操事業的轉捩點，自此他才擺脫了袁紹的約束，有了自己的地盤和人眾，實現了從零到一的飛躍。

隨後，焦點轉向野心家袁術：「**又袁術僭號於九江，下皆稱臣，名門曰建號門，衣被皆為天子之制，兩婦預爭為皇后。**」從袁術本人到臣下、妻妾都已經實質性地建號稱帝了。

然而，事情做都做了，為什麼袁術一夥最後卻不敢聲張呢？曹操的解釋是：「**志計已定，人有勸術使遂即帝位，露布天下，答言『曹公尚在，未可也』。**」一句話，忌憚曹操的存在。

實際上，大逆不道的袁術最終的確是被曹操逼到絕路的：「**後孤討禽其四將，獲其人眾，遂使術窮亡解沮，發病而死。**」

講完袁術，再講袁紹：「**及至袁紹據河北，兵勢強盛，孤自度勢，實不敵之，但計投死為國，以義滅身，足垂於後。**」相比於袁術，兵強馬壯的袁紹就不是那麼好對付了，可是曹操還是抱著捨生取義的信念，與比自己強大數倍的對手硬拼。結果「**幸而破紹，梟其二子**」。

講完袁紹，再講劉表：「**又劉表自以為宗室，包藏奸心，乍前乍卻，以觀世事，據有當州，孤復定之，遂平天下。**」相對而言，平定劉表就容易多了，因此曹操把重點放在了揭露劉表的野心上面，征伐平定則一筆帶過。

應該說，曹操上面講的這些基本符合事實，唯一誇大的，就是那最後一句：「遂平天下。」此時不是還有劉備、孫權、馬超、韓遂、劉璋、張魯等人嗎，曹操怎麼能說自己就遂平天下了呢？另外，曹操消滅的強敵之中還有呂布呢，怎麼也沒說？

顯然，曹操對論述物件是有取捨的，他拿出來講的只是那些明確表露出篡逆之心的傢伙。袁術自不用提，袁紹也曾經授意手下的主簿耿苞編過一段「**赤德衰盡，袁為黃胤，宜順天意，以從民心**」的說辭，而劉表也曾經有過「**郊祀天地**」的僭越之舉。

至於呂布這樣並無篡逆之心而被消滅的諸侯，以及劉備、孫權這些曹操並未征服的諸侯，一是不好解釋，二是他們一直表面臣服，索性就放在「遂平天下」裡面了。

那麼，曹操為什麼要專門提這些野心勃勃的傢伙？目的就在於引出如下兩句話：

第一句，「**身為宰相，人臣之貴已極，意望已過矣**」，我沒有如那些人那般的野心，能當宰相已經超過我的預期了。第二句，「**今孤言此，若為自大，欲人言盡，故無諱耳。設使國家無有孤，不知當幾人稱帝，幾人稱王！**」今天我說這些，好像很狂妄自大，而我的目的卻是想消除人們的非議，所以才沒有什麼隱諱。假使國家沒有我，還不知道會有多少人稱帝，多少人稱王呢！

曹操說的沒錯，如果沒有他，不僅袁術、袁紹、劉表早就稱帝稱王了，說不定劉備、孫權也已把自己變成帝王了。言下之意，無論過去、現在還是將來，曹操都是中流砥柱、定海神針，他不妄為，別人才不敢造次！

既表心跡，又表功勞，還要以正視聽，怪不得曹操要說這麼多。然而，即使如此，曹操知道還遠不夠，自己終歸要正面回答眾人的疑慮。

於是，曹操索性直接把問題攤到了明處：「**或者人見孤強盛，又性不信天命之事，恐私心相評，言有不遜之志，妄相忖度，每用耿耿。**」或許有的人覺得我勢力強盛，又生性不相信天命之事，因此私下議論，說我有奪取帝位的野心，這種妄自揣度，常使我心中不得安寧。

講完這些，曹操又用不短的篇幅講了一些歷史成例。

先談春秋時的齊桓公和晉文公：「齊桓、晉文所以垂稱至今日者，以其兵勢廣大，猶能奉事周室也。論語云『三分天下有其二，以服事殷，周之德可謂至德矣』，夫能以大事小也。」

再談戰國時的樂毅：「昔樂毅走趙，趙王欲與之圖燕，樂毅伏而垂泣，對曰：『臣事昭王，猶事大王；臣若獲戾，放在他國，沒世然後已，不忍謀趙之徒隸，況燕後嗣乎！』」

還談秦朝時的蒙恬：「胡亥之殺蒙恬也，恬曰：『自吾先人及至子孫，積信於秦三世矣；今臣將兵三十餘萬，其勢足以背叛，然自知必死而守義者，不敢辱先人之教以忘先王也。』」

談到「尊王攘夷」的齊桓公、晉文公時，曹操還專門提到了堅持「以大事小」的周文王，言下之意，自己既然會像齊桓晉文那樣「奉天子」，那麼也一定會像周文王那樣恪守臣道，絕不改朝換代。

談完不忘舊君的樂毅和恪守忠義的蒙恬後，曹操更是表示「孤每讀此二人書，未嘗不愴然流涕也」。燕將樂毅是被燕國猜忌的人，秦將蒙恬是被秦君陷害的人，曹操專門講自己因這兩人而悲傷流淚，就是要表達一點：無論明月如何照溝渠，自己都會一如既往地將心托明月。

為了進一步申明這一點，曹操提供了三個方面的證據。

其一，「孤祖父以至孤身，皆當親重之任，可謂見信者矣，以及子桓兄弟，過於三世矣。」從我的祖父、父親直到我，都擔任重要職務，算得上是被天子信任的人，再加上曹丕兄弟，已經不只三代了。

其二，「孤非徒對諸君說此也，常以語妻妾，皆令深知此意。孤謂之言：『顧我萬年之後，汝曹皆當出嫁，欲令傳道我心，使他人皆知之。』孤此言皆肝鬲之要也。」我不僅對大家這樣說，我對妻妾們也常常這樣說，目的就是讓她們都深知我的心意。我告訴她們，等我死後，你們都應當改嫁，希望你們傳述我的心願，使人們都知道。我這些話都是發自肺腑的至要之言。

其三，「所以勤勤懇懇敘心腹者，見周公有金縢之書以自明，恐人不信之故。」我之所以勤勤懇懇地敘說這些心腹話，是看到周公用《金縢》之書來表明自己的心跡，恐怕別人不相信的緣故。

先談家族中的自己，後談家庭中的自己，再談獨處時的自己，總之，於國於家，自己絕無二心。

心志談完了，接下來就要談決定了：「**然欲孤便爾委捐所典兵眾以還執事，歸就武平侯國，實不可也。**」然而，如果要讓我就此放棄所統率的軍隊，把軍權交還朝廷，回到武平侯的封地去，這也實在是不行的！

緊接著，曹操給出了「不行」的理由：「**何者？誠恐己離兵為人所禍也。既為子孫計，又己敗則國家傾危，是以不得慕虛名而處實禍，此所不得為也。**」只恐怕我一放棄兵權就會遭到別人陷害，既是為子孫考慮，又要顧及自己一旦垮臺，國家也要發生危機，所以我不能只貪圖虛名而招來實際的禍患，這就是為什麼我不能這樣做的原因。總之，於自己、於子孫、於國家，都不行！

不僅不能「捐」，曹操還要「受」。他接著說：「**前朝恩封三子為侯，固辭不受，今更欲受之，非欲復以為榮，欲以為外援，為萬安計。**」以前朝廷降恩封賜我的三個兒子為侯，我都堅辭不接受，現在我改變了想法準備接受下來，這並不是想以此來體現榮耀，而是想讓他們作為外援，為安全著想。

很明顯，如果曹操前面還是在防守的話，那他現在已經轉入進攻了。你們不是想讓我交權嗎，那我就增權給你們看看，我倒要看看你們怎麼辦。

大踏步進攻之後，曹操又進行了些許後撤：「**孤聞介推之避晉封，申胥之逃楚賞，未嘗不舍書而歎，有以自省也。**」每當我讀到介子推逃避晉文公的封爵和申包胥（音同虛）逃避楚昭王的賞賜這些事情時，沒有不放下書心生感歎的，也以此來反省自己。

既然認可和讚賞古人的避封和逃賞，那曹操為什麼還打算讓自己的兒子受封呢？既然兒子們受封，為什麼又提起古人避封的這些事呢？

別著急，接下來曹操自然會說：「**奉國威靈，仗鉞征伐，推弱以克強，處小而禽大，意之所圖，動無違事，心之所慮，何向不濟，遂蕩平天下，不辱主命，可謂天助漢室，非人力也。**」

這個洋洋灑灑的長句，主要解釋了曹操以弱勝強、以小擒大的根本原因：天助漢室，而非人力。

可是，這與古人避封又有什麼關係呢？既然「非人力也」，那「**然封兼四縣，食戶三萬，何德堪之！**」我曹操怎麼受得起啊！

於是，曹操進一步決定：「**江湖未靜，不可讓位；至於邑土，可得而辭。**」現在天下還未安定，所以我不能讓位。至於封地嘛，可以辭退一些。

接下來，曹操具體說了說辭封的範圍和所要達到的目的：**「今上還陽夏、柘、苦三縣戶二萬，但食武平萬戶，且以分損謗議，少減孤之責也。」**陽夏、柘、苦三縣的二萬戶賦稅交還給朝廷，武平縣的一萬戶我領受，姑且以此來平息誹謗和議論，稍稍減少別人對我的指責吧！

看得出來，這是一篇曹操深思熟慮後頒布的教令。相比於其他教令的簡短明快，這一教令不僅篇幅冗長而且層次繁複，既說自己「本志有限」，又說自己不可或缺（設使國家無有孤，不知當幾人稱帝，幾人稱王）；既申明自己將「以大事小」，又表明自己「不可讓位」；既為兒子「更欲受之」，又為自己「可得而辭」；曹操一會兒「未嘗不愴然流涕」，一會兒又「未嘗不舍書而歎」，如此兼具情理，聲情並茂，百回千轉，說白了就一句話：

我不會篡權，更不能放權！

以自藩衛

就在曹操發布《讓縣自明本志令》的次月，也就是建安十六年（西元二一一年）

正月，曹操的三個兒子被朝廷冊封為侯，曹植為平原侯、曹據為范陽侯、曹林為饒陽侯，每人食邑各五千戶。

表面看，曹操讓出了三個縣兩萬戶，三個兒子獲封三個縣一萬五千戶，相較於天子之前增封的兩萬戶，曹操似乎少領了五千戶。但實際上，平原、范陽、饒陽三縣卻遠較武平周邊的陽夏、柘、苦三縣重要得多。

平原縣（今山東平原縣）既是平原郡的郡治所在，同時又位於青州與冀州的交界處，是冀州東面的門戶；范陽縣（今河北淶水縣）隸屬於幽州的涿郡，地處幽州與冀州的交界處，是冀州北面的門戶；而隸屬於冀州安平國的饒陽縣則恰好處於平原和范陽的中間點，三個縣正好構成了曹操大本營鄴城的東北部屏障。正如曹操在《讓縣自明本志令》中所說，他這樣做的目的，就是要「欲以為外援，為萬安計」。

實際上，曹操不僅構築了鄴城的週邊屏障，還進一步擴大了鄴城所在郡的控制區域。建安十七年（西元二一二年）七月，曹操宣布從司隸州河內郡劃出蕩陰、朝歌、林慮等三縣，從兗州東郡劃出衛國、頓丘、東武陽、發乾等四縣，從冀州巨鹿郡劃出癭（音同影）陶、曲周、南和等三縣，從冀州廣平郡劃出任城縣，從冀州趙國劃出襄國、邯鄲、易陽等三縣，上述十四縣全部劃入魏郡。如此一來，魏郡儼然有了一州的規模。

然而，即使如此大舉拓地，距離曹操所說的「為子孫計」、「為萬安計」依舊有相當大的距離。為什麼？因為曹操當時雖然任丞相兼冀州牧，但這些都是無法繼承的，自己有生之年可以大權獨攬，一旦撒手人寰，都要交還回去。因此，就算魏郡再大，也只是生前的自我安慰罷了。

當然，武平侯這一爵位是可以傳給子孫的，但區區一個縣侯，就算再加上曹植他們三兄弟所封的那幾個縣，也只是莽莽九州中的孤島，一朝風雲突變，它們很快就會被淹沒掉。

如此看來，要想真正「萬安」，還要尋找新的路徑。

當年，曹操在荀彧、董昭等人的建議和幫助下，透過「奉天子以令不臣」取得了無人可及的政治優勢，進而掃平了整個北方，算得上一次完美的「借殼上市」。如今，受困於天子和朝廷形成的政治枷鎖，曹操又到了尋求破殼而出的時候。

所謂「桃李不言，下自成蹊」，眼見主公憂心忡忡，善解人意的董昭又來出主意了。

董昭一上來，先從讚揚曹操的功績開始：「**自古以來，人臣匡世，未有今日之**

功。」從古到今，沒有一個大臣取得了像您今天這樣的功績。

緊接著，董昭話鋒一轉，談到了曹操面臨的困局：「**有今日之功，未有久處人臣之勢者也。**」哪有取得大功還一直當臣子的？

隨後，董昭大肆歌頌了曹操功成不居的美德：「**今明公恥有慚德而未盡善，樂保名節而無大責，德美過於伊、周，此至德之所極也。**」您的操守、您的名節、您的美德，甚至超過了商朝的伊尹和周朝的周公，到了無以復加的地步。

緊接著，董昭話鋒一轉，提到了漢家君臣對曹操的猜疑：「**然太甲、成王未必可遭，今民難化，甚於殷、周，處大臣之勢，使人以大事疑己，誠不可不重慮也。**」然而，像商朝太甲、周朝成王這樣的明君未必能夠再遇到，如今百姓也不容易教化，難度甚至超過了殷商和姬周，處於大臣的地位，讓人懷疑您要做更大的事情，這確實是不能不反覆思慮斟酌的事情啊。

很明顯，董昭誇耀曹操的正是曹操在《讓縣自明本志令》所自我標榜的，董昭憂慮的也正是曹操在《讓縣自明本志令》所憂心焦慮的，而經過董昭這樣一起一伏、一跌一宕的撩撥，更是搞得曹操如坐針氈。

還不只這樣，董昭緊接著又來了一句：「**明公雖邁威德，明法術，而不定其基，**

為萬世計，猶未至也。」明公您雖然有威德、明法治，但是如果不奠定根基，為千秋萬代考慮，那是沒有把事情做到底呀。

沒奠定根基？我都已經位極人臣了，廣立外援了，持續拓地了，怎麼還叫「猶未至」呢？你董昭倒說說什麼叫「定其基」？

就這樣，董昭提出了自己的建議：「**定基之本，在地與人，宜稍建立，以自藩衛。**」意思是建立基業的根本，在於土地和人民，應該把這兩方面都建立起來，這樣才能用來保衛自身。

沒錯，這些我都知道，我讓三子受封不就是「以自藩衛」嗎？難道還有別的方面可以建立嗎？

有，當然有！

隨之，董昭吐出了七個字：「**宜修古建封五等。**」

只要恢復古代的公、侯、伯、子、男五等封爵制度就行了。別看只有短短七個字，董昭卻提出了一個石破天驚的方案，不僅把漢朝訂立的二十等爵制度推翻了，而且把秦國商鞅變法以來確立的軍功爵制度也推翻了，以恢復春秋時的五等爵制度為名，對所有人的等級、地位、身分進行一次重新認定，進行一次官僚體制和社會階層的再造，建立一個新的等級體系。

沒錯，這的確是一個系統性的解決方案，但面對如此牽一髮而動全身的變革，曹操卻猶豫了。原本要解決的是我曹操一個人的問題，現在卻把所有人都牽扯進來了，這影響也太大了，先緩緩吧。

後來，董昭提起的這件事，不是緩了，而是換了。

發現自己的建議存在牛刀殺雞的不足後，董昭及時進行了修正調整，沒多久就拿出了一把殺雞刀：既然不恢復公、侯、伯、子、男五等爵，那就恢復「公」這一爵位吧。

這是一個讓曹操眼前一亮的建議。「公」是一個自古就有的爵位，它既沒有「王」那麼引人注意，又可以擁有與王一樣的權力和尊崇。公可以擁有自己的土地和臣民，可以建立獨立的官僚體系，還可以被子孫繼承，綿延後代，今後甚至可以如東周列國的諸公那樣由「公」而「王」。至此，曹操終於找到了「以自藩衛」的現實路徑，一個新的國家在漢帝國的母體內孕育成長，最終破殼而出。

建安十八年（西元二一三年）五月，天子派御史大夫郗慮專門持節，策命曹操為魏公，加九錫，以冀州十郡作為采邑建立公國，稱「魏國」。在天子的策命詔書中，專門對魏國的建制進行了定義：「**魏國置丞相已下群卿百寮，皆如漢初諸侯王之制**。」那麼，漢初的諸侯王又是怎樣的一種規制呢？

據《史記．五宗世家》記載，「**高祖時，諸侯皆賦，得自除內史以下，漢獨為置丞相，……，擬於天子**」。漢初的諸侯王不僅可以在王國內徵收賦稅，還可以辟署官員，在自己的王國內就跟天子差不多。按照《漢書．諸侯王表序》的說法，「**藩國大者，跨州兼郡，連城數十，宮室百官，同制京師**」。漢初諸侯王不僅地盤大，在宮室規模和百官建制上也與天子基本相同。

如此看來，別看只是一句「皆如漢初諸侯王之制」，他賦予曹操的權力已經不是一個「公」了，而是一個「擬於天子」、「同制京師」的諸侯王了。實際上，僅僅過了三年，也就是建安二十一年（西元二一六年）五月，隨著「**天子進公爵為魏王**」，曹操就把「公」給拋掉了。

唯才是舉

表面看，一旦曹操邁出了封公建國的步伐，一切都是那麼輕鬆迅速，似乎走走儀式、敲敲編鐘就辦成了。然而實際上真正運作起來，事情繁複得令人眼花繚亂，不僅包括軍事上的支撐，還包括禮儀上的鋪墊，甚至包括思想上的引導。

首先，曹操的權力進階之路是與一系列軍事征伐密切聯繫在一起的，二者交替進行。

建安十六年（西元二一一年）九月，曹操大破馬超，占領關中。十二月，曹操從關中返回；第二年正月，天子下詔曹操享有「**贊拜不名，入朝不趨，劍履上殿，如蕭何故事**」的特權；同年七月，河內、東郡、巨鹿、廣平、趙等郡國的十四個縣被劃拿出來「**以益魏郡**」。

建安十八年（西元二一三年）正月，曹操進軍濡須口，攻破孫權江西大營。與此同時，天子下詔，將全國十四州部合併為《尚書．禹貢》中的九州，冀州的地域範圍得以大幅擴展。同年五月，曹操晉爵魏公；七月，魏國建立社稷宗廟，祭祀曹姓祖先；十一月，魏國首次設置尚書、侍中、六卿等官職，形成了一套獨立的、系統完整的行政機構；次年正月，曹操「**始耕藉田**」，行天子儀式；三月，天子下詔宣布「**魏公位在諸侯王之上**」。

建安十九年（西元二一四年）七月，曹操第三次東征孫權；十月，夏侯淵平定隴右；次年（西元二一五年）三月，曹操親征張魯，七月奪取漢中，十一月張魯歸降。

九月，曹操「**承制封拜諸侯守相**」，直接掌握了任命地方官員的權力，不用再履行表奏儀式；建安二十一年（西元二一六年）二月，曹操回到鄴城，五月晉爵魏王。

建安二十一年（西元二一六年）十月，曹操第四次東征孫權；次年（西元二一七年）三月，曹操引軍還；四月，天子下詔，魏王「**設天子旌旗，出入稱警蹕**」；十月，天子命曹操冕用十二旒，備天子乘輿。至此，曹操幾乎擁有了等同於天子的全部權力和待遇。

軍事搭臺，政治唱戲，這就是曹操的行動邏輯。遵循這一邏輯，曹操的軍事征伐總是適可而止，進軍關中他沒有將馬超、韓遂趕盡殺絕；進軍漢中，他沒有乘勢得隴望蜀；四征孫權他常常來也匆匆去也匆匆。軍事成果雖然有限，但政治上曹操卻拾級而上，距離最高權力僅一步之遙。

如果說，曹操軍事和政治漸次推進的操作已經足夠讓人感到深奧和繁複了的話，那麼，曹操發布的一系列求賢令就更讓人覺得「情深深」了。

建安十五年（西元二一〇年）春，曹操發布了《求賢令》。

建安十三年後曹操的權力進階之路

時間	政治進階	軍事征伐	人才招攬	其他
建安十五年（西元210年）	—	—	頒布《求賢令》	頒布《述志令》
建安十六年（西元211年）	—	親征馬超	—	以曹丕為五官中郎將；冊封三個兒子為侯
建安十七年（西元212年）	「贊拜不名，入朝不趨，劍履上殿」	東征孫權	—	割河內等郡國十四縣以益魏郡；荀彧自殺
建安十八年（西元213年）	晉爵魏公，建立魏國，設立宗廟	進軍濡須口	頒布《取士勿偏廢短令》	將全國十四州部合併為九州；天子聘曹操三個女兒為貴人
建安十九年（西元214年）	行天子儀式「始耕藉田」；「魏公位在諸侯王上」	東征孫權	—	—
建安二十年（西元215年）	「承制封拜諸侯守相」	親征張魯	—	—
建安二十一年（西元216年）	晉爵魏王	東征孫權	—	—
建安二十二年（西元217年）		—	《舉賢勿拘品行令》	—

一開頭，《求賢令》闡發了求賢的重要性和目的：「**自古受命及中興之君，曷嘗不得賢人君子與之共治天下者乎？**」自古以來，秉受天命和國家中道振興的君主，哪一個不是得到了賢才並與之一起治理天下的？

那麼，當代誰是「受命及中興之君」？誰要與賢人君子「共治天下」？無疑是曹操。可是，要知道當時曹操還沒有封公建國，名義上還只是漢王朝的高級官吏，其政治企圖心在此卻已顯露無遺。

接下來，曹操進一步闡述了頒布《求賢令》的初衷：「**及其得賢也，曾不出閭巷，豈幸相遇哉？**」；「**今天下尚未定，此特求賢之急時也。**」求賢不能被動而要主動，特別是在目前天下未定的時候。

隨後，曹操藉由三個歷史事例，指出選人用人可能存在的盲區：

「**若必廉士而後可用，則齊桓其何以霸世！**」如果非要選用廉潔之士，那麼齊桓公怎麼會任用管仲，又如何成就霸業？

「**今天下得無有被褐懷玉而釣於渭濱者乎？**」如今天下有沒有像姜子牙那樣身著布衣卻懷才不遇、默默垂釣於渭水河畔的人呢？

「**又得無有盜嫂受金而未遇無知者乎？**」如今天下有沒有像陳平那樣背負盜嫂

受金的指責而一直不被賞識的人呢？

最後，曹操提出了求賢的原則和標準：「**二三子者其佐我明揚仄陋，唯才是舉，吾得而用之。**」各級官吏都要明察和舉薦出身微賤的人，只要是有才能的人就要舉薦和使用。

如果說，曹操在《求賢令》中樹起了「唯才是舉」的大旗，那麼接下來的兩個教令，則更有針對性地提出了求賢過程中應該避免的問題，以及需要重點發掘的人才。

建安十八年（西元二一三年）五月，已經晉爵魏公的曹操發出《取士勿偏廢短令》，其中強調，「**夫有行之士，未必進取，進取之士，未必能有行也**」，德行和才能未必能夠體現在一個人身上，「**士有偏短，庸可廢乎！**」用人千萬不要求全責備。

建安二十二年（西元二一七年）八月，已經晉爵魏王的曹操發出《舉賢勿拘品行令》。其中，曹操重點舉出容易被忽略的五類人才，第一類是出身卑賤的人（**出於賤人**），如幫助商湯滅亡夏朝的伊尹、推動商朝中興的傅說；第二類是仇人（**賊**），如曾經與齊桓公對立、後來又幫助齊桓公成就霸業的管仲；第三類是沒有名氣的低級官吏（**縣吏**），如曾經擔任過縣吏，後來成為開國元勳並擔任丞相的蕭何、曹參；第四類是被汙辱和恥笑的人（**負汙辱之名，有見笑之恥**），如受胯下之辱的韓信，有盜嫂受金之諷的陳平；第五類是因為貪婪而背棄道德的人（**不仁不孝**），如戰國時為求拜將而殺妻散財，甚至母親去世也不歸家的吳起。總之，不能讓「**聖德之人放在民間**」，不能埋沒了「**不仁不孝而有治國用兵之術**」的人才，為了把上述這些人才都發掘出來，各級官吏都要「**各舉所知，無有所遺**」。

不僅頒令求賢，而且強調「**勿偏廢短**」、「**勿拘品行**」，那麼問題來了：曹操頒布一系列求賢令的目的何在？

按說，上面的問題並不成其問題，既然頒布的是求賢令，目的當然是選拔人才，而且是選拔方方面面的人才，尤其是有所偏短的進取之士。為什麼如此？一則，曹操對掃平南方的孫權、劉備仍然抱有期待，對「**高才異質**」和「**有治國用兵之術**」的人才仍有需求；二則，魏國的建立使國家內部同時存在兩套行政系統，人才需求必定增多；三則，從長遠發展的角度，為了取得三方對峙的勝利，進行必要的人才儲備也是必需的。

不過，曹操的目的恐怕還不只於此。實際上，曹操乃至曹丕時代的主要文武官員都是「求賢三令」頒布之前進入選用視野的。「求賢三令」頒布時人才隊伍和人才結構都已基本定型，求賢令本身在發現人才，特別是教令中期盼的「高才異質」

方面的作用並不明顯，對此曹操自然心知肚明。那麼，曹操的目的又在何處呢？

實際上，曹操一直對漢末士人群體中存在的標榜道德，卻相互詆毀的風氣深惡痛絕。曾幾何時，重名重德與人物品鑒的風氣盛行於漢末，為了求得許劭的一字之評，青年曹操甚至「**卑辭厚禮，求為己目**」。如今，大權在握的曹操發布求賢令，正是要打破士大夫安身立命的道德堡壘，扭轉重德輕才、重名輕實的用人風氣，確立一種「唯才是舉」的用人導向。

占領冀州後，他就頒布教令，痛斥那些諸如原本沒有哥哥卻被汙蔑與嫂子私通、迎娶孤女卻被傳言毆打岳父等種種「**以白為黑，欺天罔君**」行為，提出「**整齊風俗**」的主張。同時，曹操也多次表明「**不官無功之臣，不賞不戰之士**」的實用主義態度，將一大批有才能的人聚集到自己身邊。即使對於曾經背叛自己的魏种，曹操也以一句「**唯其才也**」將其釋放並繼續加以任用，而對於陳琳等人曹操更是不計前嫌，大膽用降。

其實，曹操用人並非不看重德行，從其任命「**清忠高亮，雅識經遠，推方直道，正色於朝**」的崔琰和「**雅亮公正，在官清恪**」的毛玠來擔任人才選拔的丞相東曹掾就可見一斑。而在實際用人過程中曹操也十分注重德行，比如：對於名儒之後鄭渾，

「**太祖聞其篤行，召為掾，復遷下蔡長、邵陵令**」；對於才能不足的楊訓，「**巨鹿楊訓，雖才好不足，而清貞守道，太祖即禮辟之**」。這樣說來，曹操雖然標榜「唯才是舉」，實際上則是「德才並舉」。

事實上，曹操不僅重用賢德之人，而且還建立了相關制度機制。陳郡名士何夔在擔任丞相東曹掾後，曾經針對地方上在選人用人方面「**未詳其本**」、「**各引其類，時忘道德**」的弊端，從「**慎德**」、「**興功**」的角度向曹操提出「**自今所用，必先核之鄉閭**」的建議，也就是要建立健全鄉舉里選的制度。如果按照何夔的標準，「興功」固然與「唯才是舉」對應，但「慎德」卻很可能會把一些「負汙辱之名，有見笑之恥」的「進取之士」擋在門外。然而，曹操對於何夔這番建議的態度卻是「**稱善**」，並隨即付諸實施。後來，陳群在魏文帝曹丕登基後，又在何夔的基礎上把這一制度體系化，使其變成了影響整個魏晉南北朝時期的選官制度：九品中正制。

一方面提出「唯才是舉」，另一方面又繼續強化「**以賢制爵**」的選官制度，前者在樹新風，後者在遵舊俗，曹操究竟意欲何為？

實際上，「唯才是舉」還另有一層深意，那就是：借此為自己正名，為身邊人解套。在重名重德的社會風氣之下，出身閹宦之後、借天子以自重的曹操，無論從

「名」上還是從「德」上都存在欠缺。隨著自己逐漸突破制度框架而封公建國，各種道德非議只會增多不會減少，而追隨自己的人們也不免心有彷徨。如何為自己和追隨者的行為提供合法性？最好的方式就是在用人標準和用人導向上尋求突破，以「唯才是舉」彰顯才能的重要性，突破道德的窠臼。如此，才可能打一個翻身仗。

於是，伴隨著對外征伐的軍功和對內上升的爵位，我們看到了漸次頒布的求賢三令。

心不能平

頒布求賢三令，是為了轉換標準、收攬人心，然而對於那些難以收攬、拒絕轉變的人，曹操又如何處理呢？

在眾多需要爭取的人中，曹操最看重的無疑是荀彧。「**吾之子房也**」，這是曹操初見荀彧時對他的評價；「**睹勝敗之機，略不世出也**」，這是曹操對荀彧在官渡之戰這一關鍵時刻卓越眼光的評價；「**以亡為存，以禍致福**」，這是曹操對荀彧在徹底消滅袁氏過程中所發揮作用的評價；「天下之定，彧之功也」，這是曹操對荀彧的總體評價。

實際上，不僅曹操盛讚荀彧，滿朝文武也對荀彧充滿敬仰。智謀無人能及，出身無人能及，德行無人能及，再加上推薦了那麼多的俊傑良才，誰不心服口服呢。鍾繇就認為顏回之後，能夠具備《尚書》中所稱「九德」的人，「唯荀彧然」；鍾繇還認為，以曹操的聰明，遇到大事都要請教荀彧，誰還敢不按荀彧的意見辦事。

一直以來，曹操都把與荀彧的關係放在了無比重要的位置。為此，曹操把自己的女兒嫁給了荀彧的長子荀惲（音同運），透過這種關係，兩家似乎成了一家。建安八年（西元二〇三年），曹操「錄彧前後功，表封彧為萬歲亭侯」。建安十二年（西元二〇七年），曹操「復增彧邑千戶，合二千戶」。據說，曹操還準備表薦荀彧為三公，只是荀彧一再推辭，曹操才作罷。

然而，隨著曹操權勢日增，荀彧與他卻漸行漸遠。撇開建安九年（西元二〇四年）荀彧阻止曹操「復古置九州」那次不談，在曹操是否應該晉爵魏公這件事情上，荀彧就明確表示了反對意見。

建安十七年（西元二一二年）的一天，董昭私下裡就曹操晉爵魏國公的事情來徵求荀彧的意見，雖然來人不是曹操，但這肯定源自曹操的授意。

面對徵詢，荀彧委婉地表達了自己的意見：「曹公興兵的本意是匡扶朝廷、安定國家，雖然功勛卓著，也應懷忠貞的誠心，保持著謙讓的品質（**守退讓之實**）。真正的君子應該按照道德標準去幫助他人（**愛人以德**），所以不應該這樣做。」說白了，您是來興復漢室做好事的，怎麼能趁火打劫呢？

聽到這些話，曹操「**心不能平**」了。我怎麼就不「愛人以德」了？難道封公建國就不「愛人以德」了，別忘了《六韜》中就曾經說過，「**天下者非一人之天下，惟有道者處之**」，正因為我有道所以才要居之呀！你盡心竭力地輔佐我只是讓我「守退讓之實」，這不是在利用我嗎？如果是這樣，你早說呀！

荀彧心想我怎麼沒跟您說！早在十六年前我就說了，您難道忘了嗎？那我們一起來回憶回憶吧。

建安元年（西元一九六年），曹操與荀彧就是否奉迎天子到許縣進行了一場對話。荀彧的觀點很明確，不僅要奉迎，而且要儘快奉迎。

為什麼要奉迎？因為「**乃心無不在王室，是將軍匡天下之素志也**」。

奉迎有什麼效果？效果有三：其一，「**奉主上以從民望，大順也**」；其二，「**秉至公以服雄傑，大略也**」；其三，「**扶弘義以致英俊，大德也**」。

你看，「乃心無不在王室」、「奉主上」、「秉至公」、「扶弘義」，哪一個荀彧沒說？

實際上，曹操是否「乃心王室」不是荀彧所能左右的，但對自己的行為操守，荀彧卻始終是有要求的。

傳說，荀彧曾經找到了一種奇異的香料，用它來薰衣，到別人家做客，餘香三日不散。後來「荀令香」成了奇香異芳的代名詞。你看，對於一個外出訪客也要留有餘香的人，怎麼可能讓後世覺得自己是「篡漢者」的幫兇呢？

於是，荀彧被調離了尚書令之職，以勞軍為名被派到了南方前線。沒多久，荀彧因為內心憂鬱，病死在了壽春。

不過，還有一種說法。說是在荀彧生病期間，收到了曹操饋贈的食物，可是打開盒子一看，空無一物（**乃空器也**），於是荀彧服毒自盡。

荀彧去世了。第二年七月，曹操晉爵魏公，魏國正式建立。同年十一月，魏國設立了尚書、侍中等各類官職，荀彧的侄子荀攸被任命為首任尚書令。

在眾多謀臣中，曹操對荀攸有一個獨特的評價：「**愚不可及**」。曹操說，荀攸的聰明別人可以達到，但他外表的愚鈍別人達不到，即使是春秋時的顏回、甯武子在這方面也不能超過他。

這裡，曹操引用了《論語》中孔子對甯武子的一段評價，原文是這樣的：「**甯武子，邦有道則知，邦無道則愚。其知可及也，其愚不可及也。**」意思是說甯武子在「邦有道」的時候就聰明，在「邦無道」的時候就裝傻。那麼，荀攸此時的愚不可及是「邦有道」還是「邦無道」呢？

拋卻了荀彧，緊接著曹操又遇到了一個比荀彧更高貴的敵人。

建安十九年（西元二一四年）十一月，魏公曹操終於獲知了皇后伏壽那封密信的內容。旋即曹操命人起草詔書，逼迫天子劉協廢掉伏皇后，理由是「**陰懷妒害，苞藏禍心**」。很快，御史大夫郗慮和尚書令華歆帶兵衝進皇宮，逮捕皇后伏壽。看到這一切，伏壽緊閉屋門，把生存的希望寄託在了牆壁的夾層中。

此時，漢獻帝已經請郗慮入座，把他穩住了。接下來，到了華歆展現自己忠誠與兇狠的時刻。只見他命人拆屋毀牆，硬生生地把伏壽從夾牆中拉了出來。

這時候的伏壽光著雙腳，披頭散髮，完全沒了皇后的樣子，經過天子劉協身旁時，她泣不成聲地說：「**不能復相活邪？**」難道就不能救我一命嗎？劉協說：「**我亦不知命在何時！**」我連自己都不知道能夠活到什麼時候！隨後，劉協又對郗慮說：「**郗公，天下寧有是邪？**」郗公，天下難道真有這種事嗎？

很快，伏壽被囚禁致死。之後，伏壽所生的兩個皇子也被毒死，伏壽的兄弟及娘家人被殺的有一百多人，被流放的也有十九人。

銅雀臺賦

就在曹操發布《讓縣自明本志令》的建安十五年（西元二一〇年）冬，曹操心心念念的那座高臺也在鄴城的西北側建好了。此臺名為「銅雀臺」。

關於銅雀臺的命名，正史中沒有任何記載，而羅貫中在《三國演義》中敘述得十分詳細：話說曹操取得冀州後，夜宿鄴城，半夜忽見一道金光從地而起，派人於金光處掘之，得銅雀一隻。為此，荀攸認為：「**昔舜母夢見玉雀入懷而生舜。今得銅雀，亦吉祥之兆也。**」曹操聽後，大喜。於是，「**即日破土斷木，燒瓦磨磚，築**

銅雀臺於漳河之上」。

這段記述可信嗎？

當然不可信。這顯然是羅貫中為了美化銅雀臺而編出來的故事。

那麼，我們就真的無法知道「銅雀臺」的由來了嗎？

未必。

據東晉人陸翽（音同慧）在《鄴中記》中記載：「**銅爵臺高一十丈，有屋一百二十間。**」與之呼應，北魏人酈道元在《水經注．濁漳水》中也有大致相同的記載：「**鄴西三臺……中曰銅雀臺，高十丈，有屋百一間。**」

如此高的臺子，如此多的房間，是用來做什麼的呢？

看看同時期的其他塢堡高臺，就不難發現答案。據《三國志．魏書．董卓傳》記載，董卓「**築郿塢，高與長安城埒，積穀為三十年儲。雲事成，雄據天下，不成，守此足以畢老**」。

同樣，據《三國志．魏書．公孫瓚傳》記載，公孫瓚「**為圍塹十重，於塹裡築京，皆高五六丈，為樓其上；中塹為京，特高十丈，自居焉，積谷三百萬斛**」。

無論是董卓築的郿塢還是公孫瓚築的京，他們都與曹操建的高臺一樣，既是軍事防御設施，還是糧穀等戰略物資的儲備庫。只不過，董卓和公孫瓚在城池之外單獨營建，而曹操卻讓它與整個鄴城融為了一體。

在一首詩中，曹丕專門提到了銅雀與糧穀的關係。

長安城西雙員闕，上有一雙銅雀。

一鳴五穀生，再鳴五穀熟。

據載，漢武帝曾經於太初元年（西元前一〇四年）在長安城西建設了一座「**周二十餘里，千門萬戶**」的建章宮，其中建章宮的北門有一對圓形的闕樓，而闕樓的頂端則立有一對銅雀。為什麼立銅雀？因為「一鳴五穀生，再鳴五穀熟」，銅雀的鳴叫象徵著五穀豐登。

如此一來，就大概知道曹操為什麼將這座建於城西、具有儲糧功能的高臺命名為「銅雀臺」了。

銅雀臺建好了，當然不能僅僅用於儲糧和防禦，它的日常功能更要發揮。於是，第二年一開春，曹操就帶著自己的兒子們登上了這座高臺。隨後，依照曹操「**登高**

必賦」的習慣，他又「使各為賦」，每個兒子都要作賦一首。

史書沒有記載到底是曹操的哪些兒子登臨了銅雀臺，但從「悉將諸子登臺」一語來看，能帶的恐怕都帶上了。前前後後，曹操一共有二十五個兒子，除去早亡的、年幼的以及未出生的，估計至少也有十來個，相應地至少會產生十多篇銅雀臺賦。然而，這至少十幾篇賦中，今天能讀到的，只有曹植寫的那篇。

曹植的這篇賦並不長，一共只有一六一個字，卻把登臺的目的、高臺的巍峨、建臺的意義以及自己的祈願，表達得明白曉暢、明明赫赫、明參日月。

除了「登層臺以娛情」，還能「觀聖德之所營」，一覽父親在整個鄴城的建設成就。

除了「臨漳水之長流兮」，還能「望園果之滋榮」，這些安靜祥和都是父親所帶來的。

既然「天雲垣其既立兮」，那麼「家願得而獲逞」，相信父親的願望必定能實現！

到那時，「揚仁化於宇內兮，盡肅恭於上京」，天下人都會對這裡倍加恭敬。

到那時，「同天地之規量兮，齊日月之暉光」，父親的事業與天地比壽，與日月同光。

如此溢美之詞，誰聽了不高興？並且，就在登銅雀臺前不久，曹操還對曹植的寫作才能產生過懷疑，甚至問他：「**汝倩人邪？**」你是找人代寫的嗎？

當時，曹植立刻跪下，正色答道：「**言出為論，下筆成章，顧當面試，奈何倩人？**」我出口就能立論，下筆就成文章，不信您當場出題測試，請人代勞算什麼？

這次，曹操讓兒子們登臺作賦，其中一個目的就是想檢驗一下曹植文學才華的真假。沒想到，曹植不僅「**援筆立成**」，並且文采可觀，曹操不由得「**甚異之**」。

作為曹操的長子，曹丕雖然在這次登臺作賦中沒有什麼傲人表現，但他也有一篇《臨高臺》存世。由此想見，這次登臺作賦之後，曹操父子沒有少組織類似的活動。

實際上，早在銅雀臺建成之前，一個以曹操父子為核心的文學群體就已初步形成。據日後曹丕在《典論．論文》中梳理，其中至少包括了孔融、陳琳、王粲、徐幹、阮瑀、應瑒、劉楨等人。

有別於漢代辭賦的華而不實，這群文人雖然博學多才，但他們並不一味追求辭藻的華麗，而是更加關注現實，更善於從社會生活中汲取養分，袒露心扉。

這方面，曹操無疑是開風氣之先者。一首《薤露行》描繪了「**賊臣持國柄，殺主滅宇京**」的紛亂格局，一首《蒿里行》描繪了諸侯間「**勢利使人爭，嗣還自相戕**」

的殘酷競爭，一首《苦寒行》描繪了行軍中「**迷惑失故路，薄暮無宿棲**」的艱難。正如後世所說，「**曹公古直，頗有悲涼之句**」。

曹操時常有感而發，身邊的兒子同樣是看到什麼就寫什麼，走到哪就寫到哪。隨同父親出征，大軍路過黃河，曹丕隨手就來了首《黎陽作詩》，「**奉辭罰罪遐征，晨過黎山巉崢**」；陪父親回老家譙縣，曹丕看到庭院中自己種下的甘蔗「**涉夏曆秋，先盛後衰**」，於是便有了《感物賦》。

曹丕隨見隨寫，曹植更是信手拈來，《蝦鱔篇》、《浮萍篇》、《鬥雞篇》、《磐石篇》、《種葛篇》、《驅車篇》、《苦熱篇》，想寫什麼就寫什麼。

兒子們如此，文士們更如此。

跟隨曹操討伐張魯，王粲感歎「**拓地三千里，往返速若飛**」；陪同曹操征東吳，王粲勉勵自己「**將秉先登羽，豈敢聽金聲**」；征途之中，王粲不僅感歎隊伍「**連舫逾萬艘，帶甲千萬人**」的雄壯，而且讚揚曹操「**籌策運帷幄，一由我聖君**」的神武。

治亂變換之中，劉禎直言「**永日行遊戲，歡樂猶未央**」，應瑒高歌「**穆穆眾君子，好合同歡康**」，陳琳感慨「**建功不及時，鐘鼎何所銘**」，徐幹感歎「**人生一世間，忽若暮春草**」，阮瑀哀歎「**民生受天命，漂若河中塵**」。

後世，將這群直面社會現實、關心民生疾苦、懷有政治理想的文人，呈現出的那種慷慨悲涼、雄健深沉的寫作風格稱之為「建安風骨」。

隨著文士們的吟唱，銅雀臺兩側的高臺也拔地而起。南面的金虎臺建成於建安十八年（西元二一三年），「**高八丈，臺上有屋一百三十五間**」；北面的冰井臺建成於建安十九年（西元二一四年），「**高八丈，有屋一百四十間**」。

與此同時，曹操理想中的那座城市也蔚然成型。

一條從建春門到金明門東西走向的大街，把整座城市分成了南北兩大區域。

地勢較高的北區又分成了三部分：中部是宮殿區，政事活動集中於此；西部是苑囿區，休閒娛樂集中於此；東部則是「戚里」，所謂「戚」就是皇親國戚，顧名思義，這裡是達官顯貴們的居住區。

地勢低窪的南區和北區的東南角大致分布著長壽、吉陽、永平、思忠這四里，大多數官員和大族巨富以及普通百姓都居住於此。

不同於過去「面朝後市」的布局，市場從以前位於宮城背後的犄角旮旯之地，一下子移到了宮殿區前面的寬廣地帶，鑲嵌進了四里之中。無疑，這大大方便了居民的日常交易，也促進了整個城市的商業繁榮。

南區的正中間，一條南北向的主幹道從永陽門出發直接通往北部宮殿的正南門止車門，在此，南北幹道與東西向大街構成了一個「丁」字型交匯。

以這條大街為中軸，整個鄴城呈現出東西對稱的格局：南城牆上的廣陽門和鳳陽門對稱地分布於中陽門東西兩側；東西城牆上的建春門和金明門以中軸線為基準，對稱建設，遙遙相對；北城牆上的廄門和廣德門也依中軸線對稱布局。更精妙的是，中軸線還直線延伸到了宮城內，止車門、端門以及正殿文昌殿都在一條直線上。

在鄴城城牆的四個角，分別建有一個碉樓，從視覺效果來看，它們無疑增加了整座城市的美感，同時就實際功能而言，它們又增強了鄴城的防禦功能。

整座城市的最高處位於西北部，銅雀、金虎、冰井這三個高臺就坐落於此。三臺之中儲存了大量的糧食、鹽和燃料等軍事物資，三臺之間以閣道相連，三臺的西南方向則是城牆邊的武庫和馬廄。如此，三臺就變成了一個儲備充足、彼此連通的軍事塢堡群。

鄴城的北面就是漳河，而漳河的北岸就是與三臺遙遙相望的武城。武城之前就有，只不過曹操對它進行了加固，使其變成了一個護衛鄴城的週邊據點。

鄴城的西面就是玄武池，這裡不僅算是城內苑囿區的延伸，而且建有水師基地，與武城、三臺構成了一個水陸一體的防禦體系。

如今看來，所有這些設計規劃都並不出奇，古長安城如此，古南京城如此，古北京城還是如此，甚至連日本的京都也是如此。然而，所有這些「如此」的「此」就是鄴城。

五十多年後，一個叫左思的文學家用一首《魏都賦》描繪了鄴城的巍峨與繁盛。

宮廷正殿規模宏大，氣象萬千：「**造文昌之廣殿，極棟宇之弘規**」。

整個宮殿區一片肅穆與祥和：「**左則中朝有赩，聽政作寢**」；「**重闈洞出，鏘鏘濟濟。珍樹猗猗，奇卉萋萋。蕙風如薰，甘露如醴**」。

苑囿區如此靜謐與靈動：「**右則疏圃曲池，下畹高堂。蘭渚莓莓，石瀨湯湯。弱葼系實，輕葉振芳。奔龜躍魚，有祭呂梁**」。

銅雀三臺如此高峻而壯美：「**飛陛方輦而徑西，三臺列峙以崢嶸**」；「**增構瓘瓘，清塵影影**」。

玄武池如此開闊和幽靜：「**苑以玄武，陪以幽林。繚垣開囿，觀宇相臨。碩果灌叢，圍木竦尋**」。

居民區如此規整與繁華：「**內則街衢輻輳，朱闕結隅**」；「**壹八方而混同，極風采之異觀。質劑平而交易，刀布貿而無筭。財以工化，賄以商通**」。

總之，魏都鄴城足以「**娛四夷之君**」，「**睦八荒之俗**」。

看著鱗次櫛比的宮殿，新的問題又來了：這些宮殿上的匾額由誰來題寫呢？

瞬間，一個不二人選浮現在曹操腦中。

梁鵠！

對，就是他。既然梁鵠「**宜為大字**」，這些匾額上動輒數尺的大字不正適合他「**用筆盡勢**」嗎？於是，「**魏宮殿題署，皆（梁）鵠書也**」。

在鄴城，隨著層樓疊榭的聳立和詩賦辭章的縈繞，古籍恢復也被提上了日程。大約就在曹操大軍南下的建安十三年，曹操向北方的匈奴派出了一個使團。使團的目的只有一個：用黃金和璧玉換回一個名叫蔡琰的女子。

相較於女子「琰」這個名，「文姬」這個字恐怕更為後世所熟知。作為後漢大儒蔡邕的女兒，「**博學有才辯，又妙於音律**」的蔡文姬，可以說命運多舛，歷經磨難。

蔡文姬先是嫁給了一個叫衛仲道的人，結果還沒等二人生兒育女，衛仲道就去世了，於是她又回到了娘家。不久，「**天下喪亂**」，蔡文姬又不幸地被南匈奴左賢王的人馬所擄掠，結果不僅在匈奴待了十二年，還生下了兩個兒子。

統一北方後，「**素與（蔡）邕善**」的曹操，惋惜蔡邕沒有嗣子，於是便派人把蔡文姬贖了回來，這就是後世所稱的「文姬歸漢」。

蔡文姬回來後，曹操不僅安排她重新嫁人，而且交給她一項特殊工作：回憶並整理蔡邕的藏書。

曹操問蔡文姬：「**聞夫人家先多墳籍，猶能憶識之不？**」聽說你家原來有很多古籍，現在還能想起來嗎？

蔡文姬回答：「**昔亡父賜書四千許卷，流離塗炭，罔有存者。今所誦憶，裁四百餘篇耳。**」當初父親留給我的書籍有四千餘卷，但因為戰亂流離失所，基本都沒有保存下來，現在我能記下的，只有四百餘篇。

於是，一項非物質文化遺產傳承工作就此展開。

一開始，曹操怕蔡文姬力有不逮，想派十個人去幫忙，但蔡文姬卻認為「**男女之別，禮不親授**」，堅持要獨立完成。

後來，蔡文姬把自己記下的古籍呈送給曹操，結果「**文無遺誤**」。

終始之變

除了根據父親的安排一起在銅雀臺作賦，曹丕、曹植等兄弟還經常結伴出遊，而他們最經常去的地方就是城西的玄武池，興之所至，兄弟們還會吟上幾首詩。不信，你看曹丕的這首《於玄武陂作詩》：

兄弟共行游，驅車出西城。
野田廣開闢，川渠互相經。
黍稷何郁郁，流波激悲聲。
菱芡覆綠水，芙蓉發丹榮。
柳垂重蔭綠，向我池邊生。
乘渚望長洲，群鳥歡嘩鳴。
萍藻泛濫浮，澹澹隨風傾。
忘憂共容與，暢此千秋情。

開闊的田野、縱橫的溝渠、蔥郁的莊稼、繁盛的花草、歡快的群鳥、蓬發的浮萍……這是多麼興旺和諧的一幅畫面啊，難怪會引發曹丕「忘憂共容與，暢此千秋情」的感慨了。

然而，百草真的如此各自競發而不彼此爭搶土壤和養分嗎，兄弟真的如此和睦共容而不暗中較勁與爭奪嗎？

果真如此的話，那後世為什麼還留下那首相傳為曹植所作的《七步詩》呢？

煮豆持作羹，漉菽以為汁。

萁在釜下燃，豆在釜中泣。

本是同根生，相煎何太急？

從「兄弟共行游」到「豆在釜中泣」，從「忘憂共容與」到「相煎何太急」，曹氏家族內部到底經歷了什麼？

建安十三年，白髮人送黑髮人。悲痛欲絕的曹操細緻地操辦了兒子曹沖的後事，他不僅四處向碰巧死了女兒的人家提親，讓兒子在「陰間」有個伴，而且還給兒子找了個繼子，讓他在人間也有個後。

辦完兒子的後事，曹操也開始認真地考慮自己身後的事情了。

雖說一共有十三個妻妾為曹操生下了二十五個兒子，但到了真正需要做抉擇的時候，由於年齡、才智、出身等限制因素，曹操的能選擇範圍並不大，基本上局限在正妻卞（音同變）氏所生的幾個兒子之中，具體說，就是曹丕、曹彰、曹植和曹熊。

卞氏原本只是曹操的一個妾，甚至還是一個出身「倡家」的妾。二十歲那年，曹操在譙縣納了她，之後她就一直隨曹操顛簸。

卞氏的機會出現在建安初年。建安二年（西元一九七年），曹操第一次征伐張繡，結果卻遭遇到了張繡的先降後叛，以致損失了長子曹昂。曹昂雖然不是曹操的正妻丁氏所生，但因為生母劉氏早亡，他一直由丁氏撫養長大。曹昂離世後，丁氏把所有的怨恨都集中在了曹操身上，經常念叨說：「**將我兒殺之，都不復念！**」憤怒之下，曹操將丁氏打發回了娘家，二人從此決裂。

曹昂一故，次子曹丕變成了長子；丁氏一走，側室卞氏便成了正房。之後，成為正室的卞夫人，不僅悉心教養自己所生的兒子，而且把曹操那些因母親早逝而無人照料的子女也都撫養起來，很是賢良淑德。

在卞氏為曹操生下的四個兒子之中，最早出局的是曹熊。

作為曹操與卞氏所生的最小的兒子，曹熊卻是最先去世的。他的生卒時間，史書沒有記載，多年後被追封為蕭懷王的他，只留下了兩個字：「**早薨**」。

隨後出局的是曹彰。

曹彰字子文，雖然字裡有個「文」，名中嵌個「章」，但曹彰卻對道德文章絲毫沒有興趣，「**少善射御，膂力過人，手格猛獸，不避險阻**」的他對領兵打仗卻充滿嚮往。私下裡，曹彰曾對手下人說：「大丈夫就該像衛青、霍去病那樣統率十萬騎兵去消滅戎狄，建立功勛獲得封號，怎麼能去做個只知道讀書的傻博士呢？」

有一次，曹操曾經問幾個兒子的興趣愛好，讓他們各言其志。

「**好為將。**」我喜歡當將軍，曹彰答道。

「**為將奈何？**」當將軍幹什麼？曹操追問。

「**披堅執銳，臨難不顧，為士卒先，賞必行，罰必信。**」曹彰回答。

隨之，曹操大笑。看來，這個兒子是真心喜歡打仗啊，枉費我給他起了個帶「文」「章」的名字。

一開始，曹操還試圖校正一下曹彰的人生航向。他曾經對曹彰說：「**汝不念讀書慕聖道，而好乘汗馬擊劍，此一夫之用，何足貴也！**」你不想著讀書仰慕聖人之道，只喜歡騎馬擊劍，這是一個武夫的本事，有什麼值得看重的。

當然，曹操不僅僅是說說而已，他還親自督促曹彰讀《詩經》、《尚書》等經典，下了狠心要讓曹彰改弦更張。而即使這樣，曹彰依然我行我素，繼續野蠻生長。

後來，曹操索性遂了曹彰的心願，讓他在北方的原野上自由奔跑。

建安二十三年（西元二一八年），面對代郡烏桓人的反叛，曹操任命曹彰為北中郎將並且代理驍騎將軍，統兵討伐。結果，這一仗曹彰不僅將烏桓人驅趕出了代郡（今河北西北部一帶），而且乘勝追擊，奔馳一天一夜連敗敵人，斬首和俘虜數以千計。這場勝利不僅平定了烏桓人的叛亂，而且讓一旁觀戰的鮮卑人也聞風喪膽，鮮卑首領軻（音同柯）比能二話不說，乖乖地前來歸順。

意想不到的勝利自然迎來意想不到的榮光，當曹彰回到曹操身邊時，曹操摸著曹彰的黃鬚鬚說：「**黃須兒竟大奇也**。」這句話，一方面表達了曹操的驚奇和讚賞，另一方面恐怕也是對曹彰厭筆從戎的一種認可。

不過，曹操對曹彰軍事業績的認可，並不代表曹彰就擁有了繼嗣的機會。建安二十四年（西元二一九年），曹操與劉備在漢中對峙時，看到劉備的乾兒子劉封耀武揚威地前來挑戰，一向不甘示弱的曹操不自覺動了徵召曹彰的念頭，隨口罵道：「**賣履舍兒，長使假子拒汝公乎！待呼我黃須來，令擊之**。」你這個賣鞋的傢伙，竟然派乾兒子來挑釁，看我怎麼把我的黃鬚兒叫來收拾你！

可是，定軍山下的這一仗曹彰終究沒有趕上。等他披星戴月趕到長安時，曹操早已從漢中撤軍了。可是既然來了，總不能白跑一趟。隨後，曹操把曹彰留在了長安駐守。

一開始沒想到曹彰，等想起曹彰了，又沒給他表現的機會，這一切都暴露了曹彰在曹操心中的真實價值。

曹熊的生命長度不夠，曹彰的文采能力不足，剩下的只有曹丕和曹植了。

相較而言，曹植的才智與死去的曹沖頗有幾分相似。「**年十歲餘，誦讀詩、論及辭賦數十萬言，善屬文**」，少年時的曹植不僅也是個神童，而且文章寫得好，算是曹操心目中「**念讀書慕聖道**」的好少年。

不僅文章寫得好，曹植反應也敏捷。曹操「**每進見難問**」，曹植經常「**應聲而對**」，由此曹植「**特見寵愛**」，曹操經常把他帶在身邊，悉心加以培養。

十四歲時，曹植跟隨父親斬袁譚，定冀州；十六歲時，跟隨曹操出盧龍，平烏桓；十七歲時，跟隨曹操臨碣石，觀滄海；二十歲時，跟隨父親渡黃河，敗馬超；二十一歲、二十二歲時，兩度跟隨曹操臨長江，征孫權。可以說，曹植不僅是曹操的兒子，還是曹操的學生，更是曹操功業的見證者。

到了曹植二十三歲那年，即將南征孫權的曹操，沒有繼續把曹植帶在身邊，而是把留守大本營鄴城的任務交到了曹植手中。臨行之際，曹操略微動情地對曹植說：「**吾昔為頓丘令，年二十三。思此時之行，無悔於今。今汝年亦二十三矣，可不勉與！**」我當頓丘縣縣令那一年，是二十三歲。回顧那時的所作所為，到今天也沒有什麼後悔的。如今，你也是二十三歲，難道不該自我勉勵嗎？

拿自己的二十三歲來激勵二十三歲的兒子，這是怎樣的一種心情？如果曹操不是從兒子身上看到了自己年輕時的影子，怎麼會說出這樣的話來？如果不是對這個兒子寄予厚望，又怎麼會有如此諄諄教誨、殷殷期望？

實際上，曹操此時多少動了立曹植為太子的心思，並且已經開始悄悄徵求群臣的意見了。一時之間，曹植上位的呼聲一浪高過一浪，浪浪拍打在曹丕的身上。

面對曹操關於繼嗣問題的問詢，大臣們的意見表達實際上就成了選邊站隊。自覺或不自覺地，群臣逐漸分成了兩派：一派支持曹植，一派傾向曹丕，雙方「**各有黨與，有奪宗之議**」，彼此劍拔弩張，互不相讓。

楊修和丁儀、丁廙兄弟是曹植的堅定支持者。

楊修是前太尉楊彪之子，「**好學，有俊才**」的他此時正擔任丞相主簿。利用在工作上的便利，楊修不僅時常在曹操面前對曹植大加讚賞，而且經常為曹植出謀劃策。

丁儀、丁廙（音同異）是丁沖之子，而丁沖則是曹操的恩人。當年，要不是丁沖及時向曹操發出「**今其時矣**」的信號，估計曹操沒那麼容易下定迎奉天子的決心。把天子迎到許縣後，曹操為表感激，將丁沖從黃門侍郎升遷為了司隸校尉。後來，丁沖因飲酒過度而死，曹操還專門頒布了一個《丁幼陽令》，回憶二人早年的青蔥歲月。

此時，丁儀正擔任丞相府的西曹掾，丁廙則擔任黃門侍郎，都是曹操身邊的近臣。當曹操向丁廙表達自己屬意曹植的意向時，丁廙當即認為這是「**上應天命，下合人心，得之於須臾，垂之於萬世**」的英明之舉。

除了他人的力挺，曹植自己也充分發揮自己的文學才能，有意無意地用詩賦來擴大自己的「朋友圈」，《贈徐幹詩》、《送應氏詩》、《贈丁廙詩》、《贈丁儀詩》、《贈王粲詩》、《贈丁儀王粲詩》，在曹植存世不多的詩賦中，這些「朋友」

還是比較值得注意的。

力挺曹植者不少，幫助曹丕的人也挺多。

曹操頗為倚重的崔琰和毛玠，明確支持曹丕。面對曹操的秘密徵詢，崔琰直接用不封口的公文進行了答覆：「**春秋之義，立子以長，加五官將仁孝聰明，宜承正統。琰以死守之。**」而毛玠則以袁紹的教訓勸諫曹操：「**近者袁紹以嫡庶不分，覆宗滅國。廢立大事，非所宜聞。**」

此外，曹丕身邊還聚集了一個號曰「四友」的智囊團，他們分別是陳群、吳質、朱樂和司馬懿。

四人之中，曹丕最倚賴的是吳質。可是，吳質卻偏偏被外放到魏郡的朝歌縣做了縣長，朝歌距離鄴城雖不算遠，但吳質沒事也不能總往鄴城跑。思來想去，吳質坐進了一個大竹筐中，然後把大竹筐放到大車上，隨著日常運送的物資進入了曹丕的府邸。此後，如法炮製，屢試不爽。

然而，這一神不知鬼不覺的做法，卻偏偏被支持曹植的楊修發現了，隨即楊修報告給了曹操。不久，曹操就派人搜查了運進曹丕府邸的竹筐。

然而，竹筐中除了一些絲絹就是一些絲絹，連吳質的一根頭髮都沒有。

沒錯，這是曹丕一方提前獲知消息後的將計就計。經過這次鬥法，失分的不是曹丕，而是曹植和楊修。

除了這次不動聲色的反擊，吳質還給曹丕提供了不少揚長避短的好招數。比如，一次曹操率軍出征，曹丕、曹植前往送行。這邊，曹植口若懸河，盛讚曹操；那邊，曹丕卻悵然若失，默默流淚。兩相比較，哪個更讓曹操感動？

值得一提的是，當時同為一家的司馬懿、司馬孚兄弟卻分列兩個陣營，並且都頗受重視。作為曹丕身邊的「四友」之一，司馬懿「**每與大謀，輒有奇策**」，深為曹丕「**所信重**」。作為曹植身邊的文學掾，司馬孚經常對曹植「**負才凌物**」的舉止進行「**切諫**」。一開始，曹植還挺不樂意，後來卻主動向司馬孚道歉。

雖然雙方的擁躉們鬥得不亦樂乎，但歸根到底還是要落在曹丕和曹植的個人素質上。

最終，曹植「**任性而行**」、「**不自彫勵**」和「**飲酒不節**」的性格，讓他在這場原本勢均力敵的爭奪中，變得每況愈下。鄴城的司馬門原本禁止大小官員通行，可是曹植偏偏從司馬門飛馳而出；曹仁被困樊城，曹操原本任命曹植為南中郎將並代理征虜將軍前往救援，結果曹植卻在曹操徵召的時候酩酊大醉。反觀此時的曹丕，卻「**深自砥礪**」外加「**禦之以術，矯情自飾**」。

應該說，曹操不是沒給曹植機會，隨軍征戰、留守鄴城、救援曹仁，無一不是提攜和信任。應該說，曹植也不是沒有上位的資質，出口為論、下筆成章、應聲而對，無一不是才華的體現。但曹植終究有一道越不過的檻。

表面看，這道坎叫作嫡長子繼承制；深裡看，這道坎叫作德才兼備。這裡不妨問一句：如果曹丕的競爭對手換成曹沖，結果會怎樣？

正如曹丕所說，「**若使倉舒在，我亦無天下**」，結果可能就完全不同了。

為什麼曹沖比曹植可能性更大？

曹植生於初平三年（西元一九二年），曹沖生於建安元年（西元一九六年），二人年紀相仿；曹植文采飛揚，曹沖智力超群；曹操對曹植「**特見寵愛**」，「**有意於植**」，曹操對曹沖「**有欲傳後意**」。應該說，曹植與曹沖在很多方面旗鼓相當，硬生生把曹丕甩出幾百里。

可是，曹沖有的不只是智商還有情商，不只是智慧還有仁愛。這些，曹植不能說沒有，但至少我們在史書上全然看不到。相反，曹丕也許心理陰暗，但至少他表現出了忠孝和仁愛。

曹操最擔心的是什麼？是「終始之變」，也就是他死之後的風雲變幻。

交給「仁愛識達」的曹沖，自然晴空萬里，雲淡風輕。只可惜，這已經不可能了。

交給「任性而行」的曹植，多少有些不放心，再加上曹植身邊「頗有才策」外加「袁氏之甥」的楊修，曹操就更不放心了。

交給年長誠孝的曹丕，曹操固然有些不放心，但看看曹丕身邊的那些擁戴者，自己心裡還是相對踏實一些。

殆不可忍

雖然曹操已經決定立曹丕為太子，但在正式公布之前，他還有一件事情要做，那就是：打掉雙方的一些擁戴者。

最先被打掉的是崔琰。

建安二十一年（西元二一六年），曹操借著一件小事把崔琰罰為了徒隸，也就是進行勞動改造的罪犯。後來，聞知崔琰在凌辱和徒刑面前依舊安之若素，坦然以待，並且前來探望的人竟門庭若市，索性便將他賜死了。

為什麼會這樣？

說來，相當大程度上還是與崔琰那份不封口的答覆有關。

「蓋聞春秋之義，立子以長，加五官將仁孝聰明，宜承正統。琰以死守之。」

別看只有寥寥二十七個字，無論內容還是形式，這封復函都讓朝臣們驚訝不小。

從形式上看，別人都是暗箱操作，誰也不知道誰是什麼態度，誰也不會影響到誰，而崔琰卻偏偏把立場直接攤在了桌面上，其對「選情」的影響可想而知。

從內容上看，崔琰擁護曹丕並且「以死守之」，更是讓人大跌眼鏡。要知道曹植的妻子可是崔琰的侄女，曹植算是崔琰的侄女婿了，有這種關係還要公開力挺曹丕，真是讓人感到意外。

也許，在崔琰看來，正是因為他與曹植的姻親關係，他才要公開站出來。為什麼？因為如果他與其他人一樣用密函回覆，許多人就會認為他會站在曹植一邊。為了消除大家的猜疑，他有必要亮明自己的真實觀點。

崔琰的想法有錯嗎？自然沒錯。

但是，他卻違反了曹操制定的遊戲規則，進而把曹操逼到了一個無法選擇的地步。連崔琰這樣的人都站出來挺曹丕，曹植還有戲嗎？要知道，曹操是讓你提供決策參考，可不是讓你幫忙做決策。

崔琰的死讓很多人為他抱屈，這其中，也包括與他共事多年的毛玠。結果，沒多久毛玠也被人告發了。至於原因嘛，則是因為毛玠在看到一個黥面之刑的謀反者時說了一句「**使天不雨者蓋此**」，意思是說，老天遲遲不下雨大概就因為這個吧。

結果，在曹操下達的逮捕令中，除了上面那句牢騷話，又加上了一條「**損君臣恩義，妄為死友怨歎，殆不可忍也**」毛玠只知道為崔琰鳴不平，卻忘了君臣之間的恩義，這讓人怎麼忍受？看來，毛玠主要還是受了崔琰的牽連。

後來，在強烈的自我申訴和大臣的不斷說情下，毛玠才總算是保住了性命。賜死了崔琰，懲戒了毛玠，曹操在第二年（建安二十二年，西元二一七年）十月正式宣布，立五官中郎將、副丞相曹丕為魏太子。

就這樣結束了嗎？

當然沒有。

建安二十四年（西元二一九年）秋，曹操誅殺了一個他最有心殺也最不忍心殺的人：楊修。

不忍殺，是因為楊修的才能。據載：「**修年二十五，以名公子有才能，為太祖所器。**」楊修二十五歲那年因為出身名門加上很有才能，而被曹操器重並任用的。

楊修的出身自不必說，弘農楊氏是與汝南袁氏並駕齊驅的「四世三公」，而且楊家「四世三太尉」，絕對是百年來的頭號世家大族。

論才能，楊修更是了得。作為丞相府的主簿，他「**總知內外**」，結果「**事皆稱意**」，甚至「**自魏太子已下，並爭與交好**」。把一件事辦好容易，把每件事都辦好不容易。如此看來，楊修是一個政務處理的幹才。

不過在楊修眼中，把事情辦好還不算什麼，把事情提前辦好才叫本事。有時候，楊修在丞相府中待煩了，就忍不住出去開個小差。這時，他總是提前揣摩曹操可能關注的問題，並提前寫出答案，到時讓手下人轉交。有些時候，楊修甚至會預見到曹操會提問幾次，並按次序寫出答案，分別予以應答。如此看來，楊修簡直就是曹操肚子裡的蛔蟲。

當然，關於楊修還有很多神奇的記載。比如：曹操在一個新建的大門上寫了個「活」字，楊修就立馬讓人把門拆了重建。為什麼？因為「門」里加個「活」字，就是「闊」字，丞相是說這門建大了。

再比如，地方官給曹操送了一罐乳酪。曹操只吃了一口，就在蓋子上寫了一個「合」字交給眾人。正當大家都疑惑不解的時候，楊修卻接過去吃了一口，丞相讓我們「一人一口」，還不趕快！

還比如，曹操和楊修一起路過一座為紀念孝女曹娥而建的石碑，石碑的背面寫著「**黃絹幼婦，外孫齏臼**」八個字。結果，曹操走出三十里才琢磨出這實際上寫的是「**絕妙好辭**」，因為黃絹，是有色的絲，色絲便是一個『絕』字；幼婦，是少女的意思，如此便是一個『妙』字；外孫，是女兒的兒子，女子便是一個『好』字；齏臼，是承受辛苦的意思，受辛便是一個『辭』（辤）字。而楊修剛看到就有了答案。

你看，楊修要幹才有幹才、要文才有文才，曹操怎麼會忍心殺他呢？

然而，正是因為楊修太有才，曹操才動了殺心。

看到上面這些，是不是覺得楊修聰明過頭了？沒錯，連我們都覺察到了，曹操能不知道嗎？更令曹操討厭的是，楊修甚至自作聰明到要影響立嗣這一重大問題上來。楊修不僅與曹植往來密切，而且還告發吳質秘密出入曹丕府第的事情，手是不是伸得太長了？

當然，除了有才，還有楊修的出身。

楊修系出名門不假，但這個名門是漢朝的名門，是漢家天下的最大受益者之一。對於魏公國、魏王國乃至魏帝國的人來說，他們怎麼想？

當年，自己迎奉漢獻帝時，楊彪就面露不悅之色，如今楊彪雖然早已被免去了侯爵和官職，但是楊家的影響力還在，楊彪的兒子楊修還在。更何況，楊修還是自己兒子們「**爭與交好**」的大紅人。據說，楊修曾經送給曹丕一把劍，結果曹丕一直把他帶在身邊。現在自己能夠駕馭楊修，但百年之後呢？

一方面是跟隨多年、才華橫溢的丞相主簿，一方面又是多年嫌隙、聰明過頭的高門子弟，殺了他誰陪自己解謎唱和，不殺他又怎保事後安穩？思慮之下，曹操把楊修用到了最後，也留到了最後。

曹操誅殺楊修的罪名是「**前後漏泄言教，交關諸侯**」，至於漏泄了哪些言教，交關了哪些諸侯，沒有交代，也無需交代。也許早就預料到了自己的結局，臨死前，楊修對友人說：「**我固自以死之晚也。**」

楊修被處死後一百多天，曹操去世。

如此看來，在曹操身邊做臣子還真是難，選對了要死，選錯了也要死，那怎麼樣才不會攤上麻煩呢？

在這方面，賈詡給大家做了個示範。

關於接班人問題，曹操也單獨徵求了賈詡的意見。但賈詡卻「**嘿然不對**」，一句話也不說。

這下，曹操有些奇怪了，忍不住問：「我向你問話你卻不回答，這是為何？」

只見賈詡略帶歉意地回答：「不巧我正在想一些事，所以沒有馬上應答。」

「想什麼事？」曹操問。

「正在想袁紹、劉表父子的那些事。」賈詡答。

於是，曹操「**大笑**」。

很明顯，賈詡是站在曹丕一邊的。實際上，在此之前，曹丕就曾經派人向賈詡請教過「**子固之術**」。對此，賈詡的回答也十分簡單：「**願將軍恢崇德度，躬素士之業，朝夕孜孜，不違子道。如此而已。**」曹丕一要提升道德氣度，二要踐行修養準則，三要朝夕孜孜不倦，四要恪守為子之道，別的就沒什麼了。

表面看，賈詡的話全是老生常談；實際上，賈詡卻是告訴曹丕：只要在格局上立得住，在細節上不犯錯，穩贏！此後，曹丕不疾不徐，「深自砥礪」。

這一次，面對曹操的徵詢，賈詡並沒有直接表明態度，而是從曹操的角度出發，以前車之鑒隱隱地指出其中的利弊得失。

相較於那些公開站出來的人，賈詡的做法無疑更有效也更安全。

就這樣，在一些人的明幫暗助下，曹丕成了太子。據說，在曹丕得知自己被立為太子後，他一邊摟著親信辛毗的脖子，一邊瘋狂地叫喚：「辛毗，你知道我現在有多高興嗎？」一向「深自砥礪」、「矯情自飾」的曹丕，終於露出了真實的一面。

曹丕被立為太子後，曹植及時調整了自己的行為做法。

不信？有詩為證：

白日曜青春，時雨靜飛塵。
寒冰辟炎景，涼風飄我身。
清醴盈金觴，肴饌縱橫陳。
齊人進奇樂，歌者出西秦。

翩翩我公子，機巧忽若神。

在這首《侍太子坐詩》中，別看曹植描寫了白日、時雨、寒冰、涼風等體感，描繪了美酒、佳餚、奇樂、歌者等享受，最終真正要讚美的，還是那位「機巧忽若神」的「翩翩我公子」。

此後，輪到曹植「矯情自飾」、「深自砥礪」了。

畏天知命

該做的事情都做了，對於「本志有限」的曹操來說，似乎已經相當滿足了。按照曹操在《述志令》中的說法，之前他最大的欲望也就是「封侯作征西將軍」，沒想到如今卻成了可以封他人為侯的魏王。

原本他因為「恐為海內人之所見凡愚」，因此想「建立名譽，使世士明知之」，沒想到如今卻「海內回心，望風而願治，文武並用，英雄畢力」（王粲語）。

原本他青年時的盤算是「從此卻去二十年，待天下清」，沒想到二十多年後最有可能使「天下清」的卻是他自己。

更幸運的是，那些對曹操「所見凡愚」的「海內人」，後來還幾乎都見證了曹操的崛起。而對於那些明顯不待見自己，甚至故意跟自己過不去的人，曹操則有針對性地進行了「回饋」。

年輕時，曹操曾多次拜訪南陽名士宗承，但宗承卻十分鄙薄曹操的為人，根本不搭理他。一次，曹操看到宗承家賓客眾多，一點也搭不上話，於是就趁宗承起身如廁之時跟上前去，抓住人家的手就想打好關係，殷殷之情溢於言表。結果，還是碰了一鼻子灰。

將天子迎奉到許縣後，總攬朝政的曹操，自信從容地問宗承：「現在可以交往了嗎？」得到的回答更從容：「**松柏之志猶存。**」我之前的觀點和想法如今仍像松柏一樣還沒有絲毫改變。

對於宗承的倔強和堅持，曹操無可奈何，只能以不加重用來進行「打擊報復」，而對於曹丕兄弟以晚輩身分前去拜望，並在宗承床前行禮的行為，曹操則沒有進行阻止。政治上雖然冷落，禮節上還要熱絡，面子功夫不僅要做，而且還要做足。

曹操對宗承手下留情，而對另外一群人，卻窮追猛打。

據載，可能因為「任俠放蕩」的原因，曹操早年被家鄉沛國的國相袁忠和另一個叫桓邵的同鄉瞧不起，袁忠甚至準備用律法來懲治他。曹操在中原逐漸做大後，袁忠和桓邵躲到了帝國版圖最南端的交州，以此苟全性命。

結果，曹操向交趾太守士燮施加壓力，讓他將二人及家眷「**盡族之**」。據說，桓邵為了活命，還專門跑到中原向曹操拜謝請罪，但曹操依舊殺了他。

有仇報了仇，有怨報了怨，按理說，曹操應該忙得差不多了。可是，如果從快意恩仇的角度看，要想真正快意，還離不開有恩報恩這一條。

然而，不幸的是，當年那些欣賞曹操、提攜曹操的人，如今卻沒幾個在世上了。當年最欣賞曹操的，就數前太尉橋玄了。這位遍任三公之位的當世名臣，不僅不討厭頑劣的曹操，反而獨具慧眼地認為他是「**命世之才**」，也就是順應大命而降世的人才。

有意思的是，橋玄還與這位小自己四十五歲的小友定下了一個百年之約：日後你經過我的墳頭，如果不拿斗酒隻雞來祭奠我，小心肚子痛！與其說這是橋玄在索取回報，倒不如說這是對曹操的另一種激勵，用心不可謂不良苦。

橋玄故於中平元年（西元一八四年）左右，此時曹操還只是個騎都尉。十八年後，功成名就、志得意滿的曹操果真路過了恩人橋玄的墓地。

不過，曹操的祭品不是「**斗酒隻雞**」，而是最高規格的太牢，即牛、羊、豕三牲全備。這還不算，曹操還親手寫了一篇後世名為《祀故太尉橋玄文》的祭文。

祭文中，曹操深情回顧了橋玄的知遇之恩，當年橋玄從一位長者的角度，像「**仲尼稱不如顏淵，李生厚歎賈復**」那樣，既把自己比作是孔子七十二弟子之一的賢人顏回，又把自己看成是東漢雲臺二十八將之一的賈復，這是怎樣的抬舉和青睞呀！每每想起這些，都令人深受感動，久久不能忘懷。所以，曹操這次祭祀和這篇祭文算是一次報恩。

欣賞曹操的，不僅有當世名臣橋玄，還有當世名流何顒（音同庸，二聲）。見到少年曹操，何顒大為驚異，不由感歎：「**漢家將亡，安天下者必此人也。**」

如果說橋玄、何顒是以言相讚，那麼李瓚則是以家相托。作為東漢名士李膺的兒子，李瓚在曹操地位微賤時就認為他非同尋常。臨終前，李瓚對兒子李宣等人說：「時局將亂，天下間的英雄沒有超過曹操的。張邈與我交好，袁紹是你們的姻親，但是你們切勿依附這些人，一定要歸附曹氏。」

既然李瓚是臨終相托，曹操自然無法回饋於他，只能妥妥地把他的兒子們照顧好。而何顒，曹操更是無法報恩了，因為早在初平元年（西元一九〇年），他就因為謀刺董卓失敗，憂憤而死。

幾位早年看好自己的人，都沒有看到自己的成功，更沒有得到自己的回饋。如今，魏王曹操只能把自己的成功和回饋，集中到一個人身上了。

建安二十一年（西元二一六年）五月，曹操剛晉爵魏王不久，就把年近七旬的司馬防召到了鄴城，二人一邊歡飲，一邊聊起了四十二年前的一段往事。

「您覺得我現在再去做一名縣尉，可不可以？」酒酣耳熱之際，曹操半是認真半開玩笑地問。

大概率推測，曹操當時說這句話的目的，是想藉由司馬防的回答獲得更多心理上的滿足感，畢竟那時他已經大權在握、予取予奪，別說當一個北部尉，就算當天子也是一念之間的事情。

然而，司馬防的回答卻頗值得玩味：「**昔舉大王時，適可作尉耳。**」當年我舉薦大王時，您正合適擔任縣尉。

司馬防的這一回答，既沒有順著曹操的話去恭維他，同時也沒有逆著去頂撞他，而是用各說各話的方式，表達了「**今是昔不非**」的觀點。意思是說，今天你貴為魏王，可以隨心所欲，這沒什麼問題；但今天的你並不能否定昨天的你，說不定正是因為當初的北部尉，才有了如今的大魏王。借著這種回答，司馬防也在提醒曹操，當初沒有我推薦，也許你連北部尉都未必當得上。

對於司馬防所要表達的意思，曹操了然於胸。司馬防的話，即使稍顯不恭，也無礙大局，畢竟他是自己的引薦人，畢竟他已是半截入土的人了，畢竟他的幾個兒子都在為自己效力。此時，司馬防的長子、四十六歲的司馬朗已經成為獨當一面的兗州刺史，而三十八歲的司馬懿和三十七歲的司馬孚則分別在曹丕和曹植身邊服務。

因此，曹操放聲大笑。

快意恩仇之後，心滿意足又久病纏身的曹操，原本已經開始安排自己的後事了。建安二十三年（西元二一八年），曹操頒布了《終令》，對自己的墓地選址和建造規格等問題進行了交代。

然而，此時又有一種聲音不斷地向曹操湧來。

建安二十四年（西元二一九年），孫權先是派使者入貢，接著又把俘虜了五年的前廬江太守朱光放歸，最令人意想不到的是，孫權不僅向曹操「**上表稱臣**」，而且還向曹操「**稱說天命**」。

什麼是「稱說天命」？說白了就是鼓動曹操順應天命，代漢稱帝。這可是件天大的事。

看完孫權的這封表章，曹操一邊把它展示給眾人，一邊甩出一句話：「**是兒欲踞吾著爐火上邪！**」這小子擺明是想把我放到火上烤呀！

曹操之所以在眾人觀看的同時扔出這句話，或許是想避免大家被孫權帶偏了方向。但他沒想到的是，群臣卻借孫權上書之機，開啟了一波勸進潮。

最積極的是侍中陳群和尚書桓階。在他們的上書中，一開頭就是「**漢自安帝已（以）來，政去公室，國統數絕，至於今者，唯有名號，……**」，漢安帝（西元一〇六年至西元一二五年在位）是什麼時候，那可是一百年以前，這麼說漢朝早就不行了。

緊接著，陳群、桓階舉出了代漢的證據：其一，精通圖讖的人都說「**漢行氣盡，黃家當興**」；其二，曹魏「**十分天下而有其九**」，地盤實力足夠大；其三，連孫權都稱臣入貢了，這絕對是「**天人之應**」。

總之，曹操應該「**畏天知命，無所與讓**」，別再推辭了。

最乾脆的是夏侯惇。他不僅告訴曹操「**天下咸知漢祚已盡**」，而且直言「**自古已（以）來，能除民害為百姓所歸者，即民主也**」，因此曹操應該毫不猶豫地「**應天順民**」，當萬民的主人。

最跟風的是司馬懿。什麼「十分天下而有其九」、「天人之應」、「畏天知命」，等等，與陳群等人如出一轍。

在眾人的勸進下，曹操的態度似乎發生了轉變。最終，他說了這樣一句話：「**若天命在吾，吾為周文王矣。**」

這下就有意思了。在《讓縣自明本志令》中，曹操不是承認自己「性不信天命之事」嗎，怎麼現在反倒跟著眾人說起天命來了？

所謂此一時彼一時。那時如果信了天命，是信天命在劉，還是信天命在曹？信哪個恐怕都不行！如今，從魏公到魏王，早已過了知天命之年的自己，距離天子只有一步之遙，再不講「天命在吾」，難道眼睜睜地看著天命溜走不成？

可是既然天命在自己這裡，曹操為什麼還要做功成不居的周文王？

原因大致有三：

其一，曹操是從大漢體制中成長和走來的人，君臣觀念根深蒂固。早年，當王芬、許攸等人陰謀廢掉漢靈帝而拉曹操入夥時，他就說了一句：「**廢立之事，天子之至不祥也**。」後來，不管是董卓搞廢立，還是袁紹搞另立，乃至袁術搞自立，曹操都堅決反對。如今，讓他代漢自立，或多或少心理上是有個坎的。

其二，既然已經把報漢而不篡漢的話講過了無數遍，如今曹操已經不好自己否定自己了。《述志令》中，曹操把周公、齊桓公、晉文公、樂毅、蒙恬甚至自己的祖父、父親、兒子以及妻妾都搬出來背書自己不篡漢；各類奏疏和表章中，曹操左一句「**比荷殊寵**」右一句「**父子相誓終身**」、前一句「**灰軀盡命**」後一句「**報塞厚恩**」，如今他能把這些說過的話變成空氣嗎？

其三，曹操不想讓劉備、孫權等人既沾了光又有了口實。此時，天下的政治節奏還掌握在曹操手中，他做魏王劉備才敢稱漢中王，他篡漢劉備才敢稱帝。名義上講，只要曹操不摘下大漢這塊招牌，劉備、孫權還都是朝廷的臣子，「天下」還都掌握在曹操手中。孫權為什麼要「稱說天命」，說白了就是想自己順杆爬撿個便宜。

基於以上考慮，才有了「吾為周文王」的定位。

當然，曹操的這句話不僅是表態，同時也是承諾：我絕不會改朝換代做天子，但這不會耽誤諸位當開國元勳。我不做，我的兒子可以做嘛！

的確，曹操的承諾兌現得很快。建安二十五年（西元二二〇年）正月，魏王曹操去世；十月，繼任者曹丕代漢稱帝，改元黃初，國號「魏」。

又過了不到半年，漢中王劉備也在成都稱帝，改元章武，國號「漢」，火急火燎地把屁股放在了爐子之上。

更有意思的是，總向他人「稱說天命」的孫權此時卻不急不緩，先是遣使請求成為魏的藩屬，接著又接受曹丕冊封的吳王頭銜，直到曹操去世九年後，才在武昌稱帝，改元黃龍，國號「吳」。此時，劉備已作古六年，曹丕也已故去三年。

至此，建安十三年的那一粒粒種子，基本都有了結果。

後記

八百載天下勢分合，繫此一年；
兩千年英雄氣長短，只在幾念。

幾十萬字寫下來，想說的還有很多，但為了避免招人煩、惹人厭，只好凝練成了開頭這句。「三國，不該被這樣矚目」；「事實上，這段歷史並不重要」，這是易中天先生在一篇名為「何時忘卻三國」的後記中告訴大家的。

沒錯，我必須承認，在浩蕩五千年的中國歷史長河中，一百年都不到的三國史的確沒那麼重要。拿起任何一部中國通史，三國史都是一個言簡意賅甚至微不足道的存在，以至於有些作者都沒有把它單列一章，而是直接併入了秦漢史或者魏晉南北朝史之中。

然而，如果真讓人忘卻三國，卻並非那麼容易。至少我，做不到。能夠讀到這裡的你，我想同樣做不到。

為什麼？因為……

無論治世、亂世、平世，天下勢，一直在；
不管精英、草根、中產，英雄氣，不可少。
勢，審度之；氣，風發之。

二〇二一年八月二十八日於北京

參考文獻

古籍類

（三國）曹操著，中華書局編輯部編：《曹操集》，中華書局，二〇一二年。
（三國）諸葛亮著，段熙仲、聞旭初編校：《諸葛亮集》，二〇一二年。
（晉）陳壽撰，（宋）裴松之注：《三國志》，中華書局，二〇一二年。
（晉）常璩撰：《華陽國志》，國家圖書館出版社，二〇一八年。
（南朝．宋）範曄撰：《後漢書》，中華書局，一九九九年。
（南朝．宋）劉義慶著，朱碧蓮、沈海波譯：《世說新語》，中華書局，二〇一四年。
（南朝．梁）蕭統編，（唐）李善注：《文選》，中華書局，一九七七年。
（唐）房玄齡等撰：《晉書》中華書局，一九七四年。
（唐）許嵩著，張忱石點校：《建康實錄》，中華書局，一九八六年。
（宋）李昉等撰：《太平御覽》，中華書局，一九九八年。
（宋）司馬光編撰，胡三省音注：《資治通鑒》，中華書局，二〇一一年。
（清）顧祖禹著，舒士彥點校：《讀史方輿紀要》，中華書局，二〇一三年。
（清）王夫之著，舒士彥點校：《讀通鑒論》，中華書局，二〇一三年。
（清）趙翼著：《廿二史札記》，鳳凰出版社，二〇〇八年。

譯著類

（英）崔瑞德，魯惟一編，楊品泉等譯：《劍橋中國秦漢史》，中國社會科學出版社，一九九二年。

（日）金京文著，何曉毅、梁蕾譯：《三國志的世界：後漢 三國時代》（講談社·中國的歷史04），廣西師範大學出版社，二〇一四年。

（美）陸威儀著：《早期中華帝國：秦與漢》（哈佛中國史01），中信出版集團，二〇一六年。

（澳）張磊夫著，方笑天譯：《國之梟雄：曹操傳》，江蘇人民出版社，二〇一八年。

著作類

白壽彝總主編，何茲全主編：《中國通史（第二版）》（第四卷、第五卷），上海人民出版社、江西教育出版社，二〇一三年第二版。

柏楊著：《中國人史綱》，人民文學出版社，二〇一一年。

陳寅恪著：《陳寅恪：魏晉南北朝史講演錄》，天津人民出版社，二〇一八年。

戴燕著：《〈三國志〉講義》，三聯書店，二〇一七年。
方詩銘著：《論三國人物》，北京出版集團公司、北京出版社，二〇一五年。
範文瀾著：《中國通史》（第二冊），人民出版社，二〇〇八年。
何茲全著：《三國史》，人民出版社，二〇一一年。
何茲全著：《魏晉南北朝史略》，北京出版社，二〇一八年。
何茲全、張國安著：《魏晉南北朝史》，人民出版社，二〇一三年。
黃仁宇著：《中國大歷史》，三聯書店，一九九七年。
劉躍進主編：《鄴城考古與文化論集》，中國社會科學出版社，二〇二一年。
呂思勉著：《三國史話》，中華書局，二〇〇九年。
呂思勉著：《秦漢史》，商務印書館，二〇一〇年。
馬植傑著：《三國史》，人民出版社，一九九三年。
錢穆著：《國史大綱》，商務印書館，一九九三年第三版。
仇鹿鳴著：《魏晉之際的政治權力與家族網路（修訂本）》，上海古籍出版，二〇二〇年。
施蟄存、吳小如等著：《魏晉南北朝文學名作欣賞》，北京大學出版社，二〇一二年。
宋傑著：《三國並爭要地與攻守戰略研究》，中華書局，二〇一九年。
臺灣三軍大學編著：《中國歷代戰爭史》（第四冊：三國），中信出版社，二〇一三年。
唐長孺著：《魏晉南北朝史論叢》，商務印書館，二〇一〇年。
田余慶著：《秦漢史》，中國大百科全書出版社，二〇一一年。
田余慶著：《秦漢魏晉史探微（重訂本）》，中華書局，一九九三年。
譚其驤主編：《中國歷史地圖集》（第二冊、第三冊），中國地圖出版社，一九八二年。
饒勝文著：《大漢帝國在巴蜀：蜀漢天命的振揚與沉墜》，中國文史出版社，二〇一六年。
辛德勇、（日）中村圭爾著：《中日古代城市研究》，中國社會科學出版社，二〇〇四年。
許宏著：《大都無城：中國古都的動態解讀》，三聯書店，二〇一六年。
閻步克著：《波峰與波谷：秦漢魏晉南北朝的政治文明（第二版）》，北京大學出版社，二〇一七年。

易中天著：《品三國》，上海文藝出版社，二〇〇六年。
易中天著：《三國紀》，浙江出版聯合集團、浙江文藝出版社，二〇一四年。
張大可著：《三國史研究》，商務印書館，二〇一三年。
張帆著：《中國古代簡史》，北京大學出版社，二〇〇一年。
張作耀著：《曹操傳》，人民出版社，二〇一五年第二版。
張作耀著：《劉備傳》，人民出版社，二〇一五年第二版。
張作耀著：《孫權傳》，人民出版社，二〇〇七年。
周健著：《三國潁川郡紀年》，人民出版社，二〇一三年。
周一良著：《魏晉南北朝史論集》，商務印書館，二〇二〇年。
周一良著：《魏晉南北朝史札記》（補訂本），中華書局，二〇一五年第三版。

建安十三年（下）：
三分天下的轉折與變局

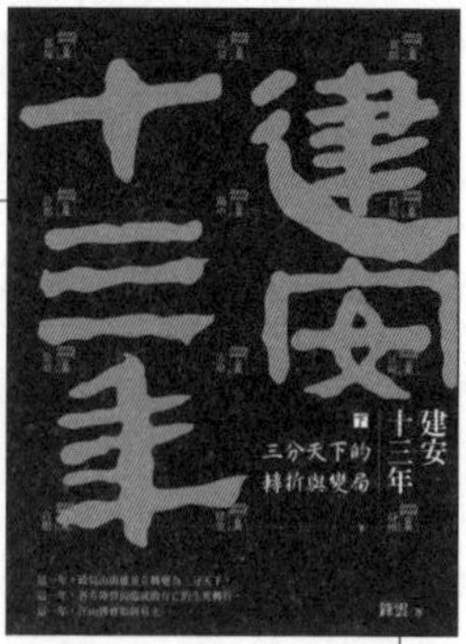

作　　者　鋒　雲

發 行 人　林敬彬
主　　編　楊安瑜
編　　輯　林佳伶
封面設計　柯俊仰
行銷經理　林子揚
行銷企劃　戴詠蕙、趙佑瑀
編輯協力　陳于雯、高家宏

出　　版　大旗出版社
發　　行　大都會文化事業有限公司
11051 台北市信義區基隆路一段 432 號 4 樓之 9
讀者服務專線：（02）27235216
讀者服務傳真：（02）27235220
電子郵件信箱：metro@ms21.hinet.net
網　　　　址：www.metrobook.com.tw

郵政劃撥　14050529 大都會文化事業有限公司
出版日期　2023 年 09 月初版一刷
定　　價　440 元
I S B N　978-626-7284-17-9
書　　號　History-158

Banner Publishing, a division of Metropolitan Culture Enterprise Co., Ltd.
4F-9, Double Hero Bldg., 432, Keelung Rd., Sec. 1,Taipei 11051, Taiwan
Tel:+886-2-2723-5216　Fax:+886-2-2723-5220
E-mail:metro@ms21.hinet.net
Web-site:www.metrobook.com.tw

◎本書由化學工業出版社授權繁體字版之出版發行。
◎本書如有缺頁、破損、裝訂錯誤，請寄回本公司更換。

國家圖書館出版品預行編目（CIP）資料

建安十三年（下）：三分天下的轉折與變局 / 鋒雲　著 . -- 初版 -- 臺北市 : 大旗出版 : 大都會文化發行 ,2023.09 ; 344 面 ; 17×23 公分 . -- (History-158)
ISBN 978-626-7284-17-9(平裝)

1. 東漢史

622.3　　112009655